ケインズ

ピーター・クラーク 著
関谷喜三郎・石橋春男 訳

最も偉大な経済学者の激動の生涯

KEYNES

THE RISE, FALL, AND RETURN OF
THE 20th CENTURY'S MOST
INFLUENTIAL ECONOMIST

中央経済社

In the long run, for my grandchildren

(by Peter Clarke)

目次

イントロダクション
ジェットコースターのような評価――1

第1章 「宗教と不道徳」
ジョン・メイナード・ケインズ 1883年―1924年――31

第2章 「天空の最左翼で」
ジョン・メイナード・ケインズ 1924年―1946年――79

第3章「長期では、われわれはみな死んでしまう」
経済政策の再考察　139

第4章「アニマル・スピリット」
経済理論の再考察　187

エピローグ
イギリス・ケインジアンとアメリカ・ケインジアン　229

謝　辞　261

訳者あとがき　263
原　注　282
参考文献　290
索　引　296

イントロダクション

ジェットコースターのような評価

もし世界が不況になるなら、どうなるであろうか。あのようなことがまたあるのだろうか。「景気が減速する」という話でさえ、今は冗談事に聞こえる。景気変動は不可避との話が出たり消えたりしている。「クレジット・クランチ」による経済への深刻な作用でさえ、正確には予測できない。「景気後退」とは、少なくとも連続2四半期の景気減速という意味であるが、その現象が主要経済大国で次々と公式に確認されている。現状は「1930年代の大恐慌」以来の最悪の筋書のように思えるという経済学者、企業家、政治家の発言には慣れっこになっているが、もし実際に大恐慌規模の不況になったらどうなるだろう。そのときどんな手を打つことができるだろう。一体われわれは不況そのものをどのように理解すればいいのだろうか。

過去から学ぶことが一つのスタートになる。もしわれわれが不況、失業、および不確実性に関して、十分な理解を持てないとすれば、すぐ前の時代の不況に対する重大な出来事から生まれた考え方に改めて関心を寄せるという手がある。経済学者たちが経済の状況を議論するときだけでなく、イギリスやアメリカの新聞や雑誌、さらに他のメディアの論評においても、とりわけ名前が取り上げられ、背が高く、顔が青白く、涙目で、髪の毛は薄く、豊かな口ひげをたくわえた猫背の男性が写った粒子の粗い写真がしばしば登場していた。彼は、第二次世界大戦によっていわば強制的に終了することになった世界大不況の以前からそれなりに知られていた人物であった。もちろん、それはケインズである。しかし、彼はどんな人物で、なぜ今われわれにとって彼の思想が重要なのだろうか。

彼の思想は並外れて注目度が高い。90年間にわたり、彼は褒め称えられ、軽蔑され、尊敬され、利用され、からかわれ、崇拝され、再発見されてきた。しかし、無視されることは一度もなかった。1920年、ジョン・メイナード・ケインズの名は、まず人西洋の両岸で広く知れるようになった。ケインズは、まだ40歳にもならない1919年のクリスマスの直前に、アカデミックな経済学者としてではなく、ロンドンで出版された才気あふれる、影響力のある本の著者として有名になった。『平和の経済的帰結』（1919年）は、当時のヴェルサイユ講和条約の欠陥について世論を喚起させるものであった。その記述は、その場に著者が居合わせ、威厳のある超然とした態度で、人の心を動かして賛同する気にさせずにはおかないもっともらしさを感じさせるものであった。イギリスの戦争の立役者であるロイド・ジョージは、敗戦国ドイツに請求された途方もない賠償金について、正直な長老教会派のウッドロー・ウィルソン大統領をウェールズ人特有の狡猾さで、ほんとうに「欺いてしまった」のであろうか。ケインズはこの世間を騒がす問題をドラマ仕立てにすることで、主要な人物に役を割り当て、彼らを活き活きと描いた。ケインズが読者のためにしようと望んだことは、舞台裏で何が起こったかについて読者に明らかにすることであった。それは、遅まきながらロイド・ジョージに手酷く騙された大統領の期待を裏切ったことへの後悔の責任と懺悔《ざんげ》の状況責任を同時に明らかにするものであった。

『平和の経済的帰結』は，ページ数が少なく，読みやすいボリュームであり，瞬く間に世界的なベストセラーとなった。1920年4月までに，イギリスで1万8500部売れた。これは，少なくともこの時点まで名前の知られていない著者が書いたハードカバーとしては驚異的であった。ケインズの名前は，前年にロンドンの新聞にパリの平和会議でロイド・ジョージの補佐官の一人としてわずかに記事が掲載されたぐらいのものであった。その記事には，交渉の端役である無名のイギリス人とあっただけである。1919年5月27日付のニューヨークタイムズ紙に，「ジョン・メイナード・ケインズ」と初めてフルネームが使われたが，それまで一度も使われたことはなかった。しかしながら，1年も経たないうちに，『平和の経済的帰結』のアメリカ版は7万部売れた。ニューヨークタイムズ紙が，その本が大量に売れるたびに厳しい批判を浴びかねないような紙面いっぱいの批評を載せたにもかかわらず，である。すなわち，「この本はイギリスやアメリカで，すでにかなり混乱した時代の諸問題をさらに曖昧にすることで計り知れない悪影響をもたらしかねない。」(1)

このエピソードだけでは語りつくせない，ケインズの計り知れないトラブルを生み出す才能はまだ花開いたばかりであった。ケインズはファンファーレに送られて世界の舞台に登場したが，必要に応じて敵対する野次や冷やかしに立ち向かう覚悟もできていた。舞台に登場したあと，少なくともアメリカでは注目され続けた。ロンドンでも1920年代にはケインズに関するおよそ60件のレポートや論説がタイムズ紙に掲載された。さらに1930年代になるとその数は100件ほどにもなったが、それに比して大西洋の向こう側では、ニューヨークタイムズ紙にケインズの名前が登場したのは1920年代に300回を数えた。そこでは、アメリカ人が大きな関心をもって注目したケインズのその後の経歴について多くの論評がなされた。したがって、『平和の経済的帰結』の著者が1920年代の後半、豊かな知性と鋭い表現力を失業問題に向けたとき、彼はすでに大西洋の両岸に活躍の場と聴衆を得ていた。

しかしながら、少なくとも1929年の大恐慌までは、低迷するイギリスの景気は右肩上がりのアメリカ経済とはかなり異なったものであった。ケンブリッジ大学に籍を置くケインズは、当然ながら自国の不況の兆候に主な関心を払っていた。イギリスの保守党は、保護主義が将来有望な選択肢を提供すると主張していた。とくに、もし関税が大英帝国を団結させるのに利用できるなら、そうすべきだと主張していた。多くの経済学者と同様に、ケインズはこの方針を受け入れなかった。しかし、目的を達成するために単に市場の力に頼るという正統派にも賛成ではなかった。その代わり、彼は大胆にも失業には思い切った治療が必要であるとの主張を携えて公開討論に加わった。

奇妙に聞こえるかもしれないが、ケインズが1920年代中頃まで支持していた政治家は、他でもないロイド・ジョージであった。1918年に連立内閣の謳い文句として、ロイド・ジョージを「戦争に勝利した男」と呼んでいたが、それは1919年に平和を見限った男と同一人物である。『平和の経済的帰結』は、まさにそのことをうまく論じていた。ロイド・ジョージは再編された自由党に復帰すべく、復党に意欲を燃やしていた。このとき、ケインズは自由党の有力なメンバーであった。「ロイド・ジョージ氏の性格についてのケインズ氏のご意見は、1918年以来、変わっているのですか」という質問は、公開討論会で必ず聞かれる、気まずい質問であった。それに対して、ケインズは「私と他の人との違いは、私はロイド・ジョージ氏が誤っているときには反対し、彼が正しいときには支持するということです(2)」とやんわりと答えた。それは、彼が矛盾した事態に果敢に挑んできたたくさんの出来事の一つに過ぎなかった。だが、彼は向き合うべき現実が変わったときや、優れた意見だと納得したために自分の意見を変えたとき、それについて謝罪することは決してなかった。

ケインズは、景気が低迷しているときには、なお一層、慣習に囚われずに景気刺激策を実行するためのスポークスマンとなった。われわれは、それを今日まで依然として議論の絶えないケインズ政策の始まりとみなすことができる。彼は当時の経済システムを「個人主義と自由放任主義」のシステムであると呼んで、それにしたがってそのシステムを攻撃した。自由放任主義はその役割を終えている、とケインズは述べている。彼は、自由放任主義は市場の迷信的な信念それ自体を一つの目的にしているが、現実は景気の回復を促すための実践的な政策を求めていると主張した。1920年代半ばのイギリスでは、この問題に関わる際の正統派は長期において経済を安定させるために、金本位制と自由貿易の自己調整メカニズムに信頼をおいていた。

「それは違う」と言ったケインズは、「長期では、われわれはみな死んでしまう」(3)という最も有名な格言を創りだした。それは、ケインズにとって捨て置けないフレーズとなった。ましてや論争相手が短期に対するケインズの強い執着を示すためにその言葉に食いついてきたとしたらなおさらであった。マーガレット・サッチャーが、かつて保守党の集会で「そのように考える人は決して木を植えないであろう」(4)とコメントしたことがある。かくして、ケインズの提案する諸政策は、市場原理をないがしろにすることから容赦なく降りかかる負担を未来の世代に負わせる短期的急場しのぎとして、ケインズ自身の口からさえ評価を危ぶむ声が出かねないものである。

そのような議論は、1925年にイギリスを金本位制に戻すことを決定する土壇場でも行なわれた。ウィンストン・チャーチルは、大蔵大臣としてこの決断に対して責任があった。チャーチルは経済には素人であったため、経済がうまく機能する主な方向に関する専門的な議論についての認識を通して自らの方針を見出す努力をしていた。チャーチルは発言もし、議論にも耳を傾けた。ケインズのアドバイスにも丁寧に耳を傾けたが、その後で丁寧にそのアドバイスを退けた。金本位制への復帰は、事実上1ポンドが4・86アメリカドルの為替レートに釘付けされることを意味した。チャーチルにとっては、このことは現実に縛られるということでもあった。ケインズにとっては、彼の論争の火種になった小冊子『チャーチル氏の経済的帰結』(1925年)の書名が示唆しているように、新たな為替レートは全く非現実的であるとともに容認できるものではなかった。

論客であったケインズは、すでに世界を舞台に活躍していた。ケインズが公的にロイド・ジョージを支持する選挙活動中に行なったイギリスの公共事業擁護論は、1929年の選挙で支持を得られなかったが、その年も押し迫って、不況がアメリカ経済にも及んでいったとき、彼の主張を無視することはできなくなった。こうしてケインズは、イギリス政府に絶え間なくアドバイスをする機会をつかんだ。ケインズは何度も提言し続けた。だが、イギリス大蔵省は繰り返し抵抗した。ケインズに最も近い協力者である自由主義経済学者ヒューバート・ヘンダーソンは、この重大時にケインズを冷たく嘲《あざけ》り、「あなたは大変危険な状態にあります。もし、あなたが財政問題を無視し続けながら、なお資本支出を十分に確保することを目指すなら、あなたは大きな幻想のもとで賭けをさせて身を滅ぼしてしまうようなことにイギリス人を引き込んだ人物として、歴史に名を刻まれるでしょう。あなたは希望を打ち砕いてしまった人たちのうちで最悪のケースでしょう。そう、私はご忠告したいのです(5)」と述べ、財政赤字を最小限に抑えるべきだとして、ケインズを非難する側に回った。

ケインズはこれに臆することはなかったが、ケインズが金本位制や均衡予算の神聖な教義についてだけでなく、自由貿易についての古き良き自由主義的教義についても、質問に答える準備が整っている姿勢を見せたとき、批評家の目からみて事態はさらに悪化していた。ケインズは首尾一貫していようが、いまいが、いずれにしても多くの手を打った。「5人の経済学者が一堂に会したとき、6つの対立する意見が出るであろうが、そのうちの2つはケインズによってなされたものであろう[6]」と政府の高官が互いに語り合っていた。ケインズの名案のいずれもが大蔵省の気に入るものではなかった。それは、1929年に成立した少数労働党政府の下でも、1931年の経済的危機に労働党政府から代わった国民政府としての保守党による後継の政府においてもそうであった。ネヴィル・チェンバレンは、大蔵大臣から首相になった人物であるが、ケインズの提案を採用するかどうか自らも検討した。

「世界の経済に吹き荒れる猛吹雪」、この言葉は当を得たものであるが、これが1931年9月に金本位制を崩壊させ、次の総選挙で労働党と自由党を政権の座から引きずり下ろした。かくして、ケインズは、政治的支援を求める際に最も共感できる潜在的な盟友を失ってしまった。自らの巧妙な語り口によって友人を失うことが持前であったケインズが、『平和の経済的帰結』では慎重に行間に潜めた機知に富む文言を公表することによって、ロイド・ジョージを敵に回すことになった。こうなるとお決まりの報復となる。ロイド・ジョージは幅広く読まれた『戦争回顧録』（1933年）において、ケインズを「マスコミ受けする経済学者で、彼の金融経済に関する論文は、気の利いた表現をしているが、浅薄なものであり、まじめに受け取らない限り、つねに読み手に悪気のない浮かれた気分をもたらす源になっている[7]」と揶揄した。ケインズの最も著名な支持者がこのように発言したことが、明らかに1933年末までイギリスにおけるケインズの政治面での評価を低めていた。それは国際経済の面でも大同小異であった。

ケインズは心中密かに思った。「しかし、西方を見てみよ。西の大陸は繁栄しているではないか。」想像力豊かなアメリカ政府当局が教えてくれるから、最後には確認できる。「それ以上言うな。争っても無駄だ。」それは、ワシントンで新大統領が就任した時であった。それは希望の瞬間であり、向かうところ敵なしの時代であった。最初の数か月は、この経験のないアメリカの民主党政権が何をすべきであるかわかっているのかどうか、誰も確認できなかったし、ましてや民主党政権が提出する法案が望み通りの効果を生むことを信じる者はいなかったであろう。大統領自身に大きな期待が寄せられていたし、先行きの不安に駆られる市民に安心感を与えることが焦眉の急であるときに、政策の主意を伝える能力にも期待が重くのしかかっていた。そして、大統領はアメリカ人だけでなく、不況の泥沼に陥った世界の人々に語りかけた。

まもなくしてはっきりしたことは、フランクリン・D・ルーズベルト大統領が積極的な政策を選択したことである。その政策は、1933年の夏に召集された国際経済会議の討議を混乱させることにもなった。アメリカの金本位制からの離脱に従って、大統領はぶっきらぼうに「いわゆる国際的な貨幣の機能を果たす金に対する現物崇拝」を拒否するメッセージを出して、予想されたこととはいえ、古いシステムを復活させたいと望むすべての人々を驚愕させた。「アメリカ合衆国の大統領が、その昔アメリカの某大統領がやってみせたように、このような混乱を大胆に切り抜けるのは久しぶりのことです」と、ケインズは全国紙に即座に声明を載せ、ルーズベルトが「二つの大きく異なる政策の間で意思決定を力ずくで強行したことは、見事に正しい判断であった(8)」と述べた。

ケインズの名前がニューディール政策と結びつくようになったのも不思議ではない。ニューヨークタイムズ紙には、ケインズの名前が1930年代でほぼ400回、1940年代では500回も載っている。記事は、必ずしもケインズを褒め称えるものばかりではない。というのは、思想的に反対の立場に立つ人々は、伝えられるところによると、先頭に立って社会主義に向かう実験をしている邪悪な天才としてケインズを非難していたからである。そのことについてのケインズ自らの対応は、1933年の年末にニューヨークタイムズ紙に掲載された大統領への公開状で明らかにされている。ケインズは、「貴殿は、現在の社会制度の枠組の中で論理的に矛盾のない実験を通して、われわれの生活状況の弊害を改善しようとしているすべての国の人々に対する受託者の役割を担ってきた」のであり、「もし貴殿が失敗するなら、理に適った転換が通説や変革を徹底的に議論しないまま、世界中でゆゆしき偏見に晒されることになるでしょう(9)」とルーズベルトに語っている。

奇妙に聞こえるかもしれないが、1930年代を通じてケインズの経済政策はイギリスよりもアメリカで議論の的であっただけでなく、ケインズはアメリカのどの経済学者よりも重要な存在であった。こうしたことは、アメリカの大学で名を馳せた理論経済学者がいなかったとか、アメリカの経済学者の信任がケインズより劣っているとみなされていたからではない。真実は全く逆であった。『雇用・利子および貨幣の一般理論』〔以下、『一般理論』という〕を出版する1

936年までは、ケインズの履歴は、国際的なライバルの学問上の貢献度から評価してみると見劣りするものであった。この説明は、他のところでも当てはまる。

ケインズと同年に生まれた一人の偉大な経済学者であるヨーゼフ・A・シュンペーターを例に挙げてみよう。彼は大きな影響力をもった「創造的破壊」という概念で名声を博した。それは資本主義が生き残れる手段を意味するものであった。シュンペーターは1930年代にハーバード大学に職を得た。しかし、彼の指導する学生でさえ、遥か遠方のケンブリッジ大学での講義を通じて広く知れ渡っていたケインズの理論的洞察力に魅せられていたようである。『一般理論』は出版前に、とくにアメリカのケンブリッジにおいて、すでにその内容がほとんど知れ渡っていたことが影響したと思われる。シュンペーターの指導するハーバードの学生は、ケインズの『一般理論』を買い求めるために列を作った。シュンペーターは、『一般理論』を「限定された政策に対する弁解であり、全ページに渡って政策の亡霊が分析者の肩越しから覗いており、それが彼の仮定を構成し、彼の筆を動かしている[10]」と論評した。

そうした評価は、特効薬的な効果を持つ新しい理論の吸収に飢えている熱心な学生に何ら障害となるものではなかった。ハーバードの若き経済学者であるJ・K・ガルブレイスは、「聖書やマルクスのように、難解さが抽象的な議論を刺激した[11]」と後に評している。それゆえ、シュンペーターが全体で1095ページの二巻からなる研究書である『景気循環論』を出版した1939年は悲劇の瞬間となった。ハーバードで『景気循環論』の特別セミナーがシュンペーターの忠実なる学生によって企画された。結局のところ，結果として，学生が忠実だということには，語弊があることがわかった。そのセミナーが開催されたとき，あってはならない事態が起こったのである。学生の誰もが『景気循環論』を読んでいなかった。さらに悪いことに，学生はみな『一般理論』を読んでいたし，もっと悪いことには，学生の誰もがシュンペーターのことではなく，ケインズのことを話題にしたのである。

たしかに，ケインズの思想が受け入れられたのは，その背景に理由がある。それは理解しておく必要がある。その背景には，「ブルームズベリー」が含まれている。ブルームズベリーは，ケインズが転居したロンドンの一地域の文化的環境を表わすコード名である。ケインズの生涯においてはよく知られていることだが，彼はリットン・ストレイチーと親密であった。ストレイチーの因襲打破の著作である『ヴィクトリア朝偉人伝』は，1918年に文学界を席巻した。だが，ケインズとストレイチーの関係は後になるまで多くが語られることはなかった。同様に，ケインズは同世代の尊敬すべき二人の小説家，E・M・フォスターとヴァージニア・ウルフの友人であった。ブルームズベリーの交流から単純な事実がわかる。われわれはその事実に回帰する必要があるが，ケインズの著作物の影響力は，書き手としてのケインズの技量を反映したものであった。

1930年代後半のイギリスから見えるのは，ネヴィル・チェンバレンの政治的な優勢である。それは，ジョン・メイナード・ケインズにとっては決して良いニュースではなかった。しかしながら、第二次世界大戦の勃発で、とくに１９４０年の夏の危機以降、ケインズのケンブリッジ大学の経済学者としての履歴に大きな変化が現れた。そのとき、イギリスはウィンストン・チャーチルの指揮の下で国家存亡をかけた戦いに突入した。

ケインズが戦争に精力を注ぎ、実際に政治的影響力を発揮するようになったのは、このときであった。ケインズは、突如として、著名な経済学者であるだけでなく、イギリスの大蔵省幹部として政策立案者になった。ケインズがどんな仕事をしたのかを正確に知りたい人への唯一の回答は、ケインズは「まさしくケインズ」であるということである。ケインズは比類なき名声に浴していた。１９４２年には、ティルトンのケインズ卿となった。彼にはアメリカとの交渉に際して幅広い範囲の調整権限が与えられていた。しかも、ケインズだけがイギリスの戦争遂行に必要な資金の管理を任されていた。まず、武器貸与協定のもとで戦時援助の資金が必要であった。それから、１９４５年の突然の終戦に伴って、平時へ移行するイギリスの経済回復を目的とした巨額なドル借款の交渉があった。

これらのアメリカとの契約は、ケインズも認めているが、寛大な取引であった。しかし、この取引はイギリスの儲けはアメリカの損失といったゼロ・サムゲームではなかった。想定外のことと言えば、アメリカが戦争によって好景気になったということと、ケインズの政策が、しばしば見境なく信用されてしまったという事実である。ケインズが、単にケインズ自身の戦略を用いて成長した経済活動の収益を手に入れたいと望んだなどと断定するとしたら、行き過ぎかもしれない。しかし、ケインズはアメリカ人は気前がよいが、だからといって、それで貧しくなるわけではない、と誠意を込めて論ずることもできたであろう。

ケインズの理想とする世界は、18世紀後半のアダム・スミスの理想とする社会におけるように、誰もが平時でも戦時でも分業の利益を得ることができるというものである。啓発された利己心が、ケインズの国際的な政策思想の基礎となっていた。ケインズの名は１９４６年に設立されたブレトンウッズ通貨体制と顕著に結びついている。その通貨体制の下で、第二次世界大戦後の25年間、西側諸国は繁栄した。

イギリスにおいて、チャーチルの戦時連立政府は「高水準で安定した雇用水準」を維持することに専念した。戦争直後においては、こうした雇用政策に関するケインズ的な思考の論理には超党派の同意が欠かせなかった。これは、各政党が競って１９３０年代の大量失業に対して責任逃れをしていたためであった。その問題に対する解決策は、ケインズがかつて明らかにしたことを思い起こしてみれば明白であるように思われる。保守党の報道官は、まるでネヴィル・チェンバレンの無知を謝罪するかのように、「まさにこの状況の洞察力ある分析の結果として、広範囲の領域で具体化されたケインズ卿の経済政策のアイデアはまだ成熟しているとは言いがたい」と説明したが、その具体策は今や合意に向かって進んでいることに「保守党として同意する」[12]と、その報道官は述べている。「ケインズ卿の教育と戦時下の経験が生み出した影響」は、「失業は経済計画の完全な遂行によって実際に防ぐことができるという、イギリスできわめて広範に広まった信念の産物であった[13]」とは、労働党の報道官が好んで口にした言葉である。

１９３７年以来、心臓の病を抱えていたため、長年に渡るストレスによりついに１９４６年４月に亡くなるまで、ケインズは公共事業に前向きであった。「ケインズ死去という衝撃的なニュース」、それは大蔵省の同僚、リチャード（「オットー」）クラークの日記の書き出しである。彼はしばしば頑なにケインズに異議を唱えていた人物であるが、「ルーズベルトの死去と同様に喪失感に苦しめられた」と書いている。ケインズの最も手ごわい論敵、フリードリッヒ・フォン・ハイエクは、「彼は私の知る限り最も偉大な人物であり、私が賞賛してやまない人物である」と書き残している。自ら半ば公式の新聞との自意識をもつロンドンのタイムズ紙は、次のような見解を示した。「比較に価するほど影響力のある経済学者を見つけるには、アダム・スミスまで戻らなければならないであろう[14]。」しかし、ケインズの影響力は持続するのだろうか。ケインズの個人的な魅力は畏敬の念に満ちていたが、かつて、経済理論の創設者たちがウエストミンスター寺院の祝典でふさわしい最上級の名誉を与えられた時のように、ケインズの経済理論も瞬く間に忘れ去られてしまうのだろうか。

そうはならなかった。出版20年後に『一般理論』には、聖書のような権威が与えられることになった。『一般理論』は聖書のように、直接読むよりは、はるかに引用されることが多かった。また、反論するための引用もあった。しかし、少なくともその書物の権威を敬っているかのように装うことが肝要となった。かくして、大学だけでなく公開の場所においても、経済問題の主要な議論にはケインズの名前を使うことが不可欠の習慣となった。戦後の労働党で最も影響力のあった理論家のトニー・クロスランドは、１９５０年代の英米両国の中産階級を代弁して、「いまや、われわれはケインジアンのやり方を十分に理解している」と語り、「そして、景気後退から抜け出すための方策を実施する意思を持った政府によるニューディール政策の経験の再現を恐れるには及ばないが、誤った知識によってそうした政策が実行された場合には、それは失敗に帰するだろう(15)」と人々に請け合った。

ロイ・ハロッドが１９５１年に旧友についての一大伝記を出版するまでに、ケインズの神格化は十分に始まっていた。ハロッドが書くことで実現させたように、この伝記は、次世代のために、経済学者であり国際経済に精通した政治家でもある人物の重要な内面を明らかにしている。だが、ハロッドの執筆は制約を受けた。まず、ハロッドは使用する政府関係の資料に関して検閲を受けなければならなかった。有力な官僚がハロッドの原稿を精査した。とりわけ懸念したのは、アメリカ、イギリスの冷戦同盟に障害となるものがあるかどうか、ドル不足の世界での最後の拠り所である銀行の機嫌を損ねるものがあるかどうか、ということであった。ハロッドは、品格に欠ける反米的嘲笑を公表するか、それとも過激な政治的共感の歴史を暴くかどうか、ということよりさらに始末の悪いもう一つのジレンマに直面した。エリート経済学者の性的倒錯といった類の後ろめたい秘密を公表すること以上に、何がマッカーシー時代のアメリカの気分を害することになったであろうか。

ケインズの青年期の同性愛は、公の伝記の品位を落とすために記述を許されるものではなかった。「私は隅から隅までケインズの同性愛の私情を知り尽くしている。」ハロッドは後にそう書いている。「私は伝記の中で性については露骨に書かなかった。その理由は、当時そうした内容は適切なものではなかったからである。しかし同性愛的な性癖の存在に気づいていた人は、私の書物の「行間」からのいくつかの重要な事実を知ることができたであろう。[16]」ハロッドは十分に知り得ていたことであるが、彼の話はすでに知っていた者のうち慎重に選ばれた数人のみに周知されていた。英米いずれにおいても、ハロッドの読者のほとんどは、自らの純潔感を乱されることはなかった。ところが、マイケル・ホルロイドが彼の『リットン・ストレイチー』の第1巻（1967年）でとても明け透けなブルームズベリーの伝記を広めたことがきっかけとなって、ケインズの生涯のこうした側面が一般に詳しく知られるようになった。

その頃までに、知的・文化的風潮はこうした暴露により寛容になっていた。それは、イギリスで経済政策上の合意が求められた時代であった。その合意は、単に政党間の合意でなくて、それぞれの政党がケインジアンとして熟慮した範囲内で意見が合わないという意味の合意である。「それは、ケインズ卿による経済学教育に基づく、計画と自由の興味深い混合物である」というのが、1964年に出た有力な経済ジャーナリストのサミュエル・ブリタンによる要約であった。[17] 1957年から1963年まで保守党の首相であったハロルド・マクミランは、偉大な人物の出版を行なうという役割にふさわしく、マクミラン社の在庫リストの中でも数少ない稼ぎ頭であった『一般理論』の崇拝者に早くから改宗したことを誇りに思っていた。

アメリカにおける、１９６０年のジョン・Ｆ・ケネディの大統領当選は、新大統領が『一般理論』をどの程度理解しているかを試すものであった。ケネディは、23年前にハーバード大学において、『一般理論』がアメリカに入ってきた後で、1年次の経済学を履修していた。ケネディ大統領の活動を記録したアーサー・シュレジンガーは、ハーバード大学の仲間のお墨付きをもらって、ケネディを「間違いなく、最初のケインジアンの大統領[18]」であると断言した。たしかに、ケネディの経済諮問委員会の委員長、ウォルター・ヘラーは、型に嵌《はま》った人物であったが、１９６２年末にケネディの減税を擁護する素晴らしい演説を行なった後、「私はケインズとヘラーに忠実です。そして彼らも減税に前向きです[19]」という大統領のコメントには、得意満面であった。

しかしながら、共和党員の多くがまだ納得していなかった。アイゼンハワー政権の時は、アメリカ人のインフラ整備のための巨額な投資が見られたが、このインフラ投資は均衡予算の重要性の誇張と政府支出の形式上の非難をうまく結びつけるものであった。民主党の矛盾は、とくに命と財産を奪ったベトナム戦争以降も、戦費を拒否しながら戦時経済を遂行し続けようとしたことである。しかし、１９６０年代中頃のアメリカの好況時には、最終的に守護神としてケインズ政策が採用されることになった。それは、ケインズは死後に間違いなく聖者に列せられるべきであるとの信条に基づくと思われる。そうでなければ、おそらく、『一般理論』の最後の数ページにおいて想定されたとおりのタイムラグをもって、彼の死後に実を結んだ結果であったと思われる。そこでは、われわれは知らずに、「過去の経済学者」や「三文学者」の「奴隷」になっているかもしれないという有名な主張が、「25歳ないし30歳以後になって新しい理論の影響を受ける人は多くはなく」、したがって、彼らが得意になって使う思想は、「おそらく最新のものではない[20]」という事実によって証明されている。

1965年末の「タイム」誌の表紙には、万人受けする「われわれは今やすべてケインジアンである」というキャッチ・フレーズが印刷されていた。人目を引く、わかりやすい表紙は、その思想が力強いものであり、まさにケインズが30年前に主張したように、世の中は実際にはごく少数の人たちによって支配されているということを読者に納得させるものであった。「今や、ケインズと彼の思想は、依然として不安を抱く人もいるが、大学の新しい伝統とワシントンにおける経済運営の試金石の両方を形作るものであるとして、幅広く受け入れられることになった。」経済諮問委員会の委員長ヘラー氏の後任者だけがこの影響から引き合いに出されたのではない。1964年に敗北した共和党の大統領候補者、バリー・ゴールドウォーターの経済顧問もそうであった。このことは、「アメリカで最も保守的な経済学者」であったシカゴ大学のミルトン・フリードマン教授も同様であった。そして、「われわれは今やすべてケインジアンである[21]」というこの見出しのフレーズを信じていたのは彼であった。

ここにあるのは、差し出された手を今にもなめようとしてさまよい歩く迷い犬のように、一人の著者を探し求める引用句であった。フリードマンはそう主張したいと望んだわけではなかったために、うまく言い繕おうとして、「ある意味で、われわれは今やすべてケインジアンであるが、別の意味では、誰ももはやケインジアンではない」[22]といった明らかに即席の言い訳を行なった。これは鑑札に印象的な名前が付いている飼い主のいない猟犬が、飼い主になってくれる人が見つかる前の2、3年の間、勝手気ままにしていたようなものである。

かくして、共和党の大統領が自ら与えられた役割を果たしたときに、ケインズの政治的な影響は頂点に達した。リチャード・ニクソンは数年間大統領の職にあったが、そのときアメリカ経済の刺激策として財政赤字を覚悟することによって、失業者の増加に対応する形で1971年度と72年度の予算の概略を示した。そこで、ニクソンは国民にその狙いを伝えた。大統領がインタビューを受けたABCテレビのスタジオで、彼はコメンテーターの一人に、「私は今は、経済学でいうケインジアン」[23]であると述べた。政治において、雄弁で名を馳せたわけではなかったが、一時代の墓碑銘となった「われわれは、今やすべてケインジアンである」という、二番煎じの語句によって、その後信任されることになったのがニクソンであった。

誰もが好き勝手なことを言い合うと、すべてのことが駄目になる。1970年代が幕を開けると、経済的混乱の始まりが、ケインズ主義は完全雇用の経済を達成するための魔法の道具を実際に提供したのかどうかという問題を世間に広めることになった。死後にケインズの名前と結びつけられた財政政策は，その関心を課税と支出に関する政府の能力に集中していたが，それはもはや相手にされなくなった。それに代わって，信用供給と利子率を中心とする金融政策が求められることになった。これは，分析上も政策上も幅広い優先権の移動を伴うものであった。これらの問題についての一つの顕著な論争点は，その議論の中心となる人物は誰なのかということである。

ケインズのライバルとなる人物は，ミルトン・フリードマンであった。実際に，彼自身の名声は，ケインズの評判と逆比例して揺れ動くところがあった。それゆえ，フリードマンは，ケインズの名声が高まるほど評価が低くなる，そんなとらえどころのない人物であった。もし経済学の専門家が，20世紀における経済学の分野でケインズの本当の知的なライバルの名を挙げよと問われたならば，彼らは創造的破壊のビジョンを持つシュンペーターや，市場の知恵についてのいわく言い難い直観力を持ったハイエクを挙げるであろう。より重要な思想上の偏愛に深くかかわる行動方針を持ったスポークスマンとして，ケインズがかつて専念していた別の役割を受け継ぐ人こそフリードマンであった。しかし，ケインズが，『一般理論』で「私の仲間である経済学者たち」に呼びかけるずっと前から，論争の目的で公開の場を巧みに利用してきたのに対して，フリードマンは通常の経歴を歩んできたにすぎなかった。彼は博学な教授であり，金融政策に関する難解な著作を出版していたが，フリードマンが一般民衆の支持を集め，

「シカゴ学派」の総帥として信じられないほどのメディアのスターになったのは、世論の風向きが変わった後にすぎなかった。

一般に考えられる、顕著な出来事といえば、1967年12月にワシントンDCで金融政策に関して行なった演説である。フリードマンはアメリカ経済学会の会長講演としてそれを行なった。それは、彼がすでに権威ある専門家として認識されていたということである。しかし、フリードマンがその講演で「マネタリズム」に基づいて主張した操作可能な原理の概念では、彼が実際に語ったことを説明できない。事実、フリードマンは与えられた時間の大半を金融政策では何もできないことに警鐘を鳴らすために使い、講演の最後の数分間で何ができるかを論じた。彼が最後に忠告したことは、政策担当者は雇用水準を操作するような努力をやめ、マネー・ストックをコントロールする手段に集中すべきであるということであった。そのことから、われわれはフリードマンが彼の主張を展開する際の用心深さと用意周到さに驚かされるかもしれない。しかし、その目的は聞き手の教授たちには十分にはっきりしていた。つまり、それは、「ケインズの主要な理論命題、すなわち、価格が伸縮的な社会においてさえ完全雇用均衡点は存在しないという命題を突き崩すことであった。」(24)

フリードマンは、ケインズと反対の立場に立っていた。理論のみならず実際の政策選択においても彼らは正反対であり、大衆の支持層も異なっていた。フリードマンが自他ともに認めるリーダーとなっていたシカゴ学派のことをニクソンが耳にした1969年に、「タイム」誌は、

「何年もの間、アメリカ経済学の極端な因習打破主義者であるミルトン・フリードマンの異端者的見解は、尊敬を集めるとほぼ同程度に嘲笑を受けている」と報じた。「ケインジアンの経済学は役に立たない」とフリードマンは率直に批評した。「しかし、人間にとって、強く支持していた信念を崩される脅威となる事実に直面するほど厳しいことはない」[25]と、ケインズは彼の活躍した時代に似たような感想を言葉にしている。フリードマンは1970年代の初め頃、ニクソンの変節に耐えなければならなかったが、マネタリストが議論で優位に立っている兆候は、フリードマンが1976年にノーベル経済学賞を受賞した時に明白になった。

イギリスにおけるサッチャーリズムという新しい経済学は、その根幹にマネタリズムの学説と財政規律の倫理を有していた。その新しい経済学は、あきらかに1970年代における失業増加とインフレ上昇の同時発生という、自称ケインジアンが説明することができないし、ましてや解決することもできないと思われる悪夢の同時発生に対応するものであった。イギリスの新聞では、その当時の反ケインズ主義の論調が、フィナンシャル・タイムズ紙のサムエル・ブライタンやタイムズ紙のピーター・ジェイなどのような幅広く読まれているコラムに見られるようになった。労働党政府の大蔵大臣デニス・ヒーリーは、「1974年には、大蔵省はすべての三文文士の学者の中で最も偉大であるメイナード・ケインズの奴隷であった」[26]として、彼が目の敵にした官僚たちの思考態度にひどく苛立っていた。同様に、1975年には、金融評論家ティム・コンドンが、「経済学における、すべての戦いの中で崇敬されている戦士は依然としてジョン・メイナード・ケインズである。ケインズからの引用文はどんなに些細なものであっても、反対の声を黙らせるものである[27]」として、「エンカウンター」誌の記事で欲求不満を露わにした。

もはやご本尊はいない！　サッチャーの側近は、「ケインズは死んだ」という単純な標語をつくった。「マクロ経済学レベルにおいて」、大臣職を目前にしてナイジェル・ローソンは説明を続けて、「われわれのアプローチは、ケインズ主義として知られるようになったものと正反対のマネタリズムとして知られるようになったものである。ただし、ケインズ主義はケインズ自身が実際に論じたものを曲解している[28]」といった。人より「主義」を攻撃目標にすることに意味があった。

マーガレット・サッチャーは声を荒げて同じことを繰り返した。「違います。違いますよ。」彼女は1979年のインタビューで、「ケインズ主義はまったく間違っていると思う。私は、ケインズが考えていたことは、そんな矮小なことではないと思う[29]」と語った。これは、たまたま発言したことではない。彼女はいろいろな機会にこのテーマを喜んで繰り返した。イギリスが1945年以降いかに悪い方向に向かったかを説明する1984年の党大会の演説で、とりわけ個人のせいにすることを控えた。サッチャーは、「ケインズは、状況分析の診断書を提出していた。」「それは、1944年の『雇用白書』にすべて提示されている。私はそのとき、その白書を購入したが、今でもそれを持っている[30]」と満足げに語った。誰かにその白書を見せてくれとせがまれた場合に備えて、彼女は誰もが知る大きな鞄を用意していた。翌年、ある機会に彼女は次のように話したことがある。「私はしばしばケインズを引き合いに出すが、それはケインズが最も誤って引用される人であるからに他ならないからです。[31]」対照的に、サッチャー政権のときに、彼女はフリードマンを支持することを止めたことがある。その理由は、1970年代には、フリードマンの「自然失業率」の概念が、政治的には極端すぎた可能性があるということであり、1980年代には、おそらくフリードマンがサッチャー政権のマネタリスト的戦略に批判的であったからである。サッチャーは、1982年に、あるインタビューに答えて、「いずれにしても、マネタリスト的な政策はフリードマン氏よりずっと以前からある」とぶっきらぼうに語り、「マネタリストの政策は貨幣と同じくらい古い……[32]」と述べている。

死んでいようが、いまいが、ケインズは無視されることはない。彼の名前は1970年代を通じてニューヨークタイムズ紙に400回以上も登場し、1980年代もほぼ同じ回数であった。それは、1950年代あるいは1960年代を上回るものであった。彼の学説に好意的でなかった時代には、たとえ敵対心をもってケインズの名前を呪う言葉でさえ、彼に一目置いたような敬意を含んでいた。イギリスでサッチャーリズムがケインジアン的合意をひっくり返したように、1980年のロナルド・レーガン大統領の選出は、アメリカに新たな経済体制をもたらした。

しかしながら、ケインジアン・モデルとフリードマン・モデルの二分法に慣れていた人たちにとって、このアメリカの新しい経済体制の展開は不可解であった。「理論の上ではマネタリストであったが、実際の政策ではマネタリストではなかった」と、フリードマン自身がレーガン大統領の最初の2年が経った後でコメントしている。(33) サッチャーリズムと対照的なのは、「レーガノミクス」が赤字予算に対してより寛容だということであった。それは、まさにかつて不況の時代にケインジアンのやり方が赤字予算を容認して非難されたのと同じである。減税は政府収入の増加を通じて元が取れるであろうから、理論的にも正当化できるということであった。それが正当化できるのは、経済成長により税収が増えるが、その成長は、減税自体のインセンティブによって生み出される場合である。この好循環は、実のところ、奇妙なケインジアン・ツイストによってもたらされるものである。しかし、もちろん、それは供給サイドが反応するという、かなり楽観的な確信に支えられていた。実際には、政府収入では財政収支の差額を埋められず、持続的な財政赤字をもたらすことになった。

市場が普遍的に有効であるとの信念は、大袈裟な話であり、大言壮語となった。また、1990年代半ばから続いていた、歴史的に見ても高い成長率が、必然的にそれ以前の半世紀に支配的であった議論を詮議する暇も与えない、独りよがりの風潮を育むことになった。議論の内容は、政府によって規定された枠組みの範囲内で安定性を求める市場からはほど遠く、むしろその条件が逆戻りすることになった。規制緩和、外部委託、そして民営化の時代にあって、市場モデルが政府の政策立案の物差しとなる傾向が強まった。レーガンの新奇な方式では、政府が問題に答えるのではなく，政府自体が問題だということであった。

　過去30年の間に，ケインズの名前が色あせてきたのは驚くことではない。たしかに，労働党の大蔵大臣ゴードン・ブラウンが，大蔵省でサッチャー政策を支持したブラウンの前任者たちを非難する際に，ケインズの影が薄らいできたことを引き合いに出している。ブラウンによれば，ナイジェル・ローソンの誤りは，「１９７０年代のお粗末なケインジアンのやり方を拒否する際に，本当にやるべきことは，現代社会に対するケインズの重要な洞察を理解することであったのに，ケインズのアプローチも一緒に否定してしまった[34]」ということである。

　全く忘れられてしまったわけでは決してないが，それにもかかわらず，ケインズは重視もされなかった。制約のない市場の力の自由な作用によって経済問題が解決される限り，ケインズは全く必要とされない空想にも等しい救済策をふれ回っていたことになり，その意味で，あまりにも手回しがよすぎたのである。彼の思想は，不況がもはや起こらない世界には無関係の「不況の経済学」として退けられてしまった。

　そしてそれから，２００８年に株価が大暴落した。不可解なことに，若者たちが信頼に足ると教育されてきた市場の力をもってしても，財の配分はうまくいかなかったし，自動調整も機能しなかったし，自ら招いた金融危機にも対処できなかった。メディアはおそらく，何が役に立って，何が役に立たないかといった単純な見方をする。およそ30年間，ケインズに対する世評は薄れていた。ところが，およそ30日で，もはや死んだといわれた経済学者が再発見され，息を吹き返した。イギリスの大蔵大臣アリスター・ダーリングは、10月19日に早速宣言した。「ケインズの著作の多くは、今でも有意である。[35]」その週に発行された「タイム」誌は、「われわれは今やすべてケインジアンである」と書かれた1965年12月31日号の表紙に積もった埃を吹き飛ばす決意をした。そのフレーズを復活させると、そのフレーズがケインズ主義そのものを復活させることになる。言うに及ばないことだが、「今や、ケインズ主義が再びはやり出すことになる。[36]」

ケインズに関するジェットコースターのような評価の移り変わりは、現在という時が、経済学と同様に歴史が適切に理解される必要のある決定的な瞬間であることを表している。永遠の「ケインズ」は決して存在しない。われわれは気まぐれでケインズを悪魔呼ばわりしたり、はたまた神話化したりするが、それよりも、歴史を踏まえてケインズをみれば、必然的にケインズの当時の思想は、彼が生きた時代に影響を受けていることがわかる。ケインズは当面の経済政策だけでなく、理論経済学の基礎についてもアイデアを提案していた。ケインズは彼の論敵のみならず、心から支持者たろうとしていた人たちからもしばしば誤解されてきた。もし今でもケインズ理論の妥当性が失われていないことを理解したいなら、そしてジョン・メイナード・ケインズを理解したいなら、ケインズの時代状況とケインズの人生から始める必要がある。

第1章「宗教と不道徳」

ジョン・メイナード・ケインズ　1883年―1924年

ケインズは、カール・マルクスが亡くなった年に生まれている。ケインズの父ジョン・ネヴィル・ケインズは、彼の父［ケインズの祖父］もジョンと呼ばれていたので、ミドルネーム［ネヴィル］で呼ばれるのが常であった（この家族にとって、ジョンという名称は代々受け継がれている）。ネヴィル・ケインズの父ジョン・ケインズは、ソールズベリーで園芸家として事業に成功し、精力的なやり手だったが、やもめ暮らしをしており、1851年にアン・メイナード・ネヴィルという名の農家の娘と再婚している。その翌年に生まれたネヴィル・ケインズには母親の結婚前の名前が付けられた。1883年5月に生まれたネヴィル・ケインズの長男ジョン・メイナード・ケインズには、祖母のミドルネームが付けられた。ケインズは、出版物には当時の社会的慣習にしたがってJ・M・ケインズという名前を使っていたけれども、家族や友人にはメイナードと呼ばれていた。

ネヴィル・ケインズは、ケンブリッジ大学に通ったが、そこは彼にとって大きな足場となった。彼はケンブリッジに定着したが、彼の子供たちにとってもそこは人格形成に大きな意味を持つことになった。ネヴィルは論理学と政治経済学に関心があり、経済学がアカデミックな専門分野として注目され始めた時期に経済学研究のキャリアを積むことになった。ネヴィル・ケインズは、かつてシカゴ大学からポストを提供されたことがあったが、「ケンブリッジに根を下ろしているので、抜けられません(1)」という返事を返している。さもなければ、もしかしたら、若きメイナードはシカゴ学派の経済学者として成長していたかもしれない。

ネヴィル・ケインズにとっては、ルーツが重要な意味を持っている。彼の家族はバプテストであった。メイナードが生まれる1年前に［ネヴィルと］結婚した妻のフローレンス・エイダ・ブラウンは会衆派教会主義者であった。彼らは、オリバー・クロムウェル（もちろん、彼はケンブリッジ大学の卒業生である）にまでさかのぼる非国教徒の伝統的遺産を意識に留めておくために［国教徒のように］定期的に教会に通う必要はなかった。彼らが政治的には自由党員であったのは当然であった。古い大学における英国国教会の独占を打ち破ったのは、当然のことながら自由党政府であった。ある意味で、宗教と教育に自由貿易の原則を適用したということである。

フローレンスがメイナードを産んだのは22歳のときであったが、彼が亡くなるまで積極的な影響を与え続けた。フローレンスはケインズより12年も長く生きた。彼女は風通しの悪い男性優位のケンブリッジにあって市民生活のパイオニアであり、街で最初の市会議員となり、助役となり、市長となった。彼女の経歴は、修道院的な殻から抜け出る動きを見せ始めた近代の大学の管理機構の中でネヴィルの昇進と並行していた。市民と大学関係者がともに彼らの自宅を訪ねた。メイナードは後に、両親に感謝を込めて市の芸術劇場を寄贈している。『平和の経済的帰結』の出版の後、ケインズに関する新聞の切り抜きを集め始めたフローレンスは、この才能豊かな長男の経歴を年代別に記録したスクラップ・ブックを作り始めた。メイナードの妹であるマーガレットは、後に地方政府における進歩的な主張を支持する中で母親の好敵手になっている。彼女の夫であるA・V・ヒルは1922年にノーベル賞を受けた生理学者である。彼らの弟である、ジェフリー・ケインズ卿は後に優れた外科医となり、また書誌学者になっている。彼は（言うまでもなく、ケンブリッジの象徴である）チャールズ・ダーウィンの孫娘であるマーガレット・エリザベス・ダーウィンと結婚している。ケインズ一家は、ケンブリッジのエリートであり、知らない者はいなかった。

ケインズは特権的な養育を受けた。しかし、これは先祖代々英国国教徒であり、爵位を与えられ、土地持ちである英国上流階級の世界のものではない。ケインズ家は、系統の異なる知的貴族社会の流れにあった。フローレンスとネヴィルは、大学の外で結婚生活を営むことを認められた大学教師の第一世代の中にあって、高潔で質素な友人たちに恵まれていた。ケインズ家は、大学近くのハーベイロード6番地に新たな家を建てて67年間を過ごした。ウィリアム・モリスの壁紙が居間の壁を美しく飾っていた。60年間の大半を通じて、メイナードは都合のつく限り日曜日の昼食をここでとった。父のネヴィルは上等の赤ワインを開けるのが好きだった。

「ハーベイロードの前提」というフレーズが知られるようになったのは、ハロッドの伝記によるものである。それはメイナードが育った英国社会を影響力ある一つの簡潔な仮説で表したものである。「改革は、大英帝国の安全と公平な秩序を」当たり前と考えて、それは「安定した疑問の余地のない社会的価値の枠組みを超えない」とハロッドは説明した。決定的に重要な前提は、「イギリス政府は、説得の手法を用いる知的貴族社会の手中にあったし、これからもそれを継続していくだろうという考え方(2)」であった。その考え方はしばしば文学的過ぎると受け取られていたけれども、それはハロッドの雄弁さに対する一つの賛辞であり、そこには真の洞察がある。ケインズには因習打破の気質があったようだ。彼はときどき伝統的な考え方に対して彼自身の才覚によって自分の正しさを主張することに夢中になった。しかし、彼は熟考したうえでの議論を通じて制度改革の戦略に終生関わり続けた。

若きメイナードの際立つ聡明さは、時を経ずして両親によって認識された。彼らはメイナードを最良の私立学校に通わせた。まずケンブリッジに、次にイートンカレッジに通わせた。彼はそこで奨学金を得ている。イギリスにおいて名門校における奨学金は、授業料を支払う手段としてよりも、知的優秀さの象徴としての意味があった。イートンからケンブリッジに戻ることは自然なことであった。しかしながら、メイナードは父の所属するペンブルックではなくキングスカレッジを受験した。キングスカレッジはイートンと同様に古い歴史を持っている。両校ともヘンリーⅣ世によって設立されたものである。ケム川に面して聳《そび》え立っているキングスカレッジのチャペルは、イギリスにおける限りなく素晴らしい建物であり、その芸術的美しさは、高価な石による建築工学の上でも驚嘆すべき天井によってさらに強調されている。メイナードは、宗教上からではないが、その建物に愛着があった。彼は、そういう空間の持つ収容性能に驚嘆し、後に彼が大学の会計官であったとき、ある機会に、当座の保管を求められれば、穀物の過剰投機に解決策があるかもしれないということをためらいがちに示唆している。

メイナードは父と同様にケンブリッジでキャリアを積み、経済学者となっている。彼はこのすべてを楽々とこなしていった。多くの選択肢の中で、一つの狭き道が運命づけられていたと思われる。しかし、その道のりは全体的にみて簡単なものではなかった。

ロナルド・レーガンが大統領のときにそれとなく知ったことの一つであるが、彼の仄聞《そくぶん》によると、しばしばその名を耳にした人物であるケインズは、経済学の学位さえ持っていなかったということである。そのとおりである。ケンブリッジでケインズが勉強したのは数学であり、それはアイザック・ニュートンの時代から、ケンブリッジ大学の看板科目であった。ケインズは順当に、トライポス（ケンブリッジ大学で学位ＢＡの優等卒業試験）を受けた。それは数学の成績優秀者をランク付けするための伝統的なやり方であった。彼は１９０５年の数学の学位試験で第12位であった。その試験では、合格候補者のトップ10％に入る良い結果であり、他の科目の優等賞と同等であった。しかし、それはケインズより優れた11名の数学者がいたことを意味した。

ケインズが経済学を勉強しはじめたのは、すでに大学を卒業した後であった。科目ごとに個別にトライポスが行なわれるようになったのは、ほんの2、3年前からであったが、それは大部分がアルフレッド・マーシャルの尽力によるものであった。マーシャルは、権威ある著書『経済学原理』（１８９０年）を出版し、版を重ねていた最古参の教授であった。当時、ケインズ家と家族ぐるみの付き合いがあり、少年時代のケインズにマーシャル自身が教えることを喜んで引き受けたのである。8週間の学期中、週1時間の個人指導は、ケンブリッジ大学では特別なことではなかったが、それはケインズが経済学に関して受けた唯一の正式な講義であった。マーシャルは、ケインズについて「あなたは将来、経済学者となり、それを続けることになると確信しています(3)」とエッセイの一つに書くほどの印象をもった。

案の定、ケインズは経済学者であり続けた。しかし、マーシャルのちょっと冗談めかした話が核心を突いていた。というのは、ケインズは単に厳密な意味でアカデミックな専門職としての経済学者になることを決意したのではなかったからである。ケインズは、ケンブリッジでは、経済学は哲学に由来をもつ道徳科学（モラル・サイエンス）のトライポスから育って、それを脱皮しているという事実に誇りを持っていたのである。彼が後に書いた経済学者とは、「数学者であり、歴史家であり、政治家であり、哲学者でなければならない。」そして「記号もわかるし、言葉にもしなければならない」のであり、こうした類まれな才能の組み合わせが有能な経済学者を生み出すが、経済学は、「平易で、しかもそれに抜きんでた人のきわめて乏しい科学の分野(4)」である。

また、ケインズは経済学者になることに専心するにはあまりにも気が多すぎた。キャリアを積む中で、1906年の重大な決意は、対応可能な試験科目の範囲で、毎年行なわれる入省試験を受けて政府機関に入るということであった。ロンドンで行なわれたこれらの国家試験において、ケインズは、論理学、心理学、英語論文、および政治学では全体として1番であったが、道徳哲学と形而上学では2番であった。彼を怒らせたのは筋違いの評価点法であった。彼は「知識は成功に対する絶対的障害のように思われる」といちゃもんをつけた。「私の場合、知識だけは手堅い数学と経済学の2科目が最悪の事態だった。(5)」結果として、彼は全体で2番目となった。オックスフォード出身の卓越した候補者であるオットー・ニーマイヤーが1番であり、彼はイギリス政府の各省の第一選択権を獲得した。当然ながら、ニーマイヤーは大蔵省を選択した。彼は1920年代には政府機関のトップに昇り詰め、20年前に彼がすでに負したケンブリッジ大学の経済学者の激しい批判に対し根気強い持ち味をもって大蔵省の正統性を守り抜いた。

高い評価のあった大蔵省のポスト争いに敗れたケインズは、インド省［イギリスのインド植民地統治のために設置された官庁。一八五八年、イギリス国王の統治により行政部門の一つとして置かれたものである。］を選択した。政府の高官がいるホワイトホールにあって、ケインズはランクは下位であったが、大英帝国を運営するために訓練された官僚として、選抜された官僚クラスの文官の役割を率先して果たした。彼は、深夜と早朝の仕事にはいつも反対であり、「その両端で私がロウソクの火を消した(6)」と言っていた。したがって、彼にとっては達成感の乏しいものだったけれども、インド省における紳士的な11時から5時までの日々が平穏に過ぎていった。

ケインズは、はからずも後に役立つことになる専門的知識を身につけることになった。彼がはじめて出版した本である『インドの通貨と金融』（1913年）は、英国のインド統治の下で、どうしてインドの歴史的に有名な銀本位制が国際的金本位制の負荷によって影響を受けてしまったのかに関して、その複雑な関係を理解する必要に迫られた公的職務の産物であった。アメリカでは、こうした問題はウィリアム・ジェニングス・ブライアンが、「金の十字架に人類を架けてはならない(7)」と激しく非難した1890年代の複本位制論者のキャンペーンの中で注目されていた。イギリスでは、複本位制に関する議論の波紋は小さかった。すでに時代は変わっており、こうした問題に関心を抱く人はほとんどいなかった。金本位制は、その停止の原因となった第一次世界大戦まで、とりわけ、本当に理解していなかった人たちによって当たり前のことと思われていた。しかし、ケインズはその潜在的な悪影響に関する事例研究をすでに紹介していた。これは1920年代における政策に関する彼の見解に影響を与えた。

また、経歴の中で、インド省は大蔵省の金に対して銀に思われた。ケインズにとって大蔵省に入るドアはニーマイヤーによって塞がれており、しばらくの間塞がれたままであった。しかし、その任務は知的関心を追求するのに十分な時間を彼に与えた。ケインズは、キングスカレッジのフェローになるために提出する論文を準備し始めた。ケンブリッジでカレッジ・フェロー、つまり大学教員になることは、当時は終身教員として任用されるためのルートであった。

ケインズは1908年に受けた最初のフェローシップの試験に成功しなかった。しかし、インド省にいた21か月後にチャンスが回ってきた。彼はケンブリッジに戻るための機会を得るために辞職した。それは実際にはマーシャルの教育助手になることで、お金もマーシャルのポケットから支払われた。しかし、それで彼はフェローになれるかもしれないし、なれないかもしれなかった。ケインズは、チャンスをつかみ、それを実現した。１９０９年に彼はフェローに選ばれた。彼は亡くなるまでフェローの地位にあった。実際、彼は人生の最後の22年間、大学の資金管理に責任を負う会計官としての務めを通じてキングスカレッジとの関係を大切にしてきた。たとえ、第二次世界大戦中のロンドンおよびワシントンにおける責任の重い仕事の重圧の下にあったときでさえもそうであった。

ケンブリッジにおいては、ケインズはあらゆる意味でリラックスしていた。彼はそこを本来の仕事場だと思っていた。「教師の仕事は世界で一番負担の多い仕事である」とケインズはロンドンの友人のひとりに断言し、「私は、経済学を時間で量り売りする機械同然の存在になっている(8)」と付け加えている。しかし、依然としてケインズは、落ち着いて主流の経済学の研究に打ち込むようなことはなかった。その代わりに、彼のエネルギーの主な部分は、フェローシップのための論文出版に向けてその改訂版を準備をすることにつぎ込まれた。これは、とりわけインド省の仕事の副産物であるインドの通貨に関する短い著書を執筆するという別の仕事のために遅れることになった。しかし、１９１４年8月までに、ケインズはコマ切れの研究時間を集中して分厚い研究書の大部分のタイプを打ち終えた。ただ、最悪の時期で出版は難しかった。それは戦争の被害の一つであり、『平和の経済的帰結』によりすでに一般の読者に著者の名前が知られた後も、さらに7年間の間は出版されなかった。

ベストセラーとなった本と同じように現実を鮮やかに描く続編を期待する読者にとって、500頁を超える著作である『確率論』（1921年）は期待外れであった。たしかに、それは突然注目を集めたケインズに対する公衆のイメージには合わなかった。それはまた、経済学者たちにとっても、ケインズの専門家としての適切な仕事のようには見えなかった。彼らは当時その本を無視しただけでなく、以後ほぼ60年間無視した。

『一般理論』が意思決定について、確率と、どうなるのか説明できない不確実性の重要性に関する創造力に富むヒントを与えてくれたときでさえ、『確率論』はほぼ無視されていた。だが、もしわれわれがケインズの思考の論点を十分に理解するなら、注目せざるをえないであろう。長い歴史的な展望の中では、こうした無視は修正が可能である。現在、われわれはケインズ主義の影響がどうして一定の時と場所に適合するような特定の形態をとるのかを理解することができる。しかし、それは必ずしも今日のわれわれにも妥当するとは限らない。逆に、歴史的にケインズに思いを致して思索を巡らすことが、今なおわれわれを啓発する驚嘆すべき力となるのである。

ケインズの若い時代は多くの偽情報が溢れていた。その理由のひとつは、すでに明らかである。すなわち、彼の同性愛が隠されねばならなかったからである。しかしながら、もう一つの理由は、卓越した回想録である『若き日の信条』で彼自身が虚偽の足跡を示したからである。

これは出版するために書かれたものではなく、１９３８年に共通の経験のある彼の古い友人の聴衆に向けたものであった。その中で、ケインズは、彼らは「習慣的な道徳も、因襲も、伝統的な知恵さえ全く認めなかった」[9]と主張している。これらの挑発的な意見から、いとも簡単に若きケインズはいずれの意味でも社会的責任が欠如しており、有害な政治的単純さを示し、傲慢なナルシシズムに心を奪われていたという結論に達することになる。そのすべてが、必ずしも批評家の所業とは言い難いほど安直に描かれた結論に達することになった。

彼は実際におそらく20年間は同性愛者であった。彼のメモの中には、１９０１年から１９１５年までの年ごとの彼の相手のリストが残っている。それは主に彼自身の友人からなっているが、無頓着に次のような人が書かれている。すなわち、「パークレーンの馬蹄少年」、「大理石の門の金褐色」、「ボクソールのエレベーター・ボーイ」、「ユダヤの少年」[10]である。ヴィクトリア後期のイギリスでは、同性愛の行為は許しがたいことであり、メイナードが10代をイートンで過ごしていたときに、オスカー・ワイルドの裁判と投獄が世間の大スキャンダルになった。そのスキャンダルは、いまではワイルドがこのようなやり方で迫害されたという事実の中にあるように思われる。しかし、１９６０年代の自由改革までは、法による刑罰を廃止することはできなかった。アメリカ社会と同様にイギリスで「ゲイの権利」が認められたのは、20世紀末になってからであった。ケインズは、この専門的用語を理解することはなかったであろう。彼は、ゲイが大手を振って歩くことは、シャンパンの泡が吹出すように、才気ある人が輩出すること（逆方向の比喩も当てはまる）を意味した時代に生きていた。しかし、彼の仲間が「より激しい同性間性行為」の快楽について語ったとき、彼ら自身、後の世代に誤解されるかもしれないということを等しく感じていた。これすなわち、ケインズに関するハロッドの公認伝記が、わざと紛らわしい印象を与えることによって主人公の私生活を何とかごまかそうとすることに難儀した、ということの当然の証である。

ケインズは学生時代を（少年の時は）イートンで、（青年になってからは）キングスカレッジの学部で過ごした。ケンブリッジ大学では、女子のカレッジは二つしかなかった。しかも、第二次世界大戦後まで正規の卒業資格は与えられなかった。男子カレッジは19あったが、そのうちのキングスカレッジは、現在ではキャンプと呼ぶようなやり方で、学生間の愛情やそれらしく装うことのどちらについてもあからさまな表現を助長するような寛容さをもつ特異なところとみなされていた。もし若きケインズの性的傾向が多少はっきりしなかったとしても、男同士の感情表現から同性愛に至る交差線上で安全な場所にいることはできなかったであろう。後に、彼が行きずりのセックスのためにロンドン街をうろつくという危険を冒したとき、彼は自ら危険を招くことになった。しかし、ケンブリッジ大学では、大学の寮で若き紳士たちが異常に親しくすることに法的制限を設けなかった。

ケインズや彼の友人たちにとって、上流階級の特権と性的開放が相携えて進んでいった。ケインズの性的衝動が若い男性との一連の情熱的な交友関係へと向けられていったのは、ケンブリッジ大学での学生時代とその後の政府機関においてであり、それはいわばロンドンでの幕間劇のようなものであった。ケインズの仲間の多くはすでに多くの性的経験をもっていた。彼らは、おそらく当時是認されていた実際の性行為よりも刺激的な言葉を公然とあからさまに使うことで快感を得ていた。

ケインズの友人のほとんどは、ケンブリッジ大学でも最も規模が大きく、最も恵まれていたキングスカレッジないしはトリニティーカレッジに所属していた。そこでの最も重要な人物が、ジェイルズ・リットン・ストレイチーであった。メイナードと同様に、彼はミドルネームで知られていた。ストレイチー家は中流の上の階級であり、英国のインド統治に対する強力な行政や軍事上の結びつきをもっていた。その勇敢な伝統は、歩き方にしろ、話し方にしろリットンのような女っぽい姿を絶対に認めなかった。彼は、そう、笛のような女声と歩き方を選んだ。メイナードは後に、ストレイチー一族の中でリットンのいとこに当たる颯爽とした若き画家のダンカン・グラントに愛情を移している。

若きヴァージニア・ウルフは、彼女の家族もストレイチーと同じような環境と気風を有していたが、後に自分の先祖をフェミニスト的軽蔑感をもって、「インドを支配した男たち」と呼ぶことを好んだ。彼女は敬愛する兄トービー（彼は痛ましいことに腸チフスのために若くして亡くなってしまった）のような一族の若者だけでなく、すべての男がケンブリッジでの高額な教育を受けるべく送り出されたことを忘れなかった。ヴァージニアは、やがて、トービーの刺激に富んだ友人たちに会うことになる。リットン・ストレイチー、彼は不埒にも一度だけだが彼女に求婚している。E・M・フォスター（友人には、モーガンと呼ばれた）は、物静かな男であり、処女作『天使も踏むを恐れるところ』はまだ出版されていなかった。クライブ・ベルは、後にヴァージニアの妹ヴァネッサと結婚した審美家である。レナード・ウルフは、（一時的に）セイロン島の統治のために移住している。ヴァージニアはレナードの求婚を最終的に受け入れている。かくして、彼女はウルフの姓を名のり、その名の下で書いた彼女の著作は世界的な名声を博することになった。

ヴァージニア・ウルフがメイナード・ケインズと初めて会ったのは、ケンブリッジにおける親密な関係にある友人たちを通じてであった。彼らは「使徒会」と呼ばれる集団の共通会員として互いにその会に夢中であった。1820年にケンブリッジの談話会として設立された「使徒会」は、独自性と秘密を共有する団体として発展していった。彼らは男性の学部卒業生のうちから自主的に選ばれたグループであったが、土曜日の夜に開かれる集会には、大学の教師たちのような年齢の高い人たちも参加した。彼らは終身会員の資格を持っていた。彼らは聴講し、かつメンバーのひとりによって提出される論文について議論した。それは、アカデミックな議論の場というよりも知的フォーラムであり、セミナーというより親友の集まりといったものであった。

ここから「ブルームズベリー」が育っていった。それは実際のところグループといえるようなものではなかったし，正式に組織されたものではなかった。その名前は，単にロンドンのユーストン駅南の，当時としてはセンスのない地区のことであり，洗練された地区の反対側の薄汚れて，荒廃したタウンハウスの並ぶところであった。そこは華やかなケンジントンより物価が安いだけでなく，冒険好きの若者にとって束縛の少ないところであった。1905年に，ゴードン・スクエア40番地の4階建の家を若い使徒会メンバーである，トービーと弟のエドリアンと妹のヴァージニアとヴァネッサが借りた。そこは彼らが単純に「ブルームズベリー」と呼んだものの揺籃となったのであり，初めは1ダースそこらだった同じ考え方をもつ友人のネットワークとして知られることになったが，結局は因襲的文化の境界線となった。彼らの木曜の晩の「ホームパーティ」は，彼ら自身の「使徒会」継承の証となった。彼らは，若者が興味をもつあらゆる種類のこと，とくにセックスのことを話す際にあまりにも明け透けであり，率直にいって態度が悪かった。女性の前でもそうであった。

ケインズは，しばしばこれに出席した。とくにインド省にいたとき，中央官庁街近くの彼の小さなアパートから夜分に抜け出して出席した。さらに，大学教員になるためにケンブリッジに戻った後，彼は1909年からブルームズベリーに活動の拠点として使うアパートを借りていた。2，3年の間，フィッツロイ・スクエアにある家に部屋を見つけた。わずか2，3軒離れたところにヴァージニアとエイドリアン・スティーブンの家があった。一方，新婚のクライヴ・ベルとヴァネッサ・ベルはゴードン・スクエアにとどまった。メイナードは後に，ブランズウィック・スクエアの近くにヴァージニアとエイドリアンとの集団生活のための一軒家を借りている。これは、友達を守るというヴァージニアの因襲に囚われない冒険的な考え方の表れであり、彼女はメイナードとダンカンのみならず、異性愛者のレナード・ウルフも家に入れた。彼らはほどなくして結婚している。ブランズウィック・スクエアを去った後、メイナードは1916年にゴードン・スクエア46番地の借家契約をクライヴとヴァネッサから引き継ぐ前に、一時的にブルームズベリーの二つの住所に部屋を借りている。1916年に借りた家は、以前に11年間彼の友達が最初に住んでいた。ブルームズベリーの活動の中心であったゴードン・スクエア46番地は、終生ロンドンにおける彼の住み家であり続けた。

この意味で、ブルームズベリーは移住者として始まったといえる。それは「使徒会」のスティーブン派であるストレイチー家の反逆的な気風の多くをロンドンに運び込んだということである。一方で、同じように才能ある女性たちによって会員を補強している。その中でもヴァージニア・ウルフは傑出していた。ケインズの友人たちの多くは同性愛者であったが、女嫌いはほとんどいなかった。その多くは女性の参政権を積極的に支持していた。ブルームズベリーが相互に賞賛し合う集まりであることで非難されたのは当然であった。そのメンバーたちは、年月が経つにつれて、彼ら自身のあるべき姿についての説得力ある意味付けを行ない、多様な業績を誇らしげに自慢した。その表れの一つが、「回想クラブ」である。そこで、彼らは互いに交替で回想録を読んだ。そこでは長い友情による気の置けない調子が許されたし、冗談が許される信頼関係があった。さらに、部外者には誤解されるようなことを互いに言い合うことができた。

ミュンヘン危機が起きた1938年に回想クラブが開かれ、ケインズが『若き日の信条』を読んだ。戦争の恐怖という暗雲の下で、彼は純潔の失われた年代を喚起するような話をした。彼の回想録は、それが呼び起こす効果を狙っていたといえる。「それは美しく非世俗的である」と部屋の片隅で聴いていたヴァージニア・ウルフは心を捕えられた。そして、日記にこう書いた。「そのおかげで、これはとても人間的で心が満たされる会合である。」(11)

ケインズは素人風の言葉使いで、しかし複雑で扱いにくい問題について語っていた。最初は、それほど注意することなく耳にするブルームズベリーの噂話を聞き流していた多くの読者が、気楽な楽しみを台無しにするおそれのある知的問題に向き合わされているのだと、突然気づかされたことに当惑させられたかもしれない。しかし、そこでは、後にケインズの思考の影響を理解することに役立つ議論を巻き起こすことになる時限爆弾が時を刻んでいた。

『若き日の信条』は、ケンブリッジ大学教授G・E・ムーアが彼の生徒であった感受性の旺盛な若者に与えた影響について語っている。そこでケインズは、彼が「宗教」と呼ぶ個人的な倫理と「道徳」と呼ぶ公的義務を区別している。そして、彼は、彼自身のような若き「使徒会」のメンバーは「宗教は持っているが、道徳は持っていない」(12)という挑発的な主張を行なっている。『若き日の信条』における自己陶酔ともいうべき個人的ジレンマは、彼らが外部の邪悪な世界に何ら理解を持っていなかったし、そうした問題と彼らを関連づける動機すらなかったことを示唆している。ケインズは友人たちの前でそんなことを告白している。

しかし、その告白は本当だったのであろうか。それは、ケインズの回想録の影響力ある話の中では、多かれ少なかれ額面どおりに受け取られたのであり、かくして、ケインズの思考に食い違いがあったことを示すことになる。われわれは、若きケインズがわれわれの個人的な倫理上の義務と社会に対する政治的責任との間に何ら知的な繋がりを見出さなかったということが事実であったかどうかを確認する必要がある。この問題については、『若き日の信条』における芸術的表現以上に、むしろかなり技術的に表現することなしには、適切に答えることが不可能である。しかし、そうする価値はある。さもなければ、誤解を招く風刺画を残すことになるからである。

われわれは、ケインズが『確率論』につぎ込んだ数年にわたる研究と思索の時に戻る必要がある。そこには、きわめてアカデミックな問題に微に入り細をうがって全力で取り組む聡明な若者がいる。しかしながら、問題の核心は明確であり重要でもある。ケインズの議論の要点は、確率は観察された頻度で簡単には測れないということである。投げ上げるコインの裏か表が出る確率をあらかじめ決定するために、実際に裏表が何回出るかを数えることは意味がない。どちらになるかは、つねに五分五分である。

かくして、確率に関するケインズの理論は、実際の結果ではなく、期待に依存するということである。しかしながら、純粋に主観的な見方に陥ることはない。客観テストとしての実際の頻度は拒否しながらも、ケインズは確率の事前判断においては客観性を求めていた。必然的に、前もってなされるべき評価は、結果に関して絶対的な確信がない場合、別の確率に対してある特別の確率を重視するということである。したがって、これは倫理の確率的見方であり、ありそうな結果によって行動を判断するということである。ケインズは、われわれが自由な判断を実践する権利を与えられる前に、その結果がどうなるかを確実に知らねばならないということは、ナンセンスであると主張した。

一体誰が、それとは違ったふうに考えるだろうか。「使徒会」の誰もがその問題の答えを知っていた。なぜなら、彼らが崇敬するムーア教授は、以下のことを正確に守っていたからである。つまり、われわれは結果についての確実な知識なしにはいかなる一般ルールにも異義を唱えるべきではないということであった。

ケインズは、矛盾のある問題に対して、ルールや因襲（「道徳」）の社会的有用性を重視している。彼自身の主張の要点は、もし、よりよい結果を生み出す最もふさわしい方法であると判断されるなら、個人がルールを破る（挑発的な言い方をすれば「背徳主義者」となる）ことが、それでもなお正当と認められるということである。そして、この判断は必然的に予想に基づいて実践されねばならない。

結局、われわれが生活している現実の人生は、必然的に将来はわからないのであり、あらかじめ起こりそうに思われる結果、つまり何が起こるかを理性的に予想することが、意思決定の際にやり続けなければならないすべてである。しかし、こうした条件のもとでさえ、まだわれわれの自由裁量を正当化することができる。われわれは快楽主義者の出来心に基づいてでなく、道徳的な義務を果たしている責任ある市民としてそうするのである。

これは、ケインズの思考に終生にわたり影響を与えた洗練された立場である。本書の第4章でみるように、それは『一般理論』が、確率と不確実性について、さらに不確実の条件のもとで行動しなければならないということについて、われわれに教えるものを支えている。その本質的な要素が『確率論』にある。

だが、どうしてケインズが回想クラブにおいて友人たちに、こうした衆目の認める難しい課題を解読することを選んだのか、それはわからない。その代わりに、彼は「換言すれば、われわれは、厳密な意味における不道徳主義者であった(13)」という挑発的で痛烈な皮肉を示した。これは傍聴者の一部にとっては手に負えないものであった。「使徒会」メンバーの大学生として、ケインズのことを調べて知った上で、リベラル左派のもつあらゆる一般的な理想を求めるという点で彼と並んで活発であったレナード・ウルフは、ケインズの死後の1948年に印刷・出版された後に、少なくとも一度は、この旧友人のやっかいな回想録を読んで、危険な兆候を垣間見た可能性がある。

まじめで、高潔なウルフは、「厳密な意味(14)」よりも、むしろ月並みな用語を用いて、「われわれは、『不道徳主義者』ではなかった」と率直に抗議した。彼は、彼らのエリート仲間以外の多くの人たちが、同様に「使徒会」とブルームズベリーの道徳基準について誤解しがちであるということに気づいていた。一般的な因襲をものともせずに信念に基づいて意思決定を行なう人を「不道徳主義者」と称することによって、ケインズはあまりにも謙遜にすぎたのである。

ケインズは、めったに正当に扱われなかったという点で、政界の人であった。最近数十年間に派手に書かれたスケールの大きなブルームズベリーの伝記は、ケインズの生涯の多くの変遷を照らし出しているが、一般的に政治面を軽く扱ってきた。しかしながら、ケインズを実際に知っている若き友人でもある初期の伝記作家たちは、こうしたミスを犯していない。オースティン・ロビンソン卿が１９４７年にエコノミック・ジャーナルに書いた、彼の尊敬する同僚に関する長文の故人略伝によると、第一次世界大戦以前に、「ケインズの人生のこの段階における大きな関心事は政治であった。」もちろん、彼が大学の自由クラブの会長であったことも、学生の討論の場であるケンブリッジ・ユニオン・ソサエティで会長に選出されていることも公式に明らかである。ロビンソンが、政治的関心事にケインズが夢中になっているということで意味したことは、「そこでは、ジョージ王朝の表皮の下から、ほとんどヴィクトリア朝風の道徳的目的と義務が時折、顔をのぞかせていた。つまり、イートンも、ケンブリッジも、ブルームズベリーも、ケインズ家やブラウン家の人たちの世代から引き継いだものを完全に払拭してはいなかった」[15]というさらに進んだコメントから感じ取ることができる。同様に、1920年代初期からケインズを個人的に知っているハロッドは、「ハーベイロードの前提」を書くに際して、改革すべく倫理問題に関与したことの意味の一端を伝えている。

若きメイナードが、両親と同じように自由党に共鳴したのは、自然の成り行きであった。1906年の選挙における自由党の地滑り的大勝利がケインズの学生時代の最後に生じた。それは、広範にわたる希望の変化が生じる稀な政治的瞬間の一つであった。およそ、20年間続いた保守党の政府の後、自由党政府が樹立されたが、それは新労働党の支持を受けて、第二次世界大戦までイギリス政治を支配した。

部分的には、これは、保守党が提示する「関税改革は、万人にとって有効である」という約束に基づく関税提案に対して否定的な反応であった。この目的は、ケインズ主義に基づく完全雇用政策の予想より際立って過激な響きがあったようにみえる。しかし、若きメイナードは、少なくとも財政政策においては、重要な「自由貿易主義」の古き良き教義に執着するだけの矮小な保守主義に留まっていた。それは自由党と労働党が統一の基礎においた信条である。実際、偉大なマーシャルの薫陶を受けた古典派経済学者として、ケインズはアダム・スミスが分業の概念に基づいて経済学を創設して以来、自明の真理とさえ思われてきた「自由貿易主義」を代表して主張する有能な講壇スピーカーとなった。かくして、ケインズは、後に、『一般理論』で「古典派の忠実な弟子として、それまでに教えられたことに対して当時は疑いを抱かず、この問題について何の留保条件もつけなかった」(16)と認め、そのように語ったのであった。

　1908年からハーバート・ヘンリー・アスキスが率いた政府は、大蔵大臣に精力的なデヴィッド・ロイド・ジョージを据えて、次のように、ケインズの進歩的な直観力を積極的にアピールすることになった。すなわち、老齢年金、ドイツ流の健康保険、試験的な失業保険、といった政策的改革事項が、国内政策における古い自由主義者の自由放任主義との断絶を画したということである。新たな自由主義は、知的にも、気質的にも明らかにケインズの気性に合っており、強力な社会的・経済的な傾向を有する政策課題を背景に彼の先祖伝来の政治的先入観に賛同するのに役立っていた。しかし、1926年まで、彼自身はこうしたテーマ、とりわけ失業に関して、政治活動を実践しなかった。

　1914年にイギリスがドイツとの戦争を開始したとき、自由党は国力も自信も喪失していく危機の継続に陥ったことに気づいた。オックスフォードと法曹界においてあらゆる賞を総なめにし、自信たっぷりで高圧的であったアスキスは、巧みな折衷案で作り上げた内閣を維持するうえで中心人物であった。しかし、多くの自由党員は、戦争が長引くにつれて、彼ら自身の基本方針がその過程において妥協の産物となったことを感じるようになっていった。たしかに、ブルームズベリーのケインズの友人たちの多くは、戦争は国際紛争を解決するには実際に誤ったやり方であると感じていた。このことは、ケインズの前の愛人であったダンカン・グラントのように、何人かに徴兵を拒否するように促すことになった。レナード・ウルフのように、世界政府の意義ある機構によって贖罪的な戦後処理の観点から考えるようになった人たちもいた。ケインズは、両方の立場と、とりわけそれらを主張した人たちに共感した。

そうしている間に、ケインズは大蔵省に受け入れられるという彼自身の大きな野望を果たした。ケインズは一時的に戦時下の公務員として仕え、水を得た魚のように官吏としての生活を楽しんだ。彼と同程度の人なら誰でもエリート大学から古典や数学で優秀な学位を取るに違いないと思われていた。たとえば、1901年の数学の学位試験で第19位であったラルフ・ホートレーはケンブリッジの指導者的存在として知られていた。1906年における競争上のケインズの強敵は、オックスフォード大学における「グレイツ」と呼ばれる古典の科目で第一位のオットー・ニーマイヤーであり、それ以外の人たちは、ケインズが20年間にわたり論争し続けることになる「第一級事務官」と呼ばれた人たちである。

ケインズは、大蔵省が「大学か、ロンドン市商業組合か、はたまた英国国教会のような制度的特徴を有している組織であった」という事実を楽しんでいた。彼はその雰囲気が好きだった。「きわめて賢明であり、きわめてドライであり、ある意味できわめてシニカルである。彼らは知的に自信満々であり、どちらかというと遠慮がなく、事情をよく知らないと感じる人々の気まぐれに影響されない。」後にケインズは、「大蔵省精神」が似合うようになったと白状しており、（1921年に）「大蔵省は徴税を管理する以外に大した権限を持たない(17)」ワシントンDCに比べて、イギリスの政府組織の中で大蔵省が行使する比類なき権限を称賛している。議論に打ち勝つ優秀な官僚が権力のカギを握っている英国政府の方がどれだけすばらしいことか。イギリスの大蔵省は、「権威ある」イングランド銀行と相携えて行動していたために、実際には彼らが金融システム全体の運行を支配していた。

ケインズは、戦争の勃発において、銀行政策や利子率について意見を求められていた。彼の専門知識は大蔵省によっていち早く認められており、そこで彼の技量を試すことができる任務を与えられていた。彼は、次第に戦争のための外部資金の獲得に責任ある立場に立ち、アメリカからの貸付に目を光らすようになり、同盟国間の資金の流れの複雑さを理解するようになった。それはイギリスの金融力が、相反するものの混ざり合った恩恵を受けることになるシステムであった。というのも、イギリスの資金はドル高を生み出す傾向があり、それが協商国の信用度を引き下げる方向に向けられ、イギリスを突出したアメリカの債務国にさせることになるからである。ケインズの関心は、戦争の経済的帰結と呼ばれたものに注目するやり方で、彼自身が将来関心を寄せることを連想させる為替取引への影響に焦点を当てることになった。

たしかに、ケインズはこの方法で戦争努力を支持する準備があった。大蔵省は規模の小さな部門であるが、各方面にきわめてよい関係を有しており、すべてのことに関与していた。そして、その日に来る大物に会える感激があった。ケインズはカードのブリッジをするためにアスキスによってダウニング街10番地に招待されはじめた。これは同時にケインズのギャンブル好きを満足させるものであった。ブルームズベリーの友人たちも、彼の立身出世を後押しする存在であった。彼が首相と一緒に貴族の邸宅でのパーティーの一員であったとき、出世への切っ掛けをつかんだ。ケインズと首相は「ケインズ氏ともうひとりの紳士」と紹介された(18)。彼は確固としてアスキス陣営にいた。したがって、1915年に設置された軍需省のために、大蔵省をないがしろにして、より大きくより大胆な人員と資材の動員を図るロイド・ジョージの論法に異議を唱える用意が整っていた。

ゆえに、兵役のための徴兵の有効性が問題となる。イギリスの伝統は、職業軍人と戦時における自発的入隊のそれであった。次に、塹壕兵の大群をどのようにして徴募するのか。イギリスの金融は別の方法で兵を配備する力があるゆえに、徴兵は不必要であるというアスキス派のレジナルド・マッケナ新大蔵大臣へのケインズのアドバイスは、経済的主張としてであり、しかも高度に正統派の類の主張として用意されたものであった。たしかに、それは根底にある徴兵制の考え方そのものに対する激しい怒りに導かれたものであった。ケインズの友人たちの中でも、兵役を義務付けられることに対する率直で鮮明な反対は、リットン・ストレイチーと卓越した哲学者であるバートランド・ラッセルだけではなかった。ラッセルは、ケンブリッジのトリニティー・カレッジにおける講師の職を失った。処罰は、政治的、軍事的なものと同様に、個人的にも由々しきことであった。

1915年末までに、アスキスはこの問題がもはや先送りできないと気づいていた。前年5月の連立政府のための保守党閣僚の任命は、徴兵を支持する声を強化した。ロイド・ジョージの募る苛立ちは、その年以降の彼の転換を助長した。アスキスは抜け目のない解決を実行するときだと判断した。絶対自由主義、任意主義の原則のこの放棄にいまだ了解していない何十人もの自由党および労働党の下院議員と合流したアイルランド愛国党の4分の3が新たな立法に反対したが、1916年1月に下院を通過した。アスキスは首相に留まり、マッケナも辞任しなかった。ストレイチーとラッセルによって辞職するように強く勧められたが、ケインズも辞職しなかった。

法律は、独身男性に軍隊での任務に就くことを進んで誓言させることを求めていた。はっきり言って、ケインズはディレンマに陥っていた。ケインズは個人的には、大蔵省に必要とされる限り兵役を免除される。つまり、官庁は、必要不可欠であることがわかっている有能な公務員を手放すことに同意することはほとんどありえないということである。この意味で、問題はなかった。ケインズは軍務への奉仕を求められることに公式に異議を申し立てる必要はなかった。しかし、ケインズは締切期限の3日前の1916年2月28日に異議を申し立てた。またもや、このことはハロッドが包み隠したことである。

ケインズの提出した文書が彼の書簡の中に残っている。それは、彼が兵役に就くことに原則として反対しないが、どうするか決定する権利を留保したいということを示している。「私はこの問題に関して、義務を果たすか否かに関する決定権を誰に対しても譲り渡すつもりはない。それでいながら、そうすることは道徳的には誤りであると考えるべきであろう。(19)」これは、人はこうした問題について自分で決定する権利を有するという「道徳主義者」としてのケインズの真骨頂であった。徴兵に関するリットン・ストレイチーの立場は、いずれにしても彼が戦争を後押しするものを排除したという点で異なっていた。そして、ストレイチー本人が出頭するように求められたとき、とくに、もしドイツ兵が彼の妹をレイプしようとしているところを見たなら、どうするべきかと迫られたとき、それはより芝居がかったものであった。彼の伝記作家が、「私は、当然、二人の間に分け入る」という答えを記録している。しかし、この話はまた、すべての戦争に反対することを非難していたストレイチーが、耳をつんざくような声で、「いや、全部ではない。このことだけだ」[20]と応対したことを記録している。ケインズと同様に彼の原則は、彼自身の選択の自由を留保するということであった。いずれにしても、明らかにストレイチーは任務を果たすのに肉体的に無理であったので、それは幾分観念的なものであった。

ケインズの言説を検討するとき、時に応じて、理性は情念の奴隷であるという格言を思い出す価値がある。徴兵に関して、彼の主張は明らかに理性的に一貫していた。友人たちの怒りがなかったなら、あのようなときに、あのような理由を考えつく必要性を感じたかどうかは、別の問題である。メイナードは理性と情念の両方向で考えていたとみられるが、友人たちもそれを見逃していたわけではない。良心的反対の正しさを説明するために本人が出席することを求められたとき、ケインズは大蔵省の仕事のために時間がないと堂々と返答することができた。

当局は、全く無関心であり、いずれにせよ、ケインズは兵役を免除されるという書類が官僚から出される、というのが常識的見方であった。この問題を追及するのは無駄であった。ということで、これ以上立ち入らないことになった。

かくして、ケインズは大蔵省にあって戦争のために仕えた。ロイド・ジョージは戦争自体を継続すべきとした保守党との連立の中で、１９１６年12月に首相としてのアスキスを解任した。ケインズは当然ながらアスキス派の残党の追放に賛成した。アスキス派の立ち位置は、とりわけ外交政策において保守党よりも労働党に近いものであった。レナード・ウルフは、労働党の国際問題に関する新しい諮問委員会の事務官として仕えることになったが、それは国際連盟についての彼の見解を広めることになった。ブルームズベリーは、１９１７年に、世界的な平和とそれを維持するためのある種の連盟構想を喚起しながら、アメリカ合衆国を戦争へと導いたウッドロー・ウィルソン大統領を英雄視する群衆にうまく合わせるということで満足していた。

結局、１９１８年11月に休戦の合意がなされた（別の言い方をすれば、押し付けられた）とき、ケインズは、ドイツに戦争の賠償を求める議論にすぐに巻き込まれた。ロイド・ジョージは、彼のリーダーシップによって連立を裁可し、和平条件の交渉権限を手にするために、戦争に勝利した男としての名声を利用するための即断選挙を実施した。手荒で急ごしらえの選挙運動は、イギリスにウィルソン流のやり方を育むことはなかった（アメリカでもなかった）。ロイド・ジョージの閣僚のひとりであったエリック・ゲッデスはドイツをどのように取り扱うかについての辛辣な意見によって彼の評判を手に入れた。「われわれは、レモンのように、ドイツから少しでも多く搾れるだけ搾り取ろう」「レモンの種がキューキュー音を立てるまでドイツから搾り取るのだ」と彼は述べた。ケインズは、『平和の経済的帰結』(21)において、この引用文を世界的に広めることになった。ゲッデスの演説はケンブリッジのギルドホールでなされたものであったが、ケインズがそれを引用することができたのは、ケインズの母のフローレンスが、いつものように新聞記事を切り抜き、ファイルしてケインズに送ったからである。

ロイド・ジョージは、1918年に選挙に大勝利した。いまや、下院は彼の連立支持者でいっぱいであった。そのひとりで、後の保守党の指導者であるスタンリー・ボールドウィンは、省内で執務室が隣合わせだったので、ケインズが彼に新しいメンバーがどのようにみえるか尋ねた。ボールドウィンは、「彼らは、あたかも戦争から利益をあげたと見えるような強面の男たちである(22)」と述べたが、それはケインズの本によって引用されたことで有名となったもう一つのことであった。

そのどれもが、パリの平和会議にとってよくない兆候を示していた。ロイド・ジョージは、ビッグ・フォーのひとりとして、フランスのクレマンソー、イタリアのオルランド、そして1200名という大代表団を率いたアメリカの最大の大物ウィルソンと一緒に会議に参加していた。イギリスは200名の代表団を送ったが、その中にケインズがいた。ケインズは経済問題の決定に関して責任をもつ少数のスタッフのトップとして過剰な負担を強いられており、戦前にインド省でショックを受けた労働時間を上回るものであった。数週間にわたり午前8時半から真夜中まで働いた。彼の最大の関心事の一つは、ドイツを貧窮させる食糧供給の条件であった。そうするためには、明らかにレモンを搾る以上のものを求めるということであった。しかし、戦争開始の責任からドイツに戦争の損害を求める賠償金がケインズの協議事項の中で最も重要なものとなった。

ケインズ自身の考えは単純であり、戦争の債務を帳消しにし、そこから出発するというものであった。これはイギリスにとっては大した変化をもたらさなかったであろうが、貧窮した協商諸国が名目上イギリスに負っている支払義務を見合わせることになる一方で、アメリカに対するイギリスの巨額の負債を免れることになる。当然ながら、アメリカの見解は違っていた。戦争の費用は、直接、間接に評価されねばならないということであった。もし、軍事的惨劇の直接的費用だけが見積もられるなら、おそらくドイツは現実的に支払可能であったであろう。もちろん、その支払いの大半はフランスに対するものであった。しかし、大英帝国の主張は、間接的ではあるけれども、ロイド・ジョージによってとても大目に見てもらえるようなものではなかった。もし彼が同意したとしても、闘争的なオーストラリアの首相ウィリアム・ヒューズは、彼の眼を覚まさせ、奮起させたであろう。かくして、その論理は、戦争の全費用をドイツに要求し、その賠償金を戦勝者たる協商国・連合国の間で分けるというものであった。

ケインズはそれに関係していた。彼は一部のリベラル派のアメリカ人の軽蔑を受けながらも、その後異議を唱えることになる金額に近い賠償金の大きさをめぐって日ごと、夜ごと関わり続けた。彼は政治的に純真無垢ではなかった。おそらく、ケインズはロイド・ジョージの政治的手腕の特徴である「人を欺く方針によって」その種の策謀に巻き込まれることになったのであろう。ケインズは、内部の人間として、あるいは外部の人間として熟考し、「正しい道に沿って進みながら欺かれ、だまされ、甘言につられることが民主主義のなしうる最善のことである。」「一つの方法として真実とか誠実とかを選択するということは、政治においては、実際的な善とは矛盾する、ある審美的ないしは個人的基準に基づく偏見なのかもしれない。(23)」と書いた。いずれにしても、ケインズは己の才覚に酔う傾向があって、内部における最終的な戦後処理に影響を与える彼個人の能力を過大評価していた。彼は第二次世界大戦の終結に際しても再び誤りを犯すことになる。

結局、ケインズはパリにおいて、彼が邪悪な結果になるとみたものを軽減することがほとんどできないことが明らかとなる情け容赦のない過程を見ることになった。彼はパリからの段階的な撤退の計画を断念することを決定した。彼がこのことを最初に母親に書き送ったとき、彼女は、「あなたのところに駆けつけて、病気のときにそうしてやるように、私の懐に抱いて、邪悪な世界から守ってやれたらと、どれほど思うことか(24)」と返信している。彼は、これまでうまくやってきた大蔵大臣である保守党のオースティン・チェンバレンからの、辞任を再考するようにとの要請に抵抗した。ケインズはチェンバレンに、「首相はわれわれを破滅の泥沼に引きずり込んでいます」[25]と述べた。条約が締結される3週間前の1919年6月に、ケインズはパリを去った。彼は真直ぐにケンブリッジに戻った。

7月末までに、彼は『平和の経済的帰結』の出版の許可を受けていた。出版社は、ケインズのイートン時代の学友であるダニエル・マクミランで、彼は後に首相になったハロルド・マクミランの弟である。ダニエル・マクミランは重大な時に偶然不在であったために、ケインズは、どちらにしても事実上、自分自身でリスクを負うと決めて契約条件を変えた。そこで、もしその本の売行きがよくなかったなら、出版費用を自己負担することを受け入れた。しかし、もし成功したなら、出版社よりも著者が利益の大部分を得るということになった。結果として、ケインズが他の著作に対してもこの取り決めを当てはめたとしても不思議はない。

『平和の経済的帰結』は、4万語を予定していたが、6万語になった（本書と同じぐらいである）。ケインズは10月まで着実に書き続け、ケンブリッジでの研究の職務に戻ったとき、草稿は精読する用意ができていた。アスキスは、ロイド・ジョージの人物描写を省略するように忠告した。ケインズはそれを受け入れた。ケインズの母はウィルソンに関する無駄な言及についても同様に省くようにアドバイスした。1919年末までに、出版社による大胆な販売戦略によってこの本は世に出された。それによって、ケインズは公衆の議論の場へと連れ出されることになった。この本の最後のページの最後の文は、「未来の世論の形成のために、私は本書をささげる」[26]と結ばれている。

成功はメイナード・ケインズを増長させることになったのか。もちろん、悪ふざけと歯に衣着せぬ物言いというブルームズベリースタイルの一部が、そうであったことを示唆している。「ポッツォ・ディィ・ボルゴ」（ケインズに対してストレイチーが付けた奇妙なあだ名）〔ポッツォ・ディ・ボルゴ（1764－1842年）、コルシカ出身のロシアの外交官伯爵。アレキサンドル一世に仕え、ナポレオン打倒に尽力した。1835－39年イギリス駐在大使〕ことケインズが、彼の洒落た友人や莫大ともささやかれる所得額などに関して、いかにご立派であったかについてのジョークが流れはじめた。たしかに、ケインズは急に増加した文筆からの収入で利益を得たことにより、暮らし向きがいっそうよくなったが、彼は鋭い観察眼と手堅い手腕によって自己を管理したのである。1918年－19年の総所得は1800ポンドであった。その3分の2は大蔵省からの給料であったが、その1年後には所得が5156ポンドになっている。

ポンドにしても、ドルにしても、総額が現在の値に直すといくらぐらいになるかを推計することはむずかしい。公式の消費者物価指数によると20世紀末のイギリスの物価は1920年の20倍である（ただ、その年は一時的にインフレであった）。1930年の30倍であり、1931年と比べるともう少し高くなっている。物価変動のより少ないアメリカの物価に比べると、21世紀のはじめには1920年のときのおよそ9倍であり、1930年の10倍、1935年の12倍である。したがって、これに基づくと単純に計算できるように思われる。次にポンドをドルに換算する。2009年時点では、1ポンドがおよそ1・50ドルである。1931年までの金本位制の下では、4・86ドルという目を見張るような交換レートである。しかし、もちろん、二つの交換レートは互いに補正される。かくして、1920年におけるケインズの所得5000ポンドは、今日の貨幣で表示するとおよそ15万ポンド、ないしは約25万ドルになる。

しかし、これは、そうした所得が当時どのくらいの価値であったか、その実際の価値は摑みにくい。ケンブリッジ大学の歴史家は、自分自身の父親の例をあげている。彼は首尾よく大学の教育助手となり、やがて教授になっているが、1920年代はじめの所得は年間1000ポンドを少し上回る程度であった（1940年代には約1500ポンドになっている）。これは、ウエスト・ケンブリッジの便利な場所を選んで、妻と家族を十分に養うことのできる所得水準であった。1930年代には、快適な家と3000ポンドの支出が基準であった。現代では、8部屋を有し、メイドを2人雇うことができる100万ポンドを優に超える金額に値するものである。厳しい予算にもかかわらず、三人の息子の寄宿学校の授業料もまたそこから捻出した(27)。

次に、1920年に、独身の大学教師としてケインズはケンブリッジのどの教授よりも数倍高い所得を得ていた。その所得の4分の3は文筆収入によるものであった。こうした高収入は3年間続き、比較的短い1922年の『条約の改正』で値段はさらに吊り上った。これは『平和の経済的帰結』の続編であった。ケインズは、アメリカの出版社、ハーコート・ブレースの命を受けて、初期の新聞記事を手直ししてこの続編を編集した。それは、フランス語、ドイツ語、イタリア語、オランダ語、スウェーデン語、日本語、ロシア語に翻訳された。それらはすべてケインズが40歳になる前であった。

ケインズについては、語るべき別の話もある。１９２０年に『平和の経済的帰結』の著者が、母親の弟の礼儀正しい家族を折よく訪問することがあった。15歳になる従弟の目には、はじめて会う有名人のケインズは眩しかった。彼ネヴィル・ブラウンは、「メイナードの名前が、誰の口の端にも上っていたし、どの新聞にも一度は載っていた」ことを思い出した。しかし、それにもかかわらず、彼は大胆にも自分で書いたベルサイユ条約に関する記事が入っている学校の雑誌をケインズに見せた。熱心にそれを読んだ後で、メイナードが、「おやまあ、ネヴィル、君の考え方は私と同じだね(28)」と応えたとき、少年は魔法にかかったようだった。もし、メイナードがリットン・ストレイチーのような男の前でもっと断定的に振る舞ったなら、ストレイチーはおそらく、ポッツオではなく彼自身と等身大の人を選んだであろう。

ちなみに、ケインズは単なるブルームズベリーの著述家ではなく、広範囲にわたる認知を得ていたのである。繊細なタッチの道徳主義者であるE・M・フォスターの小説は、すでに戦前に、とくに『眺めのいい部屋』（１９０８年）や『ハワード・エンド』（１９１０年）によって熱烈な愛好者を獲得していた。多くの人が認める、彼の傑作『インドへの道』（１９２４年）は、小説家としてのキャリアが事実上閉じられる前に書かれた。

ヴァージニア・ウルフは世に知られるまで長い間待たねばならなかった。『ダロウェイ夫人』

（1925年）まで、彼女はアメリカでの同時出版を達成できなかった。アメリカでは最後にはフェミニストの主唱者として温かく受け入れられたことを実感できた。『自分自身の部屋』（1929年）において、彼女は、女性解放の条件を、専用の部屋と年間500ポンドの金銭として言い表していた。しかし、レナードによって几帳面につくられた表によれば、彼女の収入が条件をクリアできる値に達するのは1926年以降になってからであった。『灯台へ』（1927年）は、6か月以内にイギリスで4000部、アメリカで8000部売れ、彼女にとって初めての大ヒット作となった。1年後、彼女の多分にふざけた形での性差への挑戦でもあるが、史実に基づく戯れを描いた『オーランドー』が彼女を異なる世界の人へと押しやることになった。彼女は、1929年に、「この年の後半、私は1800ポンド以上を稼いだ」「1年にはほぼ4000ポンドのペースであった。2年前に、骨を折って働いて200ポンドだったときには、給与のほとんどは閣僚時代のものであった(29)」と書いていた。彼女は実際の総額を誇張していたが、変化の本質は理解していた。その後の彼女の年1000ポンドないしは2000ポンドの収入はケインズが1920年代後半に文筆で稼いだものに相当する額であった。

ブルームズベリーを文学的な集まりと位置付けることを明瞭に示す出来事が1918年春におけるリットン・ストレイチーの『ヴィクトリア朝偉人伝』の出版であった。4つの巧妙な悪意を込めた伝記的エッセイによってヴィクトリア朝の価値観に対する批判を練り上げる際に、ストレイチーはその批判的意見の部分を安直に抑え込んで、いくぶんケインズを落胆させた。

転換点は、とりわけ、前首相の権威を笠に着るアスキスが1918年6月に彼の母校であるオックスフォード大学で有名なロマネス講義を行なったときであった。彼は、「ストレイチー氏のいわく名状しがたい、示唆的な芸術」に敬意を表しながら、「私がこれまで読んできた伝記の文献の中で最も辛辣ですばらしい一連の作品である(30)」と語った。その年の11月のアメリカ版『ヴィクトリア朝偉人伝』の出版に続いて、スウェーデン語、ドイツ語、フランス語、イタリア語、スペイン語に翻訳されている。ストレイチーは、彼のその後の人生（彼は1932年に亡くなっている）において、年間2000ポンドから3000ポンドの所得を享受したが、それはウルフやケインズが文筆収入によって得た年間の純益より多少多いものであった。

『平和の経済的帰結』が執筆されたわずか1年後の『ヴィクトリア朝偉人伝』の成功が、互いに注目されようと張り合っている緊密な関係にあるブルームズベリーの著者たちの仲間に影響を与えたことは間違いない。ケインズは、ストレイチーがうまく書けなかった4巨頭の活き活きとした、しなやかな人物描写を行なった。指導的な人物の特徴を描く警句の類は、公平であろうとなかろうと、それを忘れる人はいない。「誰もクレマンソーを軽蔑したり、毛嫌いしたりすることはできまい。できることはせいぜい、その文明人［クレマンソー］の本性について偏見を抱いたり、あるいは少なくとも異なった希望を抱いたりすることぐらいであろう。」「彼には一つの幻想があった。フランスである。そして彼には一つの幻滅があった。人類であり、それには フランス人も含まれ、また［会議における］彼の同僚とて同様だった(31)」というのが、評価への道を開く巧妙な導入であった。

ウッドロー・ウィルソンの前評判は、ケインズによって確認された。曰く、「一哲人が、この世の君主たちを拘束するためにこのように強大な武器を掌握したことは、いまだかつてなかった。」それはまた、もっぱら前評判を落とす認識につながった。すなわち、「大統領は、非国教会派の牧師、それもおそらく長老教会派の牧師のようだった。[32]」ここにあるのは、非国教会派の感受性の強い鑑識家であるフローレンス・ケインズが削除しようとした一節である。ロイド・ジョージの人物描写の全文は１９３３年に復元される（そして、当然、予想通りの攻撃を加えている）まで待たねばならなかったけれども、さわりの部分が出版された本の中に入れられた。そこでケインズは、「［首相であるロイド・ジョージは］普通の人にはない第六感ないし第七感を具《そな》えて仲間に注目」していることを示し、「哀れな大統領がその一座でいつも目隠し鬼の役を演じている[33]」という懸念にかられていることを表している。

ケインズが『平和の経済的帰結』においてインスピレーションに頼ることになったモデルを見つけることは難しいことではない。１９１４年に終わりを迎えることになる時代の概観からその本が始まるのは、ヴィクトリア期の独りよがりの想定に関するエレジーであり、その露見である。このどれもブルームズベリーにとって初耳ではなかった。ウィルソンの純朴な理想主義に基づくやり方は、ロイド・ジョージの策略によって消散し、挫折した。そしてクレマンソーの底の知れない冷笑的なやり方は、ヘンリー・ジェームスの読者にはありうることだとの印象を与えたことであろう。ケインズは、あえて「旧世界はおそろしく意地悪だった」と打ち明けている。「旧世界の石の心は、最も勇敢な遍歴騎士の最も鋭利な刃さえ、なまらせたに違いない。[34]」ケインズは後に、「大統領に、条約は彼の宣言の放棄にほかならない、とほのめかすことは、フロイト的コンプレックスの急所に触れることだった[35]」とコメントしている。これはたしかに、リットンによるものであろうと、彼の弟のジェームスによるものであろうと、いずれにしてもストレイチー的洞察である。ジェームスはすでにフロイトに関心を寄せており、英語への翻訳を行なっていた。

ケインズは、ケインズ全集の一つである『人物評伝』（１９３３年）を出版し、彼のストレイチー的立場を深めていた。その出版はかなり成功した。これにより、10年ぐらい前からの論争に対して書かれた論説をまとめた『説得論集』（１９３１年）に対する絶賛を得ることになった。もともとはそれぞれ特定の出来事に触発されたものだけれども、その論説集は、一時的な関心に終わることはなかったし、多くの方面でケインズの見解の最も理解しやすい解説となっている。これらの二つの巻は、これまで目にしたことのなかった人々の目に止まることになったと考えられる。ましてや、繙《ひもと》かれることの少なかったケインズの最初の本格的な経済理論の書である『貨幣論』（１９３０年）の二巻本が衆目に触れることになったと考えて差し支えないであろう。二つの論説集は、たしかに体系書ではなかったが、１９３２年から３４年にかけて３０００ポンド（現在の価値に直せば、少なくとも10万ポンド、あるいは15万ドル）を超える著作収入の増加をもたらした。これはケインズにとっては10年間で最も高い収入であり、株価の暴落による所得の損失をうまく相殺してくれることになった。

ケインズの論説の多くは、時局的なもののために書かれたパンフレットやレポートがもとになっていた。そのいくつかは短いものであるが、物事の本質を知るうえで役に立つものであった。他のものも問題を正確に捉える洞察と表現力に富むものであった。あらゆる意味で、伝記的論説の中で最も本質的なものは、アルフレッド・マーシャルの伝記である。それは1924年におけるマーシャルの死に際して、師への敬意を込めた最上の作品となっている。ケインズはその数年後にマーシャルの教義から離れることになるが、それが実践的な結論をもたらす以外には、「経済理論の骨格は、それだけでは大した価値がなく、」「肝要な事柄は、現在の経済生活の解釈にそれを適用することに尽きるのである」[36]という見方は是認していた。

ほかのところで、ケインズの見解は経済学におけると同様に政治上においても容易に開示されている。ケインズはアスキスの死去に際しての小論において、「気質はおのずと保守的であった。愚鈍さと偏見とがわずかでも混じりこんでいたならば、彼は政治上の意味でも保守党員になっていたであろう。ところが実際は、彼はその時代の、正しい判断に基づく急進的な計画の遂行に力をつくした、完全なホイッグ党員であった」[37]と書いている。

ケインズの文筆活動を際立たせたのは、彼がそれを所得の唯一の、あるいはすべての源泉としなかったことにある。彼は自分の資産管理を行なう上で積極的な投資家になっていた。19

23年以降、これは彼の所得の大半がどのように生み出されたかを示している。（1932年から33年の『説得論集』の印税が支払われた期間を除いて）ケインズの所得総額は、1920年代および1930年代初期には、年間およそ4000ポンドから7000ポンドの水準であった。1937年から38年には最高でほぼ1万9000ポンドという目がくらむばかりの金額であった。現在にすれば、百万ポンドの4分の3、すなわち間違いなく100万ドルは超している。ケインズの所得の下に広がっていたものは、投資による成果の変動であった。

ケインズは通貨投機への偏好をもつリスク・テーカーであった。1920年代初期に、著者としての利益によって、家族や友人たちを（もちろん、自分自身も）リッチにすると確信する計画に基づくシンジケートを始めた。彼は危険のある株の保有を増すために父親をはじめに家族から借り入れを行なった。さらに弟のジェフリーだけでなく、ダンカン・グラントも仲間に誘い込んだ。同様に、ヴァネッサ・ベルとそれ以外のブルームズベリーの友人たちからの借り入れによって持株資金を得ていた。はじめは順調であったが、通貨の予想外の変動により、シンジケートは数か月のうちに破産してしまった。

おそらく、こういうことはこの世界ではつきもののことであろう。しかし、間違いなく驚くべきことは、友人たちがケインズに実質的に同じやり方で損金を取り戻すことを求めて彼らのお金をさらに通貨投機に投じたということである。そして、ケインズは投機を実行した。1922年末までに成功したケインズは、彼のすべての負債を法的にも信義の上からもきれいにしただけでなく、2万ポンドを超える個人資産を築いた。

それから、ケインズの純資産は、次の2年間に価値を3倍にした。たった一度、1929年に8000ポンド以下に急落した。その後、有価証券は再度価値を回復し、1936年のピークには、100万ポンドの半分（たとえば、現在では2千万ポンド、すなわち3千万ドル）まで増加している。その後すぐに、第二次世界大戦の期間中には、純資産は（再び）下落し、（再び）増加している。(38)

ケインズはキングスカレッジの寄付金を管理しているときに、同様な投資戦略をとっていた。そこでは、彼は大学の規則によって束縛されており、運用に際して制度上の制約を課せられていた。彼は1920年に株式市場で自由に投資できる事実上の投資資金である「チェスト」を設立するという方策を見出した。これは、ときとして大学の規則に照らして厳密に合法であるかどうか疑問はあったが、大学の寄付金を大きく増やす一つのやり方であった。それにより、1945年までにチェストはその価値をはじめのおよそ12倍に増やした。結果として、資産運用を可能な限り土地や信託資金から、たとえより危険度が高くてもより収益性のある投資物件へとスイッチすることになった。戦略は正しかったのであろうか。厳しい審査の結果は、ケンブリッジの他の学部がそれにならうことになったということである。

ケンブリッジの口伝えの伝統は、ケインズについての多くの逸話を伝えている。一つの話は、次のやり取りにある。「ケインズ先生、もし実業家はあなたの考えるようにまったく愚かであるとするなら、どうしたら彼らは金儲けできると思いますか。」「もちろん、できます。互いに競争することによって」。ケインズは寸暇を惜しんで、新聞の金融欄を熟読し、株式仲買人に電話し、市場に対して知恵で対抗する価値があると思っていた。彼はまた、１９２１年から１９３８年までナショナル相互保険会社の会長を務めた。

ケインズは金儲けを悪いこととは思っていなかったし、投機や短期的売買を何ら問題視していなかった。彼は、市場を読み違えると手ひどい目に合うということはよくわかっていたが、投機的行動は市場を調整するためのメカニズムであるとみていた。彼は株式の破産を被ったが、その最中も驚くほど超然としており、たちまち回復する様相をみせた。下落を上回る上昇があったので、その過程で彼はより資産を増やした。ロンドン金融街の水準からみれば、たとえすごい金持ちではないとしても、ブルームズベリーやケンブリッジの水準からみればたしかに金持ちであった。

ケインズが経済学の平均的な教授のような生き方をしなかったことは不思議ではない。事実、彼はイギリス的な意味での教授にはならなかった。「ケインズ教授」と言われたときには、報酬なしにその侮辱的言い回しを受け入れないというのが、彼の当意即妙の答えであった。彼は文字通りそのように答える余裕があった。というのも、１９２０年以降、報酬を必要としなかったからである。ケインズは任期のほとんどにおいてキングスカレッジのフェローの地位を保持することによって、活動の自由を買うことができたのである。彼は日常の講義の多くを免れることができたが、経済学部において例年の講義を申し出た。彼はまたイギリスの経済学におけるすぐれた定期刊行物であるエコノミック・ジャーナルの編集者を続けた。彼は１９２１年に28歳でその地位についたが、委員会の議長はマーシャルであった。最初は若いという理由で若干の監督を必要としたが、１９１９年から１９４５年まで疑問の余地ない統率力を発揮している。これはケインズの経済学の研究に大きな影響を与えた。

そうして、ジャーナリズム関連の著作物も含めて、彼自身の著作はその間ずっと出版され続けた。会計官と同様に、編集者の地位は面倒なポストであった。彼の立場から多くの他の仕事も実質的には専任となるようなものであった。中には、数年しか続かないものもあったが、それにしても、いったん担当者が投げ出すと官庁からお呼びがかかることになった。ただし、ケインズ自身は投げ出すようなことはしなかった。彼は多忙な男であったが、同時にいくつもの仕事に従事する時間を見つけ出していた。

ケインズのファンである有名な風刺画家デヴィッド・ローが1931年に描いた、くつろぐケインズ。

第2章　「天空の最左翼で」

ジョン・メイナード・ケインズ　１９２４年―１９４６年

メイナードは、押しさえすればすぐにも開くアカデミックなドアで満ちた家に育った。ただし、芸術の世界への窓はほとんどついていなかった。ウィリアム・ブレイクの研究者でもあり、ナショナル・ポートレート・ギャラリーの館長であった弟ジェフリーの「われわれが幼いころの家庭環境には、現代的なものや斬新さに満ちた審美的な刺激など微塵もなかった」(1)という思い出話がある。しかし、二人とも若者らしく、ハーベイロードの文化的な制約を乗り越えて成長していった。ひとつ例をあげれば、二人ともバレエに熱を上げた。1911年にロンドンでデビューしたサージ・ディアギレフの大胆で華麗な演出が二人を虜にした。ジェフリーは自らバレエ曲「ジョブ」を作曲するほどのめり込んだ。それは1931年につくられたが、ブレイクの作品を基にしたものであった。メイナードのバレエに対する反応は、別の意味で劇的であった。彼は1925年に、バレリーナと結婚したのである。

魅力的なダンサーと恋に落ちることの意味は大きい。リディア・ロポコヴァとの関係は、メイナードにとって目に見えない文化的な側面の一層の広がりを意味した。それは、ブルームズベリーが彼に与えた世界の広がりを超えるものであった。ケインズに関して、学者に過ぎないという固定観念をもって見られないようにするために、研究者ではない作家たちと密接に関わった人であることをまず記憶に留めておこう。ケインズの文化的趣向に関して、純粋に学者ぶったように判断されないために、クライヴ・ベルやロージャー・フライのような活動的な美術家や美術評論家とも友人になっていることを思い出したい。フライは、1910年に「マネと後期印象派」の展覧会を開催した。その展覧会は、事実上、後期印象派とそれを後援するブルームズベリーを合わせてロンドン市民に紹介することになった。ケインズは資金面で展覧会の諸経費をすべて支えた。さらに、第一次世界大戦中、パリを訪れて自ら美術品の蒐集を行なっている。小規模ではあるが、収集品の中には、ブラック、セザンヌ、マチス、ピカソの絵が含まれている。第二次世界大戦中には、展覧会に無料で貸し出していた。今日、それらの多くがケンブリッジのフィッツウィリアム美術館で一般に公開されている。

ケインズは、ブルームズベリーの画家たちのパトロンであった。なかでもダンカン・グラントと親密な関係を結んでいる。彼の最も優れた作品の一つは、若きケインズの自画像である。画家であるヴァネッサ・ベルもブルームズベリーを通じたメイナードの友人の一人であった。メイナードとダンカンとの同性愛の関係が切れたのは、ヴァネッサがダンカンを誘惑することに成功したためである。しかし、メイナードのいないところで、リディアについての意地の悪い噂話に花を咲かせるようなブルームズベリーの交友関係にもかかわらず、依然として彼らはみな友人のままであった。1922年1月、ダンカンはヴァネッサに手紙を出している。「メイナードに関する限り、彼がLとみだらな行為をしているのを見るまでは、何が起きているかを想像するのをやめておきます。そうすることで、空想が膨らむのを防いでくれます(2)」

リディア・ロポコヴァは、1918年に初めてディアギレフ・バレエ団とともにロンドンに姿を見せた。それは終戦の数週間前であった。そのとき、メイナードは楽屋で彼女と会っている。快活で自由奔放なロシアのバレリーナと膝を突き合わせて語り合う機会に恵まれたと、ダンカン・グラントに語っている。彼はこれが両刀使いでない異性愛者のクライヴ・ベルに理解を得る機会になったと思っていた。(3) このとき、リディアは彼女よりずっと年上のディアギレフ・バレエ団のマネージャーと結婚して2年目であったために、メイナードとのロマンスが芽生えるわけではなかった。

1922年1月に大きな変化が起こった。リディアは夫（後でわかったことであるが、重婚者）の家でなく、ディアギレフ劇場に足を運ぶようになっていたが、この年の1月に突然、バレエ団と夫の両方を見限ってしまった。彼女はダンサーとして絶頂期にあった。いまや、彼女は有名人であった。一方、メイナードは38歳の経済学者で、彼女の大ファンとなっていた。ディアギレフ・バレエ団の上演するチャイコフスキーの「眠れる森の美女」は一般大衆を魅了することができなかった。市民には、あからさまなロマン主義はあまりにも下品と映ったからである。しかし、ケインズは毎晩、空席の目立つ最前列の一等席に陣取り、ロポコヴァを見つめていた。「彼女の新たな魅力の一つは、物知りである上に英語が堪能でもある」(4) とケインズはヴァネッサに伝えている。これに対し、ヴァネッサは妻でなく恋人として彼女と付き合うようにケインズに釘を刺した。しかし、ケインズはリディアの魅力から逃れられなくなってしまった。リディアも「愛しいメイナード、あなたと一緒にいたい」と手紙を送るようになっている。「私は、あなたのように言葉で感情を表現できる十分な才能を持ち合わせていませんが、

Getty Images

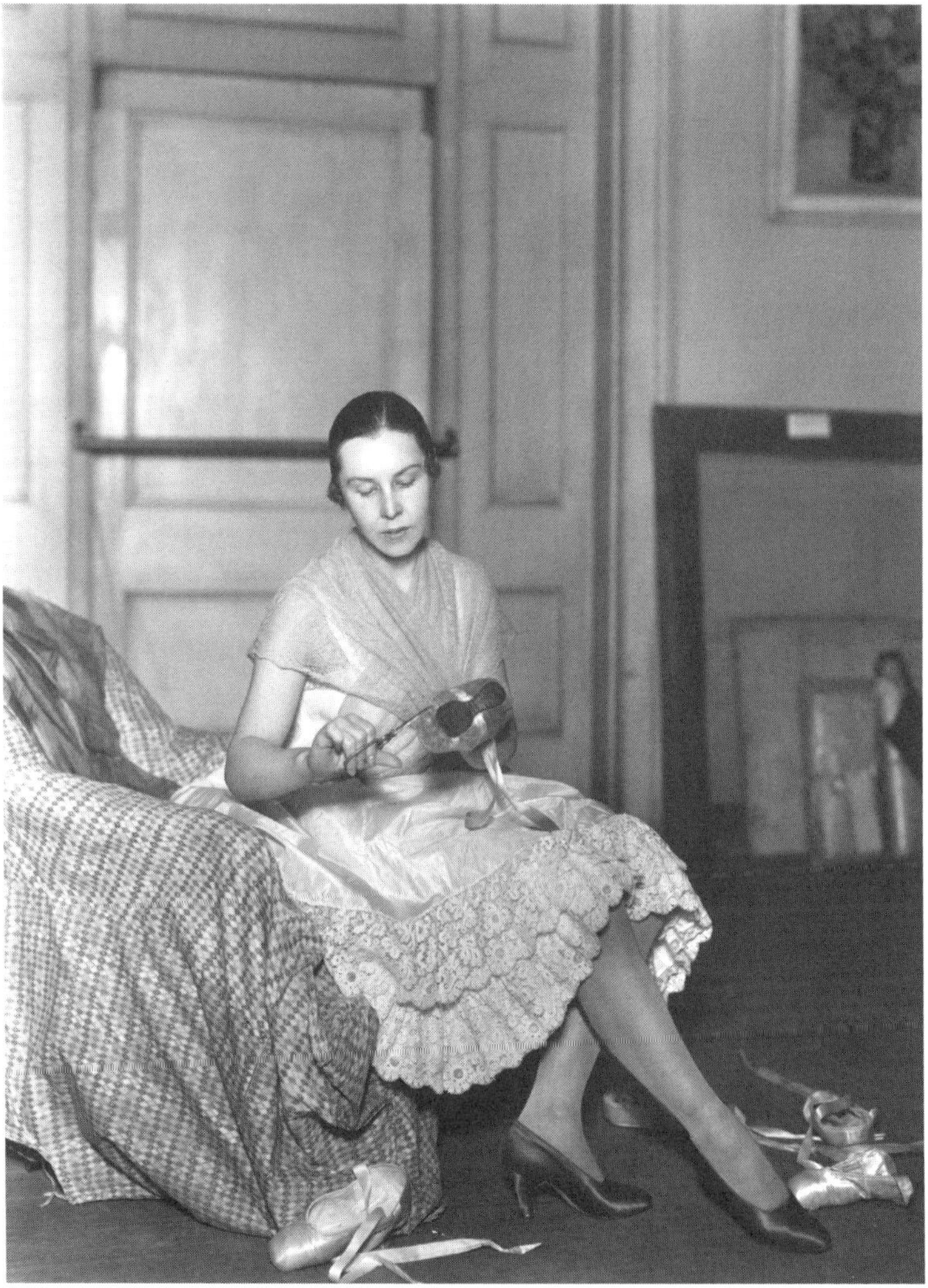

1920年代における、バレリーナとしての現役最後のリディア・ロポコヴァ。
ケインズも現役最後の彼女の姿を見たに違いない。

私があなたに抱く抑えがたい思いを伝えたいのです。(5)」

晩年にケインズが病弱になったときも文字通りそうであったが、リディアの思いは、メイナードの人生の支えになることであった。彼らは、1925年に結婚した。結婚を契機にして、新たな力を得、新たな心の安らぎ、さらに決して思い悩むことのない本当の喜びがケインズに与えられた。かくして、メイナード・ケインズはダンカン・グラントやリットン・ストレイチー（ケインズの人格形成期の二人の同性愛者）と同様に幸せな異性愛の関係に入ることになった。結婚生活が成功した理由は、少なからずケインズの女性への不安を取り除くことになったリディアの自由奔放な官能性によるところが大きかった。彼らに子供ができなかったのは、彼らが子供を望まなかったからではなかった。

ブルームズベリーはそう易々とリディアを受け入れなかった。モーガン（E・M）・フォスターのような寛大で慈悲深いメイナードの旧友たちは、ブルームズベリーがリディアを不当に過少評価していると嘆いた。しかし、ベル家は決して同情的にはならず、それが同家のケインズ家に対する家族観として長く尾を引いた。そうした結果が、リディアは程度の低い女性だという軽蔑と、彼女に対する誤った印象を世間に広めてしまっただけでなく、ケインズの人生の最後の20年間に彼が述べたブルームズベリーからの疎外に関する、深く永久的な思いを強めることになった。

まさに、明らかな変化を生み出す大きな出来事が起きた。リディアは、ゴードン・スクエア

46番地に住まいを移した。この家の壁にはヴァネッサ・ベルとダンカン・グラントが描いたけばけばしいフレスコ画が掛かっていたが、リディアはそれに耐えられなかった。これらの絵は全面がしっくいで塗りつぶされたのである。リディアが自分の家をそうしたとしても何ら問題はない。しかし、伝統を重んじるブルームズベリーでは、彼女のそうした行為は文化に対する犯罪として許しがたいものとみられた。そうした扱いに対して、メイナードももはやベルたちを心から受け入れる気持ちにはなれなかった。

以前に、ケインズはサセックス州のリーウェズ近くのチャールストンにあるファームハウスで『平和の経済的帰結』を纏めていたことがあった。この家は、同性相手のダンカン・グラントとベルが建てたものであった。また、それはチャールストンに繋がる道沿いにあった。第一次大戦後、パリ訪問の帰り道、大蔵大臣の公用車からケインズはこの家の前で降りたことがある。そのとき、その家にはセザンヌの絵が掛けられていた。

チャールストンや近くのファール村はベルの領地であった。しかし、結婚を機に、ケインズは自分の邸宅を手に入れた。その家は、チャールストンのファールと同じ教区にある庭付きの田舎の別荘で、ファールからたった1マイルそこらしか離れていない小道沿いにあった。ベル家は怒り、東アングリアへ引っ越すと息巻いていたが、ロンドンで、ちょうどゴードン・スクエア37番地に自宅があったので、結局はそこに留まっていた。ヴァージニアとレナード・ウルフはこのときブルームズベリー街の近くのタビストック・スクエア52番地に家を建てていた。

彼らのサセックス州ロッドメルにあるファームハウスはファールからたった2、3マイルのところだった。このように、好むと好まざるとにかかわらず、ブルームズベリーの中心人物の多くは、都会でも田舎でもお互いに隣接したところに住んでいた。彼らの友情がケインズの結婚を境に消えたはずなのに、なぜ彼らは近くに住み続けたのか。イギリスの不動産市場の選択肢は、それほどまでに制約されていたのであろうか。

正確な資料がなくとも、常識的に考えれば、答えも見えてくる。それはそうと、ベル家はケインズの結婚を正式に認めようとしなかった。しかし、もっと重要なことだが、ブルームズベリーの二人の天才であるヴァージニア・ウルフとメイナード・ケインズは、お互いの尊敬に支えられた友情を守り続けた。二人はお互いを必要とし、互いに価値を認め合っていた。ケインズの『貨幣改革論』（1923年）〔以下、『改革論』という〕の一部が明らかにされたとき、ウルフは「改革論に示された精神的な変化は、シェークスピアと同じように、私よりはるかに優れている」と、率直な意見を述べている。「本当のことを言うと、私はその本をそれほど高く評価していない」(6)という彼女らしい追加の一言を読むときでさえ、たしかにそれは、このような賛辞のひとつとして私たちの心に刻まれるのである。

メイナードの旧友で、公的生活でもメイナードの協力者であったレナード・ウルフは、彼の良き理解者であった。リディアの存在が、中年過ぎの子供のいない気品のある二組の夫婦の交流を減じたとは思われない（ヴァージニア・ウルフが1928年に記しているように、彼らのうちで最年長の者でさえ，まだ50歳以下であった）。ヴァージニアは，ケインズの演説に関して，「いつもスピーチが本筋から離れて脱線するときに非凡な意見を披露した」と評したが，リディアに関しては，ブルームズベリーに関する伝記からしばしば省略されたと記述するに留めており，「彼女は賢明なものの言い方をする」(7)とだけ記している。ウルフ家とケインズ家は，クリスマスには必ずといっていいほど集まった。言うまでもなく，イギリスではクリスマスに親しい友人たちが訪問し合う習慣が根付いている。ヴァージニアの人生の最後の10年間の中で，ある年を除けば4人は毎年再会していたが，1940年のクリスマス・イブが最後であった。それから1年も経たないうちに，ヴァージニアはロッドメルの近くのウーズ川で溺死した。

『一般理論』の著者にとって，こうした友情は最も大切なものであった。リディアの敬愛する夫を生意気にも批判した政治家に対して，彼女が「その政治家があなたを単なる経済学者としてしか見ないのは，彼に見識がないからだということに気づいていないからです。あなたの『取り組む仕事』はすべて人の心を動かす魅力的な個性を発揮できる素晴らしいものです」(8)といったことからもわかるように，リディアは物事の本質をよく理解していた。そうした彼女の影響もあって，ケインズの仕事は順調に進んだ。

もちろん，メイナードもリディアの仕事の支えとなった。彼女は踊るのをやめた後，俳優となった。彼女は1930年代後半にメイナードの心臓の具合が悪化するまで，プロとして活躍した。メイナードがケンブリッジ大学の学期中，リディアはブルームズベリーに滞在することが多かった。この間にも、二人は毎日手紙をやり取りしていた。1930年、カマルゴ協会を立ち上げようと共に働いた。1933年、その協会は消滅し、その資産はヴィッグウェルズ・バレエに引き継がれ、その後はロイヤル・バレエに渡っている。イギリスのプロバレエの運営が危機に瀕しているとき、こうした資金はまさに頼みの綱であった。だが、舞台芸術を支えるのはケインズひとりだけのものではなかった。

「今朝、私はかなりよい講義をすることができました」とメイナードは1933年11月のある日、ケンブリッジからリディアに手紙を送っている。「そのあと私は、カレッジのために、小さくおしゃれで近代的な劇場を建てる計画を考えながら、愉しんでいました。もしそれができたら、あなたは最初の舞台に立ってくれますね。」(9) この構想から、芸術劇場が生まれた。その劇場は1936年2月3日ケンブリッジにオープンした。オープンの翌日『一般理論』が出版された。大恐慌がまだ収束していなかったために、優先株を処分することは難しかったので、結局はケインズが劇場建設資金の大部分を融資した。ケインズは援助するだけの余裕のある富裕層の責務のひとつと考えて、進んで不振の劇場のテコ入れに尽力した。

ケインズは、「わが孫たちの経済的可能性」と題する小論で、長期において重要なことは何かを問うた。これは後に『説得論集』に収録されている。その小論は、もともと1928年のスピーチ用の原稿であった。この時期はリディアの流産によっておそらく二人の間に子供を持つことはできないと思われたときであった。子供を育てるというケインズの希望は消え失せて、失望に変わったが、それでも1930年末にその小論を出版した時タイトルは変えなかった。世の中が不況に突入しているときでさえ、ケインズは、（その時代の文化的意味づけをもつ用語を用いると）「人類」が直面する経済的困難のその先にある世界のことを考えていた。将来の真の問題は、「経済上の切迫した心配からの解放をいかに利用するのか、科学と指数的成長によって獲得される余暇を賢明で快適で裕福な生活のためにどのように使えばよいのか」ということであった。こうした条件のもとでは、貨幣愛そのものが、「ありのままの姿として、いくぶん不快な病的状態、震えおののきながら精神病の専門家に委ねられるような、半ば犯罪的で半ば病理的な性癖の一つとして見られるようになるだろう。(10)」

ケインズは、こうしたことに言及する場合でも、経済学や経済的基準などを度外視していたわけではない。1933年に「貧困は最大の悪である」と書いている。「経済的利益は、真の幸福であり、それが明らかに重要度の劣るものでない限り、選択可能な実物財のために犠牲にされるべきではない(11)」ということである。ケインズは、その結果として伝統的な概念である何が「割に合うのか」という、その因習的な概念に挑戦した。そして、もちろん然るべく不況のどん底で挑戦したわけで、それは適切であった。「われわれは、太陽や星を切り離して考えることができる。それらに『配当』を払わないからである。」「ロンドンは文明史上最も豊かな都市である。だが、ロンドン市民は達成可能な最高水準の生活を『手に入れる』ことはできない。なぜなら、ロンドン市民は、『代償』を払わないからである。(12)」ケインズは保護主義的な思想に傾いていたが、脅迫観念に悩まされていたわけではなかった。「思想、知識、芸術、歓待、旅行、これらは、事柄の性質上、国際的なものである。(13)」

ケインズがイギリスの芸術家を援助する公的資金に支えられた支援組織としての芸術家協会の設立に決定的な役割を果たすことができたのは、彼の価値観と一致していたからである。ケインズが第二次世界大戦の最も困難な数年間、そのような役割を果たしたのは大いに注目されることである。まず、彼はそのような貢献のタイミングを逃さなかったことである。次に、持ち込まれるその他の政府の仕事を上手に断り、貴重な時間を手に入れたからである。コベント・ガーデンオペラ劇場が戦後最初に公的資金から補助金を受けられたのもケインズの貢献のおかげである。ケインズは、そのとき新芸術協議会とコベント・ガーデン評議会の会長であった。そのため、両者の業務管理の責任を背負っていた。1946年2月、ケインズが「イギリスの文化的生活の復興の目標(14)」と呼んだサドラーズ・ウェルズ・バレエによる特別公演のために、ケインズ夫妻はコベント・ガーデンに国王夫妻を招待した。上演されたのはおよそ24年前にリディアが踊っているのをメイナードが観劇した「眠れる森の美女」であった。

＊　＊　＊

「言葉は筋の通らない考え方を攻撃するのに使われるものだから、少しぐらい乱暴であってもいい。(15)」ケインズはかつてこんなことを言ったことがある。ケインズの多様な才能を結集したものこそ、雑誌の編集であった。人に感銘を与える文章が書けるケインズの才能は、エコノミックジャーナル紙に目を通すことなどなかった一般市民にそれを急速に広めることになり、ケインズの見解を広く人々に伝えることに大いに役立った。かくして、雑誌の編集は、ケインズの研究生活ですでに展開してきた様々な概念をただ単に広めるだけではなかった。むしろ、門外漢の市民にケインズの真意を伝えるための努力が、時としてどんなに選び抜いた言葉をも超えた金言を生み出す原動力となった。それは、基本的な経済理論についての彼の思考に還元される見識を支えたと思われる。自由にできる高い報酬に恵まれていたこともケインズの努力を促す力になったことは明らかである。一方、世論の新たな風潮を創りだす筋の通った論争を通して、政見の指針を変えるほどの力を注いだケインズの行動力は、政治への関心度が高いことから生まれたともいえる。

『平和の経済的帰結』の著者が、ヴェルサイユ条約と賠償問題に続く一連の論争に関する原稿を依頼されるのは当然のことであった。このことがきっかけとなって、ケインズはマンチェスター・ガーディアン紙と関わりを持つことになる。この新聞は50年に渡って編集長を務めた伝説的な人物スコットのもとで英国で最も偉大なリベラルな新聞として認められる存在になっていた。重要な任務は、ヨーロッパの戦後の経済状態に関する一連の追加記事を寄稿することであった。それは1922年に掲載され、編集料は1号当たり200ポンド、（現在であれば、7000ポンド、すなわち1万ドル）であった。コメントは自由であるが、事実をおろそかにしてはならないというスコットの編集態度は、読者に記事を提供する際に両方の条件を十分に満たすことができたケインズにぴったりなものであった。ケインズはまた、ジェノバで開催された国際会議におけるマンチェスター・ガーディアン紙の特別寄稿者となった。この会議は1922年4月にヨーロッパ経済の復興を討議するためにロイド・ジョージによって招集されたものであった。ケインズの記事は、アメリカの全国紙であるニューヨークのワールド紙を通して海外にも配信された。

リディアが住まいとしてすでに利用していたブルームズベリーの家に戻るや、彼女は、すぐにマンチェスター・ガーディアン紙を取り始めた。リディアは、「マンチェスター・ガーディアンに載るあなたの大きな写真を見るほど感激することはありません」とメイナードに言った。「有名になったわね」「あなたの論説を見るのが大好きです。それは私に生きる張り合いを与えてくれます。」彼女はケインズの記事に絶対の信頼を寄せていた。ケインズが自分の成果を過少に評価するようなことを口にし、思わね誤解を受けることになるような場合には、彼女はメイナードを叱った。「新聞に書かれたあなたの論説と違った意見など言わないでください。たくさんの読者があなたの論説を読み、その内容を理解し、そのことを記憶に留めることを考えてください。寝ても覚めても、あなたが知性と妙想をもって取り組んだ仕事に愛着を持ってもらいたいのです。[16]」このリディアの言葉こそ、ケインズが言ってもらいたかったことであり、彼が耳を傾けなければならないものであった。ケンブリッジの研究者仲間や気難しいブルームズベリーの友人たちは、時間の無駄だとして彼のジャーナリズムへの関与を軽蔑するかもしれないが、リディアの姿勢は明確であった。

この仕事をまともにやり遂げるのはきわめて困難なものであったが、収穫も大きかった。この業務遂行こそケインズの『改革論』の起源となった。このころのケインズは、依然として徹底した自由貿易主義者であった。そのためもあって、1923年の総選挙期間中にリベラルな週刊誌「ネーション」に自由貿易に関して記事を書いている。ケインズは、少なくともひとりの読者を納得させることができた。「失業救済策としての保護貿易！　そんなことはありえませんよね。」「あなたがおっしゃるように輸入が私たちにとって収入になるなら、自由に貿易をしないことは自殺行為であると、私には思われます。収入のない人生は惨めです[17]」とリディアは記している。このリディアの言葉に、消費を切り詰めると有効需要が減るという考え方の根源があるというのは仰々しすぎるかもしれない。ただ、リディアの率直なコメントは理解力の不足というよりはむしろ学問体系としての知識が欠けていただけである。リディアの言い回しは、正規の教育は受けていないが、知性のある市民にケインズの考えがどのように受け入れられたかを生き生きと示してくれている。もちろん、ケインズにもである。

『改革論』は貨幣の安定化を強調することになった。それは、戦後ヨーロッパの深刻な貨幣の不安定化の影響を前提にすると、驚くべきことではなかった。マルクを満載した手押し車でよく知られたドイツのインフレが最も顕著な例である。イギリスでも急激なインフレに見舞われたが、そのインフレは、当局が高金利や「高金利資金」といった伝統的な金融政策手段を採用することによって沈静化された。ケインズは、一般に低利資金の唱道者とみなされているが、高金利政策が必要な手段である時には高利資金を支持することもあった。再び登場することになるが、次の有名な引用文を世間に広めたのもまた『平和の経済的帰結』である。「レーニンは資本主義体制を打倒する最善の道は通貨を台無しにすることだ、と宣言したといわれている。(18)」

そのため、ケインズは通貨の安定化それ自体が良いことであると確信していた。しかし、ケインズはすでに『改革論』で、通貨の安定化は金本位制への復帰によってのみ達成されるという従来の考え方に異議を唱えていた。金本位制は、通貨を金の価値に固定し、物価を上げるにしろ、下げるにしろ、その必然的な結果を生み出す金準備の自由な流入や流出を認めることによってのみ可能となるのである。これが伝統に沿った解答であった。

しかし、ケインズとしてはもう一つの解答が用意してあった。別の切り口から、代替可能な政策手段を精査する準備が整っていた。たとえば、為替平価を制御して国内物価を安定させる手段などが用意された。ケインズは、この手段は各国の中央銀行の積極的な市場介入によって実行可能であると考えていた。『改革論』でこの議論を展開することで、ケインズは経済政策に関する公開討論に積極的に乗り出し、自由貿易から金融政策へと立ち位置を変えることになった。『改革論』は読みやすくもあり、読みづらくもある。だが、正直に言うと読みづらい。

その理由ははっきりしている。数ページに渡って細かい欄に記された購買力平価と為替相場を示すロンドン1か月先物為替相場表を見れば一目瞭然である。このような説明はわかる方が不思議である。為替の問題などを扱っている大半の著書と比較してみれば明白である。大概の本の最初の1ページは、たとえば、「お金はそれによって何が手に入るかが重要なのである」といった単純な説明から始まる。こうした導入が、技術的な問題のみならず、その根底にある理論をわかりやすくしてくれるのである。再び、ブルームズベリーにおけるひとりの忠実な読者であるリディアの反応を見ることができる。「誰にでも言っていることですが、私は、「貨幣数量説」の項まで読みましたが、それ以上、続けられませんでした。それでも、専門家でない読者はこの特定の章を飛ばすだろうというあなたの見方には賛成できません」とリディアはケインズへの手紙に書いている。また、「私は人には言いませんが、もしこの章を飛ばしてしまうとしたら、私は進歩的な人間ではないと思ってしまうかもしれません。そんなことになってしまったら、何と惨めなことになるでしょう(19)」とも書き送っている。

ジャーナリストとしてのケインズの経歴の中に、週刊誌の出版会社の買収がある。「ネーションン」は戦前、新自由主義の旗頭とみなされていた。しかし、戦後は二転三転した。ケインズは、1922年から自由党の政策を議論するために毎年オックスフォードやケンブリッジで開かれる総会であるサマースクールに参加した。それが縁となって、金融破綻した「ネーション」を引き継ぎ、共同責任者の一人となった。ケインズは、自ら大株主で再建委員長であったために、ケンブリッジの同僚であったヒューバート・ヘンダーソンを編集者として迎え入れた。手短に言うと、ケインズが管理し、新任の編集者が健筆を振るうことになったのである。

ケインズは定期寄稿者として唯一寄稿し続けた。文芸面の編集の仕事をT・S・エリオットに頼もうとしたがうまくいかず、レナード・ウルフが文芸担当を引き受けた。寄稿者として、クライヴ・ベル、モーガン・フォスター、リットン・ストレイチー、そしてもちろん文芸編集者の妻［ヴァージニア・ウルフ］もいたので、当然のことながら、「ネーション」は事実上、ブルームズベリーの身内の機関誌となった。「ネーション」はフェビアン協会の産物であるが、1931年、労働党の支持を得た「ニュー・ステーツマン」誌と合併した。ケインズは1939年まで、頻繁に投稿を繰り返し、亡くなるまで合同委員会の委員長を務めた。

なぜ、ケインズはこんなにも多くのことができたのであろうか。たしかに、彼はすべてのことに手を出す性格であったし、人の面倒を見ることが好きだったし、ブルームズベリーの友人たちを何人も同時に世話していた。しかも、彼はちょっとした趣味につぎ込める資金も十分にあった。しかし、最大の理由は、ジャーナリストとしての活動がケインズの政治的指針の形成に役立ったことである。「ネーション」とそれに続く「ニュー・ステーツマン」は重要な政治・経済の意見を発表する機会をケインズに保証することとなった。

ケインズは、読者層を大衆にまで広げた。ジャーナリストとしての経歴は、インテリ向きの「マンチェスター・ガーディアン」紙から始まったが、ケインズの論説は、晩年にはロンドンの「イブニング・スタンダード」に頻繁に掲載されていた。この新聞の社主は、一匹狼的なカナディアン紙のビーバーブルックであった。ビーバーブルックは帝国主義者で、いわゆる帝国自由貿易の支持者であった。これは保守党がこの重大時に過去20年間宣伝し続けてきた保護貿易政策に対する新しい名称である。ケインズは、このことについて全く関心を示さなかった。しかし、ビーバーブルックは、論文で自分の考えに異を唱えた聡明な若者に寛容であった。彼は自由貿易を嫌っていたために、それと対をなす正統的学説である金本位制にも懐疑的であった。1925年7月、タイムズ紙は金本位制復帰に反対するケインズの3つの論説の掲載を拒否した。このとき、ビーバーブルックは、即座に「イブニング・スタンダード」にケインズの論説の掲載を認めた。

これが、ケインズの小冊子『チャーチル氏の経済的帰結』（1925年）の基になった。この小冊子は、『ポンド平価の経済的帰結』と題して、アメリカで再刊された。おそらく、その理由は、教育水準の高いアメリカ人が賢明なケインズの噂を耳にしていたためであろうか。だが、小冊子のタイトルが変更されたのは、その当時、チャーチル氏についてあまり知られていなかったためかもしれない。『繁栄への道』（1933年）にも同じような流れがあった。その小冊子は、ロンドンのタイムズ紙に一連の論説として掲載されたものであり、それを小冊子にする機会を得た。その結果として、アメリカでの再刊となった。

第一次大戦前から、第二次大戦後までケインズの政治姿勢は一貫していた。「私は自由党員か」、これは1925年に「ネーション」に掲載された小論のタイトルである。由緒ある自由党がどんどん勢力を弱めてはいたが、労働党が保守党の選択肢となるほどまだ十分に成長していなかった時代には妥当な言い方であった。自由党は一世代にわたってイギリスで大きな存在であった。「人間が政治的動物だとすれば、政党に属していないほど居心地の悪いものはない」と考えるケインズは、彼が当然と考える政党に属することになった。保守党がケインズにアピールするものは全くなかった。「［保守党は］私を愉快にさせたり、あるいは興奮させたり、あるいは啓発させることもないにちがいない。」保守党と一定の距離を置くことが感情的な気取りであれば、労働党と距離を置くことは知的な気取りであった。「私には、労働党内の知識人分子がつねに十分な支配力を発揮することになるとは思われない」と考えたケインズは、「強力な指導力と正しい綱領を備えているとしてのことだが、自由党こそが将来の発展に寄与する最も優れた政党である」[20]として、そこに目を向けた。

そこで、ケインズは1920年代の後半にこれらの二つの欠陥を改善することに力を尽くした。彼は、それぞれについて改善策があるとわかっていたが、伝統的な政党であるために、いずれについても改善には痛みが伴うものであった。イギリスの最も精力的な政治家であるロイド・ジョージに強力な指導力が求められた。アスキスとロイド・ジョージの対立はほぼ10年間、党を巻き込んで混乱状態を続けた。対立からできた傷を癒すことは難しかったし、過去のことをさらりと水に流して忘れることも難しかった。ケインズは、当初からアスキス派で、ロイド・ジョージの平和条約に対する指揮を酷評していた。それにもかかわらず、彼はロイド・ジョージを支持すべき人物とみなすようになった。そうなったのは、ケインズもロイド・ジョージも自由党が戦うべき経済政策の要は失業問題であるということで、意見が一致していたからであった。

ケインズが1924年5月、「ネーション」に「失業には思い切った政策が必要か」と題する論説を発表したとき、かなり注目を集めた。ケインズは、成人男子の失業者数が77万人であると公式資料を使って発表した。この数字は2、3年前より低いが、歴史的に見れば高い。この公式データの数字は、1911年から発表され、国民健康保険制度に登録されている労働者のみであったが、次第にデータ収集の範囲を広げている。この統計に基づくと、1924年には、失業率は10%を超えていた。現代の推計方法を用いれば、総労働者のほぼ7%程度であったと思われる。(21) しかし、10%という数値は、その当時としてはショックであった。それは第一次世界大戦以前に常態とみなされた失業率の2倍であった。

景気の回復が「国家の発展」に繋がるという考え方について、ケインズはロイド・ジョージからヒントを得ている。まずもって、「繁栄は累積していくという原理に救いを求めなければならない。われわれは型にはまり込んでおり、刺激や衝撃や加速が必要である」というケインズの申し立ての中に、われわれが今日ケインジアンと呼ぶ特徴的な意見を認めることができる。それは政治というよりむしろ考え方であった。ケインズは、単に指示通り服用すれば「健康で活気づく薬があるかもしれない」と力説した。投資を控えさせることになる不安心理を遺憾に思うケインズは、「ビジネスには臆病さが災いする」と述べている。「長い夏にしか果物は実らないのに、誰も種を蒔く準備に取り掛からない。」この論説は、それでもなお、これが一瞬の好機なのだから、手をこまねいてはいられないという信念で満たされていた。(22)

ここに、新たな指針とそれを実践的な政策に結びつけていくための個人的和解の始まりがあった。ロイド・ジョージがケインズと公式晩餐会で会ったとき、この魅力あるウェールズ人はケインズのご機嫌を取ろうとして、ゲストに向かって大声で、「私は、ケインズ氏に賛同しています。彼の考えが正しかろうと、誤っていようと、彼はいつも現実を見ています(23)」と言った。このあとの協力関係はスムーズに進んだ。ケインズにとって、当時、名目上再統合された自由党の党首であったアスキスとのねじれた関係を断つ必要があった。最終的な和解をもたらしたのは、１９２６年のゼネストに対するアスキスの強硬策であった。ケインズは、「ネーション」を利用して明らかにしたいことがあった。アスキス派がベルサイユ時代からの問題として無理やり持ち出して述べ立てた過ちがたとえ何であったとしても、労働組合員に対するロイド・ジョージの懐柔的な姿勢は誤ったものではないとケインズは考えた。

自由党と労働党が共同していくことが、ケインズにとっては当然のごとく望ましいものであった。結局、両党は建設的な意味で、戦前のイギリスの政治を支配してきた進歩的な同盟関係を結んで共同した。１９２０年代後半には、なぜそうならなかったのだろうか。自由党は、公正に関しては労働党に理解を示していた。だが、効率を犠牲にせず公正を達成する有効な手段があるのかという点に関しては意見の一致を見なかった、とケインズは主張した。労働党の問題は、党員が時代遅れであることにあった。「彼らは、反資本主義にも、反共産主義にもくだらぬという反応を呈している。」「階級闘争や国家主義は人を引き付けるものではない。ましてや現代の人々の精神に訴えるものではない[24]」とケインズは主張した。ケインズによれば、「私としては、資本主義は賢明に管理されるかぎり、おそらく経済的目的を達成するうえで、今まで見られたどのような代替的システムにもまして有効なものにすることができるが、本質的には、幾多の点できわめて好ましくないものであると考えている[25]。」本質的に同じ提案を異なる修辞法で繕いながら、ケインズは建設的な代替案を提示している。つまり、「将来の真の社会主義は、多様な新手法から現れるであろうが、個人や社会にとってそれぞれ適切な領域とこうした社会主義的な同志本能の間の実り多い同盟関係のための条件を見出す方向に向けられた、絶え間ないさまざまな実験から浮かび上がってくる、と私は考える[26]。」

ケインズの経済面における政策の指針は、当時の自由市場の教義への攻撃として生み出されたが、そこから社会主義者になることはなかった。彼は資本主義のもつ不公平さを改善することによって現存システムと社会主義とを和解させたかった。その意味で、それは資本主義を救うことであった。ケインズは、市場は適切に機能させることができるなら、最適な効率を達成できるという信念を終生持ち続けた。彼は、完全な国有化を嘆かわしい不遜な行為とみなしていた。事実、ケインズの時代の多くの社会主義者のマントラ［決まり文句］は、依然としてマルクスの時代の問題に固執していたが、それはケインズが誕生した時には終わっていたと彼は考えていた。

ケインズは、「私の理想上の共和国は、天空の最左翼に位置を占めている[27]」と、からかいながら言ったことがある。その時のケインズの急進主義的考え方は、バリケードを築くことや階級闘争ではなく、知的な世界でのものであった。ケインズは、時代遅れの反資本主義の教義を、彼の主要な攻撃目標とみなした自由放任主義の教義よりさらに優れたものではないとみていた。

＊　＊　＊

政治の場で、ケインズは挑戦し、失敗した。ロイド・ジョージは、自由党の復活の先頭に立って行動する中で、今日ケインズ的政策と呼ぶことのできる政策指針をほぼ受け入れた。1929年の総選挙に向けたロイド・ジョージのマニフェストには、大胆にも「われわれは失業を克服できる」というタイトルが付いていた。ケインズは、「ネーション」のヒューバート・ヘンダーソンと協力して、広く知られているパンフレット「ロイド・ジョージはそれをなしうるか」を発表してそれに呼応した。もちろん、ありうべき答えは「イエス」である。しかし、選挙自体は、投票率が過半数に達していなくても相対的に投票数の多い立候補者が当選するシステムの下で戦われた。その結果、得票数の24％が自由党に流れたが、下院で獲得した議席はたった59議席にすぎなかった。一方、労働党は37%の得票数で２８７議席を獲得した。ケインズは自由党に1票を投じたが、それは自由党が階級政党ではないという理由のためであった。しかし、これは、彼らの票があまりにも均等に分散したために、彼らの代表を最大化できなかったことを意味した。事実、半世紀もの間、労働党と保守党という特定の階級に支持された政党がイギリスの選挙政治を支配してきたのである。

たしかに、保守党は政権を失ってしまった。しかし、少数派であった労働党政府の2年間の経験は、自由党が力の均衡を維持してきたとは思われるが、進歩的な選択肢を提案するケインズの要望を実現するのに十分な政治的影響力を持っていないことを露わにした。１９３１年8月の金融危機は、政治危機へと発展した。労働党のラムゼイ・マクドナルドは、いわゆる挙国一致内閣（多数を占めていたのは保守党である）の首相として奮闘したが、政府は崩壊してしまった。その内閣は金本位制を維持するためにつくられたものであるが、最初に行なったことは、金本位制を放棄することであった。ポンド平価は１９３１年9月に崩壊した。翌月の総選挙でこの連立内閣は圧倒的な勝利を収め、その政権は第二次世界大戦まで維持されることになった。

こうした変化の最中に、ケインズは関税に関する考え方を変える姿勢を示した。政治家にとって、変節は面目を失う最悪の事態の一つであり、一般にそらとぼけて隠蔽しなければならないようなことである。かくして、政治の世界に足を踏み入れたケインズも同じことを求められることになった。結局、ケインズは１９２０年代半ばごろまでは伝統的な自由貿易主義者であったが、すでに1930年までに政府の政策に関するケインズの助言は、イギリスの経済的苦境にあって関税政策の妥当性を認めるというものであった。決定的なことに、1931年3月に、ケインズは「ニュー・ステーツマン」に広く注目を集めた論稿「収入関税のための諸提案」を公表した。彼はそれをその年の末に『説得論集』に再録している。関税は収入のためなのか、保護のためなのかどちらなのかということは、人によって違いがある。さらに、1933年に「国家の驕り」と題する論稿を「ニュー・ステーツマン」に寄稿したことでケインズの社会的評価は悪化した。一貫性に欠けていることが明らかになると、反論の余地はなくなり、非難に晒されることになる。

ケンブリッジで語り伝えられているところによると、これに対する当意即妙の答えがある。それこそが、ケインズがしばしば引き合いに出した「事実が変われば、私なら考えを変える。あなたならどうしますか」という言い方である。実際に、事実は大きく変化していた。国際貿易においては、自由貿易の原理が持続的に自動調節の機能を果たす場合には、自由貿易が金本位制に対応している。イギリス人は、公平で、公正で、しかも自国に物質的利益をもたらすことが同時に明白であるシステムの採用に賛意を表すことに慣らされていた。かくして、自由貿易はそれを強く推し進めた人々に繁栄をもたらしてきた。

しかし、1931年までにすべてが変わってしまった。高金利によって金本位制のルールを維持することは、失業の持続的増加という痛みを伴った。それゆえ、イギリス人の仕事を守る

THE LIFEBOAT THAT STAYED ASHORE.

1929年以降公刊されていない風刺画の中でデヴィッド・ローは、ウィンストン・チャーチルが実権を握る大蔵省の意に反して、救命ボートを浮かばせようとしているケインズとロイド・ジョージの姿を描いている。

ために、不況時に関税に助けを求める気運が高まるのも驚くにあたらない。もし何か犠牲を払わねばならないとしたら、金本位制自体よりも正統派ではあるが時代遅れの自由貿易主義と手を切る方がましであったといえる。１９３１年の初めまで、自由党員の多くがそのように感じていた。しかし、もちろん、その年の９月に金本位制を放棄したことは、この議論の大半を時代遅れのものにしてしまった。しかしながら、ケインズは、この大事な時に、関税のために新たな資金面での賛同を維持するという局面で失策を演じていた。

その失策の理由は、厳密な経済的な論法に基づくものであり、戦術上の政策変更以上のものであったに違いない。ここでは、金本位制への復帰（それは、１９２５年まで実現できなかった）によって、ケインズが１９２４年の彼の刺激的な提案を提出することができなかったことを想起すべきである。同様に、ケインズは１９３１年におけるイギリスの金本位制からの離脱によっても、彼の関税政策の提案をすぐには取り下げなかった。このことは、失業への取り組みに関する政策勧告を行なう上で、ケインズが実際に取り組んだ政策を評価する本書の第３章でも触れることになる。

ケインズは独断的な自由貿易論者ではなかったし、保護貿易のメリットを信頼する立場に立つわけでもなかったことは明らかである。しかし、１９３３年まで世界経済に猛威を振るった大恐慌の嵐は、たしかに国際金融システムの正統性に対するケインズの幻滅感を膨らませることになった。「所有と実質的な経営責任の分離は、企業の株式会社化の結果として、売買を目的にして今日株を買い、明日売るというように、一時的に所有する株式について知識も責任も全く持たない無数の個人に所有権がばらまかれるとき、その国にとって深刻な問題を引き起こすことになる」とケインズは書いている。「しかし、大不況のときに同じ原理を国際経済に当てはめてもうまくいくわけではない。私は、私自身が所有するものに責任を負わないし、私が所有するものを経営する人は所有者である私に責任を負わない。(28)」このようなシステムは、いまや明らかに機能不全の状態にあった。「それは、知的でもないし、美しくもないし、公正でもない。高潔でもないし、期待に沿うこともできない。(29)」

ケインズは、敵国の海で交わりを断たれて、孤立感を抱くような、英国市民の代表でもないし、自由党の代表でもなかった。世界が大恐慌に陥る中で、ドイツでは政治的過激派の主張が事件を起こすことで脚光を浴びており、ヒトラーの進撃を止めることができなくなっていた。アメリカと同様に、イギリスでは、多くの若者がその危機を資本主義の断末魔を知らせるものと理解し、代わりに共産主義に救いを求めた。ケインズはそのことを敏感に感じ取っており、実感していた。1929年に学部学生としてキングスカレッジに進学したヴァネッサ・ベルの息子のジュリアンは後に、彼にしても彼と同期の若者にしても、政治にはほとんど関心がなかったと語っている。「ほとんど誰もが、資本主義は持続的に繁栄し続けるというメイナード・ケインズの楽観的な予言に絶対的な信頼を寄せていた。」しかし、「ニュー・ステーツマン」に寄稿することなどたやすいことであった特別な人脈を持つ若者がその寄稿文において、「われわれは、いまやすべてが社会主義者というよりむしろすべてマルキストである[30]」と、宣言したように、1933年までにすべてが変わってしまったのである。

ケインズは、マルクスに関心を持たなかった。人間の力で社会改革を成し遂げるという精神を高揚させるような若きマルクスの文言は、その初期の著作が1960年代に再発見され社会に広められるまで、ほとんど知られることはなかった。したがって、ケインズが拒否したマルクスは、資本主義は内部矛盾によって生き残ることはできないと予言した決定論者としての経済学者であった、ということである。ケインズは、老練な社会学者であるバーナード・ショーに、『資本論』について「(時たま、非建設的ながら断続的な洞察力のひらめきのあることを別にすれば、)その現代的価値はゼロであると確信しています[31]」と、はっきり言明している。もしソ連が共産主義者の主張するように、マルクス主義者と一心同体であったなら、自由な批判が抑え込まれた体制にとって悲惨なのは、能力の発揮する余地のない人を生み出すだけになるということである。見せしめの裁判が強制収容所を埋め尽くしてしまう以前においてさえ、「スターリンは、実験をしてみたいと思うすべての人にとって恐ろしい事例となる[32]」とケインズは1933年に書いている。

そこでは、公判に掛けられていたのは資本主義であるという事実が残っている。さらに、すべての政治的改革者と同様に、ケインズは体制の改革は実際に可能であるということを示す必要があった。しかしながら、不適切で優柔不断な労働党政府の実行した政策は、資本主義体制が機能不全に陥った問題に対処できるという安心感を提供することができなかった。社会主義者にとっては、資本主義体制の機能不全は如何ともしがたいものであると見られていた。失業対策の最も重要な政策課題に関して、ケインズは唯一彼と波長の合う労働大臣オズワルド・モズレーと出会うことができた。オズワルド・モズレー卿は、活気に満ちたカリスマ的な人物であった。だが、ほどなく労働党の陰謀に嫌気がさしてしまったために、大臣の仕事を適切にこなすことはできなかった。結局、モズレーは黒シャツがよく似合うイギリスのムッソリーニ派に仕えるという別の仕事を選択した。

モズレーのイギリスファシスト連合は、反ユダヤ人気質からイギリス経済まで、身の回りのあらゆるものを奨励する政策を支持した。そのマニフェストは、文章を作成していた人も含めて、1930年代にファシズムとの闘いに多くの時間を費やしたケインズおよび彼のブルームズベリーの友人たちにとっては政治的迫力に欠けるものであった。あるいは、もっと貴族的であるジュリアン・ベルのケースをみると、彼はスペイン市民戦争で体を張って戦いに臨んだ。若きジュリアンが1937年に亡くなったとき、ケインズはキングスカレッジの雑誌に短い回想録を書いた。それはケインズ全集の『人物評伝』に再録されている。甥に対するこうした感動的で思いやりのある評価は、ヴァージニア・ウルフを喜ばせた。彼女はケインズに、「私に数学の才能が片鱗もないことは明らかなのだから、その方面におけるあなたの「人物描写に関する文学的」才能を認めるのも、気が進まないけれども「素晴らしい」」と釈明している。(33)

ジュリアン・ベルは、ケインズにとって家族も同然であった。この若者が死んだということに対して、その信念を共有することはなかったが、尊重していた。かくして、個人的な同情がケインズの公の意見を形成しており、しばしば、マルキストに対して驚くほど寛容であった。たとえば、彼は1939年に、すべての政党にいる小左翼的・自由党員的考え方の人たちの間で、政治・経済体制の変革へのコンセンサスが達成され得るという彼の考案した一般論的な枠組みは適正であるとして、次のように書き加えている。「35歳以下のインテリに属する共産主義者の世代を除いて、今日、自由党員以外で政治家として幾ばくか価値ある者は誰もいない。(34)」

ここで本質的な問題は、ケインズが訴える潜在的な自由党の政策を総動員することであった。ケインズにはやればできるという自信はあったが、実際に実行するとなれば自分の前歴に傷がつき、評判を落とすおそれがあった。彼が1931年に『説得論集』を出版したとき、序文で、「ここに収めたのは、12年間にわたる不吉な叫び―かつて一度も事態の成行きに対して時宜に適った影響を与えることができないままに終わった、かの［ギリシャ神話にあって、トロイの滅亡を予言したが無視された］カサンドラにも似た一預言者の凶事をつげる叫びである(35)」と述べた。

失敗しながらも、挑戦を諦めなかった。要するに、ケインズは依然として左翼に同盟者を求める進歩主義者であった。また、彼はイギリス自由党に絶望した後でさえも、自由党員であり続けた。したがって、時代の状況がどうであれ、選択肢は本質的に変わらなかった。イギリスで変わったのは、今や自由党的な意見を発動させるためには、労働党を通さねばならないということであった。労働党はそれなりに欠陥もあるが、少数の特権階級よりむしろ多数の庶民階級の意見を代弁するという、本来の利点を持つからであった。ケインズは1934年に、「この国では、これからの政治力は左翼に傾くだろう。労働党が正しいかどうかについて、穏当で私心のない人々が疑念を抱くようなことが生じない限り、労働党はつねに過半数を占めることになろう(36)」と書いている。

ケインズがこれを書いたのは、右派政党が下院議員600議席のうち520議席を占めており、労働党は50議席しか獲得できなかった時である。明らかに、ケインズはイギリスの政治の行く末を楽観的に見ていた。彼はまた、ニューディール政策をとるアメリカの政治姿勢を明らかに勇気ある優れた政策であるとみていた。第二次世界大戦終結の1945年まで、労働党は、ケインズが1931年以降物事の当然の順序とみなした政治的遺産を受け継がなかった。1935年の総選挙のとき、自由党の党首、ハーバート・サミュエル卿は、2、3年前から突出した後援者の一人であった富裕な経済学者ケインズに選挙資金の支援を求めたが、すげなく断られた。ケインズは、「しかし、悲しいことに、私は自分の立ち位置がよくわからないのです。私は、いくつかの点で労働党の左派寄りではあるが、いずれにしても自由党と労働党の間にいます。ただし、今の時点で私の強い信念を実際に代弁できる者がいるとは思えません(37)」と書いた封書を支援金の小切手を入れずに送ったのである。

より基本的な点は、ケインズはいかにして世論を味方につける手順に思いを巡らせたかということである。ここでのケインズの見解は，とくに彼に関してであるが，しばしばことさら興味本位に表現されている。再び，ケインズが彼の友人に語ったところによると，彼は回想クラブで次のような内容の『若き日の信条』を読み上げたが，それはしばしば彼を攻撃するのに引用された。「われわれは原罪の教義，つまり，たいていの人間には気違いじみた，不合理的な，邪悪さの源泉がある，という教義の一切の異説を拒否したのである。」そして，「われわれは，われわれ自身の人間性を含めて，人間の本性というものを完全に誤解していた。」ケインズは１９３８年に，「私は今でも，他人の感情と行動（そしてまた，疑いもなく私自身のそれ）に，非現実的な合理性を認めようとする性癖から抜け切れないでいる[38]」と付け加えた。これを有名な「ハーベイロードの前提」と組み合わせてみると，ケインズは民主主義が実際にどのように機能するかに関して驚くほど純真な見方をする政治音痴であったことがわかる。

以上のことは，そのとおりでもあり，そういうことでもない。ケインズはこうしたことの多くを自ら語っているので，ある程度は自覚していたといえる。結局，ケインズは第一次大戦中，大蔵省に身を置いて政府の実際の仕事について多くのことを学んでいる。パリ講和会議での経験は，ケインズに2種類の意見があることを理解させることになった。つまり，「外部の意見と内部の意見，すなわち政治家や新聞が発する世論と，政治家やジャーナリストや役人が階段上や階段裏や階段下の限られた範囲の中で表明する意見である。」そして，ケインズはこれを皮肉を込めてプライベートな時に述べたのではなく，『条約の改正』（１９２２年[39]）で公にしたのである。たしかに、この著作は、なぜケインズがこれまで失敗を重ねたのであろうかという疑問に対する1934年のケインズの答えを理解するカギを与えてくれる。「なぜなら、私は専門家や一般の人に私が正しいことを納得させることにまだ成功していないからです。」さらに、ケインズは、「確かに思うのは、両者を納得させるのは時間の問題だということです。納得させれば、経済政策は通常のタイムラグを伴って先例に従うことになるでしょう[40]」と付け加えている。

そこで、ケインズは、資本主義社会は既得権益があまりにも強すぎるので変化を可能にすることができないのだということをあらゆる面で証明しているために、当然、崩壊に向かわざるを得ないというマルクス主義者の分析を受け入れることを拒否した。ケインズは政党政治の世界から身を引いたが、イギリスのみならずアメリカの経済政策に関する見解を公表するために新聞を利用し続けた。当時におけるケインズの計画は、イギリスとアメリカの両国で『繁栄への道』（1933年）を出版することであった。これは、大不況に対処するための政府の介入に関する彼の古い常識的な議論を単に要約したものではなかった。そこには、彼自身の研究成果から導かれたきわめて重要な主張が盛り込まれていた。事実、ケインズは、『一般理論』の構成にかなりの時間を費やしていた。それは1936年まで出版されなかった。その間、理論の説明に多くの配慮を必要としていたが、すでに政策勧告を行なう仕事をしていた。

ケインズはケンブリッジの象牙の塔に引きこもっていたわけではない。彼は、1935年の正月に流麗な手紙でバーナード・ショーに自分の考えをはっきりと説明している。その手紙には、この老練な脚本家であり、イデオロギー論争の相手でもあるバーナード・ショーが真の評価を十分に見出してくれるという脚本上の意味が込められていた。マルクスにうんざりしたケインズは、しびれを切らしてこう述べている。「しかしながら、私の心情をご理解いただくには、人々の経済問題に関する考え方に、すぐにではないが10年以内に革命をもたらすような経済理論と確信する本を書いていることを知っていただきたいのです。」このこと自体は、変人か天才だけがなしうる途方もない野心的主張である。それは、『一般理論』が結論として打ち出したアイデアの影響力についての代表的な所見に関する初期の草稿として読むことができる。しかしながら、次の、「私の新しい理論が正しく理解され、政策と、感情と、情熱とミックスされたとき、いったい最終的な結論が経済行動と経済状況にどのような効果をもたらすのか、私には予想できない[41]」という文言は、そこに含まれる複雑なイデオロギー上の思考過程についてのヒントをショーに提供するものであった。

ケインズは、これ以上真実に近い言葉を使ったことはなかった。彼の発想は、彼が心に描いた並外れた衝撃を現実のものにすることであった。それは、彼が冷静に予知した政治と情熱の混合を通して実現することができたのである。そして、その結果は実際に意外性を孕んでいた。二つのことが際立っている。一つは、彼が合理的な説得による方法に固執したとしても、無血による思想の勝利に幻想を持つことはなかったということである。もう一つは、『一般理論』

の作成にあたって、彼は自分の持つ知的資源のすべてを費やし、割くことのできる多くの時間とエネルギーをつぎ込み、社会の認識を変えるために必要な前奏として、内部の意見を批判することに集中したことである。序文の最初の言葉は、「本書は主として、私の仲間である経済学者たちに向けて書かれたものである。私は本書がそういう人たちにも理解してもらえることを希望している」(42)というものである。

1936年は、ケインズにとって人生の至福の時であった。芸術劇場が開演し、『一般理論』が出版され、個人的成功は絶頂にあった。ケインズは贅沢な車を所有しなかった。そこで、織物業で億万長者となったサミュエル・クールトルドからロールスロイスを譲ってもらった。目立った傷もなく、6気筒のエンジンで、エンジン音も快調であった。ところが、53歳の時、健康に回復が望めないような深刻な問題が生じた。表れた症状は息切れと胸の痛みであり、心臓病と診断された。1937年の春に倒れ、回復には何か月も必要であった。

その症状は、1931年あたりから始まっていた。心臓に悪影響を与えるバクテリア菌の感染がその始まりであった。抗生物質はまだ開発されておらず、有効な治療法はなかった。心臓病は遺伝的なものではない。ケインズの家族はことのほか長命であった。ケインズの心臓は弱っていた。彼は正規の治療やその他の療法を含めて、最良のアドバイスを求めたが、生き残れる唯一の方法は、注意深く仕事量を減らすことであった。驚くほど体力が回復した期間もあったが、ある程度の間をおいて、彼は何度も倒れている。過労自体が本当の原因ではなかったが、過労は確かに回復を不可能にするおそれがあった。ケインズはさまざまな仕事から身を引かざるを得なかった。国立相互保険会社の会長職も辞した。しかし、継続した活動も多い。活動を継続できたのは、看護する人がいたからである。その看病はリディアが引き受けた。ケインズが仕事ができたのは、リディアの助力に負うところが大きい。平時も戦時も含めて、その後9年間にわたり仕事ができたのはリディアのおかげである。

第一次世界大戦は、ブルームズベリー・グループにとって道徳的な難問を生み出したが、第二次世界大戦ではそのような問題は起きなかった。たとえば、『窓のある部屋』で、まゆつばものの平和主義的英雄の価値を褒めたたえたE・M・フォスターは、ファシズムとの戦いは、はっきりと別の問題だとしていた。そのとき、これはケインズにとって信念の戦いであった。レナード・ウルフもそうだったが、ケインズも、たとえどんな犠牲を払っても、人的被害が避けられないとしても、ヒトラーと戦う必要性については疑問の余地がなかった。悲劇的にも、ヴァージニア・ウルフは精神的病の再発によって大きな負担を強いられていた。レナードがたえず支援していたが、彼女は長い間、精神的に悩まされていた。ケインズは、1941年に母親へのヴァージニアの自殺を知らせる手紙に、「二人ともわれわれ夫婦の大親友であった」と書いている。(43)

ケインズ自身は見事な戦いをした。ケインズは、第二次世界大戦が政治情勢を変え、政党間

ケインズに対するリディアの献身が、1930年代後半における大病後のケインズの精力的な活動を支えた。

の明確な違いをより浸透させたという事実に助けられた。1939年9月にイギリスがドイツに宣戦布告してからの数か月においてさえ，情勢が変わり，チェンバレン体制への根深い不満が噴出した。病み上がりであったケインズは，彼自身の経歴について重大な決意を求められるが，政治的には大きな影響を持たないある事態に直面した。

当時，イギリスの憲法には，イギリスの伝統校であるオックスフォードとケンブリッジから，それぞれ二名の下院議員を選出するという古式豊かな規定があった。1935年の総選挙のとき，ケンブリッジ大学の労働党の候補者はライオネル・エルビン教授であった。彼は長年にわたってケインズを支持してきたことに誇りをもっていた。だが，エルビンは，いつものごとく保守党から二名選出されると，労働党から選出されることはないであろうということから気の毒にも出馬を取りやめざるを得なかった。しかし，1939年末に，現職のトーリー党の議員の一人が重い病気になり，補欠選挙が取りざたされた。マグダレン大学の学長が，大学の保守党委員会の委員長として，候補者の指名を受けるかどうかを打診するためにキングスカレッジの会計官であるケインズに会った。当時は病状も回復に向かっていたのである。選挙は事実上無投票であった。というのも，3党がすべてケインズの立候補を支持することで同意していたからである。しかも，ケインズには無所属議員として立候補する選択権まで与えられていた。

もしケインズが彼自身の社交上のよしみから下院入りする機会があったとするなら，まさに今回がその機会であった。彼は悩み抜いたが，彼の主治医はそのことに予想外の理解を示していた。マグダレン大学の学長は、さまざまな環境の下で下院議員に期待される責任に対して便宜をはかる用意があると申し出ていた。しかし、結局、彼はその提案に対するケインズの丁寧な断りを承諾した。ケインズは、学長に「本格的な政治生活は私の本当にふさわしい活動ではありません。私は、事実上、まさに政治評論家です。それこそが拝命を困難にする点です[44]」と伝えている。彼は、内部の意見に取り組む場合にも、外部の意見を取り入れる場合にも、国会での発言行動が自由であることよりも、発言内容の自由が維持されることに重きを置いていた。要するに、ケインズは政治力への影響が大きい方を選んだ。おそらく、新米の下院議員としての意見よりも大きな影響力を発揮できる道を選んだということである。

ケインズは、当然ながら戦費調達の計画を持っていた。その重要な特徴は、第一次世界大戦の時のような負債の累積を避けて、現在の経済資源を総動員するということであった。経済資源の一部には必ずといっていいくらい十分に利用されていない部分があるからである。こうしたケインズの計画は、ハイエクでさえ容易に認めたようだが、インフレとの戦いのためであった。この特別なケインズの計画（他の計画もあったようだが）は、１９３９年11月にタイムズ紙に3つの論説の形で発表された。それは、１９４０年2月末にロンドンで小冊子の形で『戦費調達論』と題して公刊された。これはイギリスに向けての計画案であったが、その基本的な考え方は他の国にも当てはまった。ケインズは、１９４０年5月4日にフランス語版への序文を完成したが、フランスがその数週間のうちにドイツに占領されてしまったので、フランス語版は出版されることがなかった。しかし、ニューヨーク版は予定通り出版された。その後、続いてその年の夏の終わりに雑誌ニューリパブリックに「合衆国とケインズ案」と題する論稿が掲載された。これはアメリカの経済情況を分析したものであった。

１９４０年の危機は、イギリスにおいて労働党と自由党を含めた連立政権の頂点に立っていたチャーチルに政治力を与えた。それ以後、ケインズはネヴィル・チェンバレン時代の独りよがりの保守主義と対照をなすやり方で政府が取り上げてくれる自分のアイデアを考えることに満足していた。今や彼が説得するのに最も困難なことは、彼の提案が公正なものであることを労働党に納得してもらうことであった。こうなるとパラドックスである。

アメリカにおいても、ケインズは持前の性分に応じた活動を展開した。もちろん、ニューディール政策はケインズが推奨した前向きな考え方をすでに示していた。ルーズベルト政権は、動員の問題に直面した時、ケインズの思考に歓迎の意を表した。結局のところ、それは、１９４１年12月まで、戦争のための動員ではなく、大統領が「民主主義の兵器庫」と呼んだものとして役立つことになった。その数か月以内に、政府支出は急増し、失業は急減した。１９４０年7月にケインズ案に関するニューリパブリックの記事の中で、ケインズは、「戦時を除いて、資本主義的民主主義の下では、私の案を証明するような壮大な実験を行うのに必要な規模の支出を計画することは政治的に不可能であると思われる」[45]という味のあるコメントを寄せている。

チェンバレンからチャーチルへの主要な政権の移動が、ケインズにイギリス政府への扉を開いた。1940年8月、ケインズは大蔵省に部屋を与えられた。彼はキングスカレッジの学長に、「私は、一種のよろず相談承り役であるとともに、各種の専門委員会の委員であり、いかなる問題であろうと、各種の場で発言したことが受け入れられています」[46]と説明している。その発言のほとんどは実務上の指示であった。財政政策を必要とする国内の戦費調達は、雇用問題を伴うものであったし、社会政策も必要とした。また、外国為替の問題を伴う対外的な戦費調達は、貿易政策、大英帝国内の特恵関税、さらには、とりわけ英米関係の改善を必要とするものであった。

大蔵省は、まもなく、この威信のあるこれまでにないユニークな新メンバーなしには、どの問題にもほとんど対応できないことに気づくことになる。1941年1月からケインズは、正式に大蔵大臣の経済顧問になった。その8か月後、イングランド銀行の理事に任命されている。かくして、以前、当局にとって悩みの種であり、大蔵省の慎重さやイングランド銀行の怠慢をあざけっていた男が、いまや大蔵省の内部に身を置くことになった。再び、イギリスが本当にケインズを必要としているときに、幸運にもウィンストン・チャーチルの出番が重なったことは、まことに歓迎すべきものであった。

かくして、ケインズは優秀な経済学者としてだけでなく、政府のアドバイザーとしてきわめて大きな社会的評価を得ることになった。彼はテート・ギャラリーの理事を断り、ナショナル・ギャラリーの理事になった。また、音楽・芸術奨励協会の会長にもなった。この協会は後にケインズの積極的な指導のもとに芸術協会に衣替えしている。1942年6月に、ケインズは爵位を得て、ティルトンのロード・ケインズ〔ロードは、爵位や上院議員を表す尊称〕として上院議員になっている。これは多くの人を喜ばせたが、古くからのブルームズベリーの友人が揃って歓迎したわけではない。そこには妬みもあった。夫婦でチャールストンに出かけたとき、リディアが「何てことでしょう。私たちは笑い者になってるわ(47)」と大きな声をあげたことがある。

かくして、大蔵省や政府との長きにわたる確執も収束に向かった。どちらが取り込み、どちらが取り込まれたのか。ケインズが過去10年から15年にわたって対立してきた大蔵省で最も手ごわい相手であったリチャード・ホプキンズ卿は、ケインズとともに仕事をすることを受け入れた。そこでは、お互いの慎重な信頼が真に思いやりのある尊敬を育んでいった。ケインズは実務における行政上の制約をより深く認識していたし、ホプキンズは、彼がこれまでのキャリアで培った伝統的な信念を変えることに前向きになったのである。その意味でお互いに相手から学ぶことになった。さらに、ケインズは自由党を非難することをやめ、自由党員として上院議員となった。彼は大蔵省では、そこにおいて果たすべき自分の責任と、彼が信じる主張を推し進めたいという気持を斟酌しながら控えめに語った。彼が語るときはいつでも、その影響は大きかった。当時の彼の個人的な影響力は絶頂に達していた。

ケインズは確かなところ1941年までに、彼の雄弁をもってイギリスの窮状を訴え、援助を仰ぐためにワシントンDCに送りこまれている。それ以前に何度かアメリカを訪問したこともあって、ケインズはアメリカ人と太いパイプを持つ役に立つ人物とみられていた。彼の最初の訪問は、第一次大戦中に大蔵省の代表としてのものであった。ケインズは1931年にはリディアを同伴しているが、1934年にはリディアを同伴せずに訪米し、ルーズベルト大領領と初めて会見している。1941年まで、戦時下に飛行艇で遠回りして出かけるときには、ケインズは必ずリディアを同伴していた。最後には彼らはアメリカに3か月間滞在した。夫婦が一緒に出掛けた旅行は5回あった。1943年には貿易会議に、1944年には2回、一度目はブレトンウッズの国際通貨会議に、もう一度は武器貸与法の会議に出かけた。1945年には戦後賠償協議に、そして最後は1946年初めに、世界銀行と国際通貨基金の発会式に出かけた。それは疲労困憊した人が出かけられる旅行ではなかった。

アメリカではケインズ夫妻は元気であったが、戦争による飢餓に直面するイギリスの窮乏もあって、質素を旨としていた。夫妻は、三度の機会に、イギリス旅客船隊の誇りを胸に、ドイツのUボートより速いといわれる「クイーン・メアリー」号で颯爽と船出した。1943年のアメリカ訪問では、その派遣団の正式な代表は外務大臣のリチャード・ロウであった。経済学者のジェームズ・ミードはニューヨークでイギリス一行の最前列で「クイーン・メアリー」から下船するケインズ卿夫妻のことを鮮明に記憶している。夫妻は待ち構えるカメラマンのフラッシュを浴びて歓迎を受けた。一方、外務大臣は後ろで控えめに肩をすくめていた。ワシントンDCまでの特別列車の中で、「夫妻は現代絵画について造詣の深い議論を交わしていた。『くるみ割り人形』を声を限りに歌い、踊るリディアによって旅行全体が和やかな雰囲気に包まれたものになった。」ミードがそれを日記に書いている。「われわれは誰にも気づかれずにワシントンに入るように命じられたが、ケインズ一行がいる限り、そのようなわけにはいかなかった。」(48)

こうした動きから、どのくらい多くのアメリカ人が、典型的なイギリス人の行動と気質について純粋な印象を抱くかどうかは知るよしもない。リディアは、お気に入りの品を選ぶまで買い物を続けた。彼女がホテルに戻り、お目当ての品を披露すると、ケインズは仲間との議論を中断し、彼女の素晴らしい買い物をうれしそうに褒め称えた。その買い物の多くはイギリスの友人への贈り物であった。買い物に必要な外貨はすべて使い尽くされたので、もしケインズが健康でなかったなら、彼女は自分で稼ぐことになったであろう。

無理な要求がケインズの健康に予想外の影響を与えることになった。時には、直面する難問に気力を奮い立たせることもあったが、時として、舌鋒鋭く限りなく多弁なアメリカ人との長時間の会議による体力の消耗が限界に達することもあった。交渉に駆り出された法律専門家の数は半端でなく、それがケインズを当惑させた。ケインズは、メイフラワー号の乗客の大半は法律家かもしれないと思うほどであった。とくに、ケインズは難解な法律用語に辟易《へきえき》していた。アメリカはビジネスを法律用語で包むことが得意なように見えた。それは「チェロキー」と呼ばれていた。明らかに、これはとくに駆け引きがうまいとか、政治的に正しいというものでもなかったが、当時、人々は変わった言い方をしたものである。ケインズがワシントンから本国に報告するとき、「若いアメリカの文官や顧問たちが、きわめて有能で精力的（ちょっと出しゃばりすぎるが、とても剛毅なユダヤ人タイプ）であることに感銘を受けた」(49)と言ったのは、明らかにお世辞の意味を込めてのことであった。ケインズは、多くのユダヤ人の友人や同僚が差別的扱いをされたり、外国人として抑留状態にある場合には、そこから救出するためにも精力的な活動をしている。ケインズの中にいろいろな側面があった。

かくして、ケインズはアメリカ人との交渉役として適任でもあったし、不適格でもあった。彼は武器貸与法に関して概要を了解していた。つまり、1941年までにイギリスの資金の準備が底をついたとき、いかに戦争を持ちこたえるかという問題をルーズベルトが解決できるかという単純なものであった。しかし、この単純な問題の根は、深く、計り知れないものであった。正式な契約の形式に当てはめてみると、その協定は単純明快で別の解釈ができない工夫が凝らしてあった。イギリスとアメリカは言語は共通だが、実際には別々の国である。両国はまた、戦争目的が異なっていた。とくに、この戦争は、イギリスにとってはチャーチルが「大英帝国の崩壊」(50)と呼んだものを避けるための戦争であった。また、両国は政治的伝統も異にしていた。ケインズ自身は最初、その伝統を誤解していた。その後、違いに気づき、イギリス政府に伝えようとしたが無駄であった。こうしたイギリスとアメリカの慣行の違いは、両国に対するケインズ自身の経済学的考え方の対照的な受容と応用に甚大な影響を持つことになった。これについては、本書のエピローグで触れる。

ケインズが育てられてきたイギリスの政治体制は、中央政権体制の執行部からなる体制であった。安定した議会の多数派に支持されている限り、大臣の同意さえ取り付ければ、何でも受け入れられた。役人もそのことを承知していた。実際にも、大蔵省はこの制度に歩調を合わせていた。そこでは、前もって配布された文書に対して注意深い準備がなされれば、その後、職位の高低にかかわらず、イギリスのすべての役人に政策として認められた。ケインズはしばしば、イギリス政府が彼に対して一致団結して対応するやり方を嫌悪していた。しかし、大蔵省という運転席に座る限り、彼はそれを大事にせざるを得なかった。これらはゲームのルールであるので、ケインズもそれを学び、上手に、しかも本気でやらなければならなかった。

しかしながら、ケインズがワシントンで見たものは、本当のところ別のものであった。アメリカ式のやり方がどこにもみられたが、そこでは各政府機関が互いに競争しており、一致協力することを拒否していた。風向きが変わると、イギリスと言葉のうえで理解し合えていたことが、結果として否認されることもありえた。米国連邦議会で議論されるものは、いずれにしても気まぐれなものであることを前提にせざるを得なかった。ケインズもまたそれを巧みに利用しようとしていたので、彼がこうした仕事のやり方に絶望していたというわけではない。

結果はイギリスにとって曖昧なものであった。国際的な交渉に関するいくつかの重要事項において、参加人数や資金の点で劣っているにもかかわらず、イギリスは事前のスタッフによる作業によってアメリカよりも十分な準備を始めていた（それに匹敵するのはカナダくらいであった）。これは、一見したところアメリカより有利にみえた。というのは、アメリカは自分たちの意に沿った返答づくりを間に合わせるために緊急で作業することが多かったからである。しかし、それもまたイギリスにとって不利となった。こうした姑息なやり方では、両国間に不利が生じ、イギリスは不当な利益を受けることになると見られたからである。さらに、すべてのことがアメリカの新聞で報道されることになるが、その報道には、単純で正直なアメリカ人が、賢く狡猾なイギリス人に騙されるという固定観念が付いて回った。イギリス人の中でも、ケインズ卿の名は飛びぬけて目立った。

ここにはとてつもない感情の交錯があった。イギリスとアメリカの間の利害とイデオロギーの衝突は、方法論と性格の衝突によって一層ひどくなっていた。さらに、要はつねにアメリカの圧倒的な力の優位にあった。アメリカは、ケインズの明晰な頭脳もってしてもかなわないほどの力を交渉団に与えていた。１９４４年のブレトンウッズ国際会議においてそれは頂点に達した。長引く交渉において、ケインズは影響力をもつアメリカ財務省の高官、ハリー・デクスター・ホワイトと対峙することになった。今日、彼はソ連に情報を流していたことが知られている。ケインズの二人の若き同僚で、傑出した経済学者であるライオネル・ロビンズとジェームス・ミードのどちらも日記を残している。その日記は、ケインズがどこまで持ちこたえるかについて、ケインズへの賞賛と懸念が入り混じったものであった。衆目の認めるように、ホワイトは解釈の問題を超えて、この芝居がかった同盟において自分の立場を完全に保ち続けることができた。「これには我慢できない」とケインズは大声をあげた。「もう一つのタルムード〔律法〕があるようだ。交渉は打ち切った方がよい。」それに対して、ホワイトは、「われわれは女王陛下にご納得いただけるものを作りあげようとしているのです」と答えた。ミード(51)は彼にとってのヒーローであるケインズのことを、「あの人は、国際関係については一家言ある」と悲哀の気持ちを込めて書いている。

だが、ブレトンウッズ協定を取りまとめるためにホワイトと必要な取引をしたのは、ほかならぬケインズであった。1943年、戦後の国際通貨制度のための新ケインズ案が公表された。それは古き悪しき時代の金本位制からの脱皮を約束するものであった。ケインズは、1940年末以来、清算同盟に関する彼のアイデアを練ってきた。それは最初、ヒトラーの「新秩序」に対抗するものであった。この種の代案を突きつけられても、それに代えて、ケインズは自由貿易体制を復活させようとするために、急いで英米の協力を当てにする必要はほとんどなかった。

ケインズの気持ちが変わったのは、ルーズベルト政権下でアメリカ人の態度が変わったからであった。1929年代後半、『貨幣改革論』の草稿を纏めているとき、「自由放任主義が、アメリカ人がやることはなんでも認められるという形で捉えられる場合には、アメリカ人を称賛したいのはやまやまだが、多少懸念せざるを得ない(52)」と書いている。しかし、このときは、金本位制の時代であり、イギリスが金本位制を放棄したのは1931年であった。そして、ルーズベルトが金本位制に対する反対を表明したのは1933年であった。完全雇用を損なうよりむしろそれを促進する線に沿って国際通貨体制を創設する際に、英米の協力を図ることができる十分な余地があった。しかし、これは新たな国際貿易体制も一緒にアメリカに受け入れられる場合だけであった。

1930年代に採用された保護主義者の政策手段は全体として自滅的だったことがわかっている。かくして、ケインズは、再び自由貿易の長所を再発見した。おそらく、公平な自由貿易が戦後の世界をいかに築くことができるかを見通していたということである。原則的には、貿易問題と通貨問題は分離できるが、実際問題としては、アメリカ側の主張により分離は不可能であった。アメリカを苛立たせたのは、関税そのものではなく、貿易相手国によって差別される関税に対してであった。関税自体はアメリカも長年にわたって課してきた。要するに、1932年以来、大英帝国と英連邦のメンバーに適用されてきた特恵関税に対してであった。

イギリスは、アメリカが自らの関税は維持する一方で、大英帝国の特恵関税の廃止を望むということがいかに偽善的であるかを明瞭に見てとっていた。一方、アメリカも、イギリスが特恵関税にしがみつく一方で、自由貿易への動きを推奨する偽善性に気付いていた。こうした対立は、通貨制度の改革には障害となった。

ケインズ案の特徴は、大胆さにあった。ケインズは、通貨を金に結びつけるというよりむしろ、新たな国際的交換手段の創出を望んでいた。ケインズが付けた「バンコール」という名前は、フランスでよく使われる、「バンク・ゴールド」を文字通りもじったものである。それは、国際取引を円滑にするためにそれ自体を貴金属と代替できるものである。意思の力によって無から生み出されたバンコールは、どれだけ必要とされても金のように供給が不足することは決してなく、実際に、貿易決済の資金のための当座貸越の便宜を各国に与えることができる。それは必要な国際流動性を供給するためである。かくして、金本位制特有のデフレ圧力を回避することによって完全雇用を維持しうるということである。

このケインズ案は名案であった。ホワイトでさえ、個人的にケインズ案を評価していた。しかし、同時に公表されたホワイト案に軍配があがることになった。というのは、ホワイト案は古き良き時代の銀行主義に合致しており、大衆の感情にも合う現実的な代替案であったために、アメリカ人の全面的な支持を得たからであった。アイオワの新聞が、その顚末をみていた。「もしわれわれがケインズ案を鵜呑みにするほどのお人よしであるなら、われわれは戦争で残ったすべてのものをだまし取られてしまうだろう。また、だまし取られて当然であろう。」[53]

ゆえに、ケインズに妥協が求められ、ケインズは妥協した。問題は、貿易とそれを決済するための通貨の流れの両方を含む新たな国際的仕組みを創設することであった。単に、提示するものがなんであったとしても、またそれをケインズが正当に評価したとしても、アメリカ政府だけでなくアメリカの世論の支持も必要であった。1944年のブレトンウッズ国際会議の時までに、ケインズはすべての影響力を行使して、金本位制を放棄した改正ホワイト案を支持し、米ドルに対してペッグ［連動］された、固定ではあるが調整可能な為替レートに基づいた金融制度の番人である国際通貨基金（ＩＭＦ）を創設した。世界銀行と呼ばれる類似の機関も設立され、経済発展に責任を負うことになった。かくして、国際通貨基金は実際には銀行であるが、世界銀行は実際には基金であるという批判から逃れることはできなかった。これはすべて1944年7月のブレトンウッズでの国際会議の合意であった。

その後の、さらなる英米の交渉の最終協議にはケインズも参加した。「メイナードの活躍は全く素晴らしいものであった」とイギリスの高官は報告している。さらに、「ケインズがアメリカに与えた影響は、彼が参加したどの交渉においても、その交渉を進めるのに大いに役立っている。たとえば、ホワイトを取り上げると、彼は気難しい人であったが、ケインズに会うと花のように心を開いた。ケインズは、日常の時よりも交渉の時の方がより魅力的で、振る舞いが全く違っていた」(54)と報告書に付記している。チャーチルのように、ケインズは英語を話す人々の間に親密な関係を育む特別な才能に恵まれていた。チャーチルのように、イギリスの国益に関しては美辞麗句を用いて巧みにアピールした。さらにまたこれも、チャーチルのように、戦後の英米関係におけるイギリスの役割を大袈裟に強調する際には、彼自身の主張の一部は抑え込んでいたように思われる。

世界銀行と国際通貨基金の創設の式典は、1946年3月、ジョージア州サバナで開催された。その時まで、ケインズは二つの制度のイギリス代表に任命されていたので、式典への出席を楽しみにしていたが、実際の式典は期待されたようなものではなかった。アメリカが二つの機関を国連のあるニューヨークではなく、首都のワシントンに置くと主張したこともケインズにとっては承服しがたいものであった。しかしながら、いつものように、善良な妖精たちが説得してくれることを期待して、事態を乗り切ろうとした。

こうして、バンコールは歴史の中に消え去った。バンコールは、ジョン・メイナード・ケインズの多忙な精神活動から生み出された、現実の社会状況の下では実行不可能な名案のひとつに過ぎないとして片づけられてしまうおそれがあった。結果として、ブレトンウッズ体制は、実際、4半世紀の間米ドルの支配下にあった。1971年のニクソン大統領による金とドルの交換停止にもかかわらず、米ドルはブレトンウッズ体制を存続させていた。かくして、現実には、ドルは国際準備通貨として最高の地位に君臨すべしということであった。それはIMFとそれを効果的に支える「特別引出権」（SDR）と結びついていた。だが、2009年3月に、中国の中央銀行総裁が、現在のアメリカが抱える実情の中で、中国の権威を笠に着て、SDRの役割を新たな国際準備通貨にまで拡張することによってSDRがドルにとって代わるべきだとIMFに提案している。そうする際に、先人に対しそれにふさわしい敬意を払いながら、彼はケインズに対する恩義に感謝している(55)。

1945年、ケインズは最後となる困難な英米交渉に耐えた。彼は第二次世界大戦終結の2週間前にワシントンに派遣された。例のごとく、イギリスの資金援助要請であった。今度は、イギリスが無一文になってしまったために、アメリカにはどうにかしてイギリスをこの苦境から救い出す責任があるという筋立てであった。誰がこうした考えを思いついたのであろうか。そして、誰がアメリカにこの線に沿って協力するように説得できたであろうか。

もちろん、どちらもケインズ卿以外には考えられない。武器供与が終わるやいなや、イギリスは深刻な金融危機に見舞われるとケインズは予測していた。なぜなら、武器貸与は、連合国の戦争行為に対するイギリスの軍事貢献を最大にするために、無償でのアメリカの武器生産がイギリスの生産に取って代わることによって、イギリスの経済構造を歪めてしまったからである。もちろん、武器貸与はアメリカ側からすれば寛大な措置であったが、それはアメリカの産業活動が活発であったのでそうする余裕があったのと、連合国の戦争を支援するためであった。

いずれにしても、それは戦争が続く間、ケインジアンのいう相乗効果についてのわかりやすいモデルであった。戦争は1945年8月に日本に原爆が投下され、突然終わった。わかりきったことだが、アメリカ政府は武器貸与を一挙に中止した。イギリス政府にしてみれば、英国経済が即座に平時の状態に戻れないことはわかっていた。ケインズが以前に大蔵省に警告していたことは、その間にアメリカと協定を結ぶことができないと、イギリスの経済情況は「抜き差しならない(56)」ことになるということであった。

まさにその通りであった。ケインズは9月初旬にワシントンに到着したとき、「これまでにない最も困難な任務[57]」に直面することになると気づいていた。優雅で貴族的なイギリス大使であるハリファックス卿の援護を受けて、ケインズはほぼ3か月続いた交渉に入ることになった。ケインズは、イギリスの新労働党政府に楽観的な見方を抱かせてしまったが、それは彼が意図した以上のものになったと思われる。外務大臣アーネスト・ベヴィンは、「私は、ケインズ卿の話に耳を傾けるとき、ポケットの中でコインが鳴っているのが聞こえる思いがします。ただ、本当にコインがあるかどうかはわかりません[58]」と述べている。ケインズはアメリカ人に納得してもらうために、そして自分自身を納得させるためにも、「公正」を頼みにした。それは、善良なアメリカ人なら、まず拒否するとは思われないものであった。常識的には、戦いの費用は等しく負担するというのが、「公正」が求めているものである。そのコストとは、アメリカが参戦する2年前までに生じたイギリスの孤立的な破綻であった。そこで、ケインズの真の提案は、過去にさかのぼって、武器貸与によって生み出された、たなぼた的利益は、事実上、イギリスのものであるということであった。ロンドンでは、ほぼみんなが容易にケインズに同意した。

ワシントンではそうではなかった。米ドルによって相当長い期間支援されてきたイギリスが、アメリカがパールハーバーまで参戦しなかったのは怠慢であったことを暗にほのめかすことで、より多くの援助を引き出そうとするのは乱暴であった。ケインズは、一連の交渉を通じてイギリスとアメリカの隔たりを学んだ。いつものように、ケインズは呑み込みが早かった。彼は、ロンドンに戻り、最近までアメリカを納得させてきた経済援助を求めることは無理そうだということを英国政府に伝えた。結局、イギリスは当初求めた額より少ない借款という形で解決せざるを得なくなり、もちろん、利子も負担せざるを得なかった。利子はアメリカから見ると途方もなく低く設定されていたが、利子を要求されたという事実は、イギリスから見れば屈辱であった。

ケインズの聡明さをもってしても、こうした現実を変えることはできなかった。その時代から残っている、へたな詩が書かれている紙片が見つかった。それは、いずれ劣らぬ傲慢なアメリカ人と高慢なイギリス人への風刺と受け取れる、まことしやかな姿が捉えられている。(59)

ワシントンで、ハリファックス卿が

ある時、ケインズ卿にささやいた。

「彼らが金をもっているのは、確かです。

しかし、われわれはみな知恵をもっています。」

ケインズは、戦後のドル借款が不可欠になるとみていた。それは、武器貸与によって外国の協力で維持された戦時統制経済から自由な国際貿易と通貨制度のもとで実行可能な経済への整然とした移行を実現するイギリスの能力を支えるものであった。これは、もちろんブレトンウッズのビジョンであり、それを提案するときにケインズは際立った役割を果たしている。いったん完全雇用の維持が望ましい目標としてこの計画案に組み込まれると、ケインズの自由貿易に対する異論も和らいだ。資本移動については、ケインズは心配していなかった。

ワシントンとは風土の異なるロンドンに戻ってくると、ケインズは不可能なことを企てようとした。ブレトンウッズ協定の批准期限は1945年12月31日であった。イギリス議会は、まずはどうしても借款条件を受け入れなければならなかった。もし借款が受け入れられれば、自由な国際貿易協定であるブレトンウッズ体制に参加できる。受け入れには二つの選択肢があったが、どちらもイデオロギー的には反論を招きそうであった。しかし、左派の計画経済も右派の帝国主義的保護貿易も、どちらもケインズに訴えるものはなかった。そこで、アメリカの条件を唯一の現実的な条件として黙認せざるを得なかった。ただし、下院の承諾が必要であったので、かなり厄介な聴衆に対して注意深く演説したが、これは彼の生涯で最も重要な演説のひとつとなった。

ケインズが直面していた説得上の大きな問題は、一部はケインズ自身が原因であった。ケインズは「公正」という表現を前面に押し出して、それを伝える機会があればはっきり発言してきた。また、敗北主義者としての退却の選択を消去してきた。だが、彼はいまやイギリス下院が署名する必要があるというケインズの筋書きに沿って進むことなどお呼びでないという同胞を説得しなければならなかった。「私はアメリカの見解を認めます」というケインズの演説の主旨は、彼が3か月間にわたり明け暮れた論争の梗概をはっきりと提示するということであった。より重要な点は、借款は目的に対する手段であったということである。それはイギリスの繁栄のための適切な手段としての国際貿易への希望の復活であった。1930年代の保護貿易主義は、当時は不可避に見えたが、結果としては不毛な政策であった。ケインズは、ずっと前に古典的な独断的自由貿易主義者であることをやめていた。しかし、依然として、修正された市場体制への信頼は揺るぎないものであった。彼は、「アダム・スミスの知恵を否定するのではなく、実行することで、現代の経験と分析から学んできたものを生かす試み(60)」に賛同した。

下院はすでに345対98で借款を認めていた。また、ブレトンウッズ協定については314対50で承認された。ウィンストン・チャーチルは、保守党のほとんどに棄権させた。これによって、選挙で選ばれた議員の反対を封じ込めた。しかし、保守党の規律は弱体化しており、上院の保守党議員からの謀反が予想された。しかしながら、結局、多くの棄権者がいたので、借款は90対8で承認された。ケインズの調停は、誰が見てもうまくいくと思われていた。それは、上院におけるケインズの最後の演説となった。

ケインズは、業務を開始したブレトンウッズ機構を視察するために、1946年3月下旬にサバナへ行く決意を固めた。しかし、イギリスに戻る途中で、心臓病が再発するおそれがあった。彼はイースターの休暇を過ごすために、ティルトンに向かった。彼はその週に、ファール・ビーコンを経由する軍事道路に2回車で連れていってもらった。この丘は、サウス・ダウンズの最も高いところにあり、およそ700フィート（210メートル）のところであった。しかも石灰岩の絶壁であるために、標高はもっと高いように見えた。天気に恵まれたイースターの日には、頂上から見晴らしのよい景観が得られる。今は農地になっているが、何百年も前には鬱蒼とした森で覆われていたティルトンやチャールストンを超えて、はるか下のサセックス・ウィールドまで見渡すことができる。時間を遡《さかのぼ》ってみると、古代の住居あとを示す考古学的な遺跡があることからもわかるように、ダウンズの頂上は安全な避難所であった。お金に関する考え方は、いまのわれわれと全く異なる人々が住んでいたであろうが、ケインズの『貨幣論』には、次のような警句が示されている。「貨幣は文明にとって不可欠な幾つかの要素と同様に、われわれが数年ばかり前までそのように教えられて信じていたものよりも、はるかに古い制度である。」(61)

メイナードは、1946年4月20日土曜日にファール・ビーコンの頂上に三度目のドライブに来た。先に80代の母親を車で送り届けたあと、リディアと自宅まで歩く元気があり、自宅に戻り気持ちよさそうに横たわった。しかし、翌朝、イースターの日曜日、メイナードは強い心臓発作に見舞われた。メイナードが亡くなったとき、そばにリディアとフローレンス・ケインズがいた。父親は97歳まで生き、母親は96歳、弟は95歳、そしてリディアは88歳まで生きた。だから、メイナード・ケインズは1960年代か1970年代まで長生きし、自分の仕事に専念し続けるものと、誰もが期待していた。けれども、メイナードは63歳の誕生日に数週間足りない期間で亡くなってしまった。その生涯で、メイナードの言う唯一の心残りは、シャンパンを十分に飲まなかったということである。

第3章

「長期では、われわれはみな死んでしまう」

経済政策の再考察

ケインズは、生涯を通じて活動の範囲を限定することがなかった。活動的であるという点では一貫しており、本を書いたり、バレエを鑑賞したり、数学から倫理学までやり、知的思索から金融の類まで手を伸ばし、洗練された経済理論から現実の政策まで扱い、また理論に戻るといったことを、時として尋常でない、目もくらむばかりの速さでやってのけた。彼が経済学者として名声を勝ち得たということも、彼の着想がいつまでも重要性を失うことがないということも明らかである。しかし、ケインズの考え方は、それに「ケインズ主義」というレッテルを貼って、単純な公式、とりわけ数学を用いた公式に還元されるべきではない。一例をあげると、ケインズは学問上有意な結果を求めて、しばしば考え方を変えている。ただし、それは彼が後から得た着想の方がその間に捨て去ったものよりも優れているとみなしていたからこそであると考えるのが妥当であろう。

こうした条件付けはさておき、経済問題に対するケインズのアプローチに言及することは意味があろう。少なくとも、1924年以来、経済に関するケインズの見方は政策面に関してはある程度の一貫性を示している。ケインズが経済理論に対するより根本的な着想を得ていたのは1932年の早い時期であった。それゆえ、本書の3章と4章で当時の正統派を再考察する際に、その過程を二段階に分け、最初にケインズの経済政策に焦点を当て、次にケインズ理論に焦点を当てるやり方は妥当であろう。

歴史的経緯として、ケインズ主義やケインジアンが登場する前に、その時代を知悉《ちしつ》するケインズがいたのである。ケインズの伝記作家でもあるハロッドは、１９４５年12月に上院で行なったケインズの衆目を集めた最後の演説に対して、「その演説は確かにすばらしいものであり、洞察力ある分析、機転および聡明さが組み合わさったものであった」とコメントしながら、「しかし、ケインズはおよそ27年間にわたり自国の安寧に関する重大な事柄について同じスタイルで語り続けてきたのに、なぜこれまで長い間、彼の言葉はこの上院での演説と同じ敬意をもって傾聴されなかったのであろうか(1)」ともっともな疑問を呈している。

ハロッドの疑問は、本書の３章と４章で扱うことになる別の問題を惹起する。ケインズ自身は、生涯において演説のような内容をどのくらいきちんと論じたのであろうか。彼が印刷物で伝えたものだけでなく、同時代の人たちに個人的にどのくらいの影響を与えたかということを、どの程度まで再確認できるであろうか。このことは、それが正しいにせよ、誤っているにせよ、ケインズが次第に影響力を及ぼすことに成功した人々に対してその当時どのくらいの説得力があったかを理解するのに役立つであろう。同じく重要なことであるが、それが正しいにせよ、誤っているにせよ、彼自身、あるいは彼の提案に賛成できなかった人々にどのくらい説得力がないと思われたかを理解するのに役立つであろう。われわれは、ケインズの主張がどの程度まで当時の状況に特有なものであり、またどの程度まで現代にも当てはまるのかを考えてみようと思う。

ケインズの友人や同僚の多くは、彼ら自身が著名な人々であった。しかしながら、各人の分野では高名であった彼らが皆、ケインズの議論や、説得力に人並みはずれた力を認めていた。「私は、彼と議論したときに、そうと知りつつ論破される危険を冒していると感じたし、自分が愚かだと感じることなしにその場を凌いだことはめったになかった。(2)」これは、知性豊かで、論客として知られた哲学者であるバートランド・ラッセルが書いたものである。彼はケインズより11歳年上であった。同じような畏敬の念が、ケインズより15歳若い、次世代の研究者であるライオネル・ロビンズによって伝えられている。ロビンズは、戦前にはケインズと激しく議論していたが、戦時中には同僚として緊密な仲になっている。ロビンズは日記の中で、ブレトンウッズ会議における英米合同部門でのケインズの演説に関して有名な人物寸評を残している。

「そのとき、私はしばしば自分が、ケインズはこれまで存在した人のなかで最もすぐれた者の一人であるに違いないと思っていることに気づいた。すばやい論理展開、直感的洞察力をもった鳥のようなすばやい攻撃、生き生きとした空想力、幅広い視野、とりわけ的確な表現に関する比類なきセンス、そうしたものを組み合わせて、普通の人が達成することのできる限度を超えて幾つかの仕事をこなしている、等々。彼は、生活も言葉も正統派のスタイルを通していることは事実であるが、そのスタイルは、純粋に天才と呼ぶことのできるユニークで不可思議な性質をもつ、伝統的でない何かに満ち溢れている。アメリカ人たちは、神のような訪問者が歌っているかのようにうっとりとして着席していた。(3)」

このような魔術は強い影響力をもつが、短命である。かけられた魔法は長続きはしないであろう。とくに、魔術をかけた当人が亡くなると長持ちはしない。ケインズの影響力のどのくらいが彼自身のカリスマ的な力によるものであろうか。彼自身の死が、彼があとに残したアイデアの影響をどのくらい減退させると予想されるであろうか。別の見方をすると、ケインズのアイデアの影響力は、なぜ彼の死後60年以上も生き生きとして生き残っているのであろうか。

答えを見つける場所はたくさんある。しかし、ある一つの資料が真実に迫るうえできわめて有力である。それは年代的に限定された範囲であるにもかかわらず、とくに綿密な調査に報いるものである。というのは、われわれは幸運にも、ケインズが経済危機のときでさえ専門外ではあるが、インテリの聴衆に彼の現行のアイデアを解説しているほぼそのままの記録を手にすることができるからである。これができたのは、１９２９年の秋に、少数派の労働党内閣によって金融・産業に関する報告を行なうために政府の委員会が立ち上げられたことによる。そこでは、政府の速記者が12か月以上にもわたって進行する過程のすべての発言を記録していた。これによって、われわれは、１９２０年代に遡《さかのぼ》り、さらに１９３０年代の将来を見据えた奥の深い問題に関して、ケインズが分析の妥当性について他の人を説得しようとする際の彼の動作、活動、および真剣さといった側面を捉えることができる。この記録は、経済政策についてのケインズの思考の過程をより幅広く顕わにするので、この比類ない十分に裏付けのあるエピソードを長々と論じることも許されるであろう。

１９２９年にイギリスが抱えていた経済問題は，ウォール街における株価の大暴落によりアメリカと同様な状況であるとともに，それによってさらに悪化することになった。そうした中でも，10月は最も悲惨だったと思われる。アメリカの共和党大統領フーバーが，「商品の生産・流通といった国家の根本的な経済活動は健全であり，順調な基盤の上にある」(4)と言明することを促されたとき，実は，危機は取り返しのつかない状態にあった。

これは，判事であるマクミラン卿を議長とするイギリスにおける金融産業委員会の設置と関連していた。後に大蔵大臣は，その委員会が立ち上げられたのは「主として，ケインズ氏の提案によって世論に影響を与えるためであり」，大蔵省は，もしマクミラン委員会に「ケインズ学派の経済学者を一人」入れねばならないとしたら，このただ一人の，象徴的で，どこにも属さず，中央にも居ず，異端であるメンバーのケインズ自身でもよかろう，というような成り行きに迫られて同意したと説明している(5)。

毎日の一行ごとの記録が示すように，「当局」の心配をよそに，ケインズは委員会の議題を引き受けることにすばやく成功した。ケインズがメンバーの中に二人の力強い味方を見つけたことは重要であった。一人は，アスキス政権の下での前大蔵大臣であり，当時はイギリスの最も大きな都市銀行であるミッドランド銀行の頭取として，正統派の立場に立ちイングランド銀行に対してかねてより批判的であったレジナルド・マッケナである。もう一人は、恰幅のよいアーネスト・ベヴィンであった。彼は自他共に認めるイギリス最大の労働組合のボスであり、新たな事態にも十分責任ある対応を果たしうる人物であった。彼は独学の人であり、生来の自信と直観的常識をもって経済学をマスターし始めたし、後には、外務大臣として国際問題も身につけるようになっていた。ケインズはそれぞれの異なった経験に敬意を払いながら、ケインズの旧来の後援者であるマッケナと新たな同調者であるベヴィンの両者によって俎上に載せられたお互いの生産的な関係を享受した。

ケインズは、準備なしでこのテーブルに着くことはなかった。彼は数年間にわたって公にしてきた彼のアイデアを守るための戦いに臨んだ。これらのアイデアは、「大きな繁栄へと導くような刺激策」[6]を用いることによって、第一次大戦後の高水準にある失業に取り組むための提案という形をとっていた。正確には、1929年5月の総選挙において、ケインズとヒューバート・ヘンダーソンが書いた「ロイド・ジョージはそれをなしうるか」というパンフレットに示したプランが中心であった。彼らは、1億ポンドの公債支出によって50万人分の雇用を作り出すことでイギリスの失業（当時の失業は114万人であった）を削減することを目的とした。こうした数字を眺めてみると、当時の政府予算の規模は、およそ8億ポンドであったが、今の数値に換算してみると、国内総生産（GDP）の20%である。公式の統計はなかったが、ケインズが正しく予想したように1億ポンドは国民所得（それはほぼGDPに相応している）のおよそ2・5％であった。これは、2009年において極めて多くのG20諸国で意図されたような、GDPの1～2％の範囲における裁量的財政刺激策に匹敵するものである。なかでも、比率が高いのはアメリカで、カナダやドイツは平均を上回っているが、イギリスは平均以下である(7)。

ケインズは、これを理想的な政策として提案したのではない。彼は社会主義者ではなかったし、統制経済も信用していなかった。彼は国家の介入を支持する教条主義的な思考を有してはいなかった。ケインズが受けた経済学の教育は、一般に、物事は市場の力の自由な働きによって調整されることが最も望ましいということであった。しかし、もし経済学の教科書が示すように、市場が失敗するならどうしたらよいのであろうか。こうした状況における最善の選択は何であろうか。正統派の答えは忍耐を示すことであったが、ケインズの答えは次善の策として支出を選択することであった。

ここに、ケインズの経済政策についての議論全体の骨子を示す一つの書物がある。その重要な本とは、かの『貨幣改革論』（1923年）である。そこからは敵対する批評家たちによって選り抜かれた引用がなされており、彼らは頻繁にケインズを引き合いに出している。この本は、イギリスが金本位制に復帰するかなり前に出版されている。同時に、それを書いていたケインズは、経済理論においてはマーシャルの忠実な継承者であり、自由貿易に関するあるべき姿の忠実な追従者であった。しかしながら、『貨幣改革論』が貨幣数量説を扱う段になっても、

「それが事実と合致することに疑問の余地はない」(8)として、数量説自体への全面的な賛同をやめなかった（それは、リディアをひどく悩ませていた）。その代わりに、ケインズは、経済循環における通貨量の変化は単に貨幣価格を変化させるだけなので、結局のところ消費量には何ら影響しないという学説の意味を探求する方向に向かった。ケインズは、「だが、この長期というのは、現在の諸問題に対する正しい指針ではない。長期では、われわれはみな死んでしまう。もし暴風雨の最中にあって、嵐が過ぎ去れば海は再び穏やかになるというだけなら、経済学者の仕事は簡単すぎるし、無用なものであろう」ときっぱりと自らの意見を言う前に、「さしあたり、『長期では』おそらくこれが正しいであろう」(9)と考えていた。

ヨーゼフ・シュンペーターは、彼の偉大なライバルであるケインズのこの警句に記憶に残るコメントを寄せている。「彼は子供がいなかったし、人生に対する考え方も本質的に短期的であった。」(10)ここには、おそらく同性愛を嫌うという副次的話題が存在する。しかし、たとえその評言を単純な理解不足によるものとみなすとしても、明らかにケインズに対して人間的に不適切である。ケインズは自分の子供が欲しいと思っていたし、よい経済政策の基準として次世代の人たちに何が必要かを考えていた。シュンペーターには次第に不適切な物言いが多くなったのは確かである。今では、保守的な傾向を持つ経済学者としてのシュンペーターは、景気後退に直面したとき政府にはなすべき多くのことがあることを認めなかったということがわかる。彼は究極的に穏やかな「創造的破壊」の過程に信頼をおく方を選択したのであった。このシュンペーターの見方は、私たちの現代資本主義のダイナミックな動きについての理解を（見事に）特徴づけている。

しかしながら、ケインズ主義の立場から見れば、こうした静観はそれ自体無責任なことである。『確率論』の著者が思いを巡らせたのは、われわれの予測能力はあてにならず、意図せざる結果に見舞われることから免れることなどありえず、はるかな将来を見ることは必ずしも慎重さを欠くことにはならない、ということであった。こうした状況では、基本的には、われわれはより制御可能な比較的短期の活動を行うのが合理的であろう。しかし、基本の論点は、最善は時に善の敵となりうるのはもっともだ、ということである。

ケインズは、『貨幣改革論』と同じくらい早い時期に、「それゆえ、われわれが国家活動の領域に足を踏み入れた場合、すべてのことに対してその功罪を考えるべきだし、功罪のウエイト付けをすべきである」[11]として、基本となる考え方を主張していた。現実世界においては、われわれは次善の選択に直面することになる。そのすべてが理想からほど遠いものであろうが、そのいくつかは、誤った理論上の単純さによって現状のままに据え置かれるよりはましであろう。われわれの選択は、当然起こりうる誤りを伴うとしても、そのときにできうる最善のものであるべきである。かくして、実のない世界経済会議が開かれ、またニューディール政策が始まった1933年にケインズは、「結果がどうなるかはわからない。われわれは、われわれ全員と私は思うが、多くの誤りを犯している」[12]と書いている。これが、何かしようとすることの理由のすべてであり、何もしないことに対する言い訳ではない。

その際に、ケインズがイギリス「当局」に対する先導的な批評家として立ち現れたのは当然であろう。大蔵省とイングランド銀行は、結束してケインズが自由放任主義と呼んだものを支持していた。彼らは、非介入経済モデルを意図的に支持していた。まるで有名なギルバートとサリヴァンの［掟で禁じられている妖精と人間の結婚を成就させるために、すったもんだのあげくに、掟そのものを変えた］喜歌劇『アイオランシ』のようである上院と同じように、彼らはとくに何もしなかったが、実に見事にやってのけたのである。19世紀後半におけるグラッドストーン以来伝えられてきた大蔵省の教義は、「びくともしないシステム」、つまりロイド・ジョージのような日和見主義的政治家のすべてがより影響を受ける基本的な政治的誘惑から免れるシステムを保持することであった。大蔵省の役割は、国家の財源としての経済をうまく運営することではなく、国家の管理人として収支のバランスをとることであった。

それゆえ、均衡予算、自由貿易、金本位制という3つの連動する原理は、犯すことのできない神聖なものであった。それぞれの原理は、自動的に動きかつ自動的に調整するように意図されたシステムのもとで、政府の自発的な動きを制限していた。第一次世界大戦が、同時に財政を赤字に転落させ、関税のくさびという力のない目的を導入したが、問題となったのはその期間中にイギリスを金本位制から離脱させたということであった。したがって、当局の第一の目的は金本位制に復帰することであり、それは「正常」な状態に戻るというイギリスの見解であった。このことに関わって、共和党の大統領候補であるウォレン・ハーディングは1920年に過激な批評家を非難し、言葉だけの衒学者《げんがくしゃ》を攻撃した。

このすべてにおいて、大蔵省はイングランド銀行と協力し合って活動していた。総裁は1920年から1944年という類を見ない長い期間にわたってモンタギュー・ノーマンが務めた。彼はそっけなく、冷淡な人物であり、神経衰弱になったが、それでも銀行家の中の銀行家として神秘的であることで尊敬を集めていた。1924年から1929年まで大蔵大臣であったウィンストン・チャーチルの強固な本能が彼をして支配的な正統派に疑問を抱かせた。チャーチルは、「私はむしろ金融には大して満足できる状態にないが、産業は十分満足な状態にあるとみている」と唸るような声で吠えた。しかし、彼は当局を指導すべき基準について、大蔵省におけるケインズの古いライバルであったオットー・ニーマイヤーの手厳しいアドバイスには従わざるを得なかった。ニーマイヤーは「本当のアンチテーゼは、むしろ長期的視点と短期的視点の間にある」とし、「概して、銀行家は製造業者よりも長期的な見方をとっている」とチャーチルに語った。(13)

長期のもつ本来的に優れた点を強調したところで、ケインズは説得されるようにはみえなかった。さらに、ケインズはそこにある種のヴィクトリア朝風の忠誠とほとんど独善的ともいえる独りよがりの残滓《ざんさい》を見出したが、ブルームズベリー・グループはそれにかかわっているほど暇ではなかった。ケインズはすでに『貨幣改革論』の中で、「多くの保守的な銀行家は、財政上の問題に関する一般の議論を論理の領域から『道徳』の領域に移し、それ以上議論を続けないで、既得権益は一般的利益に優先するとする方が銀行家らしくもあるし、また思考の節約にもなると考える」(14)という彼自身の意見を示していた。しかし、彼が主張するように、ケインズ以外の当局者たちは結束してチャーチルに1925年を期して金本位制に復帰するべきであったと語っていた。「金本位制」は、「神から与えられたというよりも、より人間の世界のために発明された最もすぐれた『統治者』である」(15)とノーマンは自信たっぷりに主張した。

マクミラン委員会が1929年11月にその最初の証人としてイングランド銀行の総裁を招聘することによってその仕事を始めたのは当然のことであった。いかにもこのようなつらい立場のときらしく、ノーマンは病に伏してしまい、代理人を送って、4か月後まで本人は姿を見せなかった。その間に、この遅延がケインズにとって委員会に自分の意見を浸透させるチャンスであった。とくに、彼が自分の意見を説明した「民間人の証言」に関する一連の5つの小委員会でそのチャンスをつかんだ。彼は、事実上セミナーのように、いつものような自信をもってこれらの委員会を指揮した。

その際に、ケインズは入念に準備した。めぐり合わせの妙によって、彼は新しい本の論旨を説明することができた。結局、その本は1930年10月に『貨幣論』として出版されているが、全体で700ページを超えており、全二巻の形式であった。貨幣に関する純粋理論と応用理論の両方を扱っているが、それは彼の専門家としての資格を確立するために必要な大著であった。

シュンペーターは、読むことを待望していた研究の完成にお祝いの言葉を寄せた。しかし、マクミラン委員会のメンバーのうち、何人が賛意を表したのであろうか。ケインズは、それを出版する前の1930年2月に委員会のメンバーに「私は専門用語を用いて相当長いものを書き上げました(16)」と語っている。それは事実上、『貨幣論』の初心者に向けた案内版という体の話であった。

この本の考え方は、最後の方に加えられた次の一節から看取できる。そこでは、「世界の富の蓄積は、われわれが倹約と呼んでいるもの、すなわち個人の消費による直接的な享楽の自発的な禁欲によって築きあげられたものと通常は考えられてきた」が、「しかし、単なる禁欲自体だけでは、都市の形成や干拓を行なうのに十分ではないということは明白であろう」、と述べている。明らかに、これは沼地の干拓によって作られた街であるケンブリッジを観察することでわかったと思われる。そこで、実際に鮮やかに仕事を成し遂げ、諸国民の富を作り上げたものは何であったのか。動態的な分析に適合する用語をやたらに詰め込んだレトリックを用いた『貨幣論』が教えるところによれば、世界の財産を築き、増進させるのは企業家精神である。「もし企業家精神が発揮されるなら、節約がどうなっていようとも、富は蓄積されるであろうし、もし企業家精神が発揮されないなら、どんなに節約がなされたとしても、富は衰退するであろう(17)。」

この文は歴史的な解説から引用されたが、その解説の章は、当時の因習的な価値観への挑戦であった。当時においては、貯蓄は経済回復の鍵を握るものとして依然として高く評価され、かつ賞賛されていた。ケインズが主張した重大な論点は、貯蓄（ないしは節約）を経済成長の実質的な動因である投資（すなわち、企業）と区別することであった。貯蓄は本質的に需要の減少につながるからである。これが節約を悪とする理由であり、因襲的な銀行家が恐慌の時にデフレーションを頼りとすることになるのもそれがあるからである。社会の存在が歴史的なインフレーションの出来事のおかげであるとする見方に企業が加担し、それに対して寛大であるのも同じ理由によるのである。かくして、イギリスは1560年から1650年の「物価の驚くほどの上昇」を幸運な結果を持って経験したのであり、「シェークスピアが現れたそのとき、まさにシェークスピアが活躍する余裕のある経済状態にあった。」[18]最近のイギリスの状況とは何と違うことであろうか。1925年に金本位制に戻ったとき、それは「冷酷な所得デフレーションを突然に作り出すという目的」[19]をもった金融引き締めを伴うものであった。

ケインズは、マクミラン委員会における彼の聞き手に新たな見識を伝えようとした。しかし、その席には別の教授がいた。ロンドン大学（ＬＳＥ）のセオドア・グレゴリーである。彼は銀行組織の専門家として、またケインズ主義的非正統派に対する明らかなお目付け役として当局によって指名されたのであった。しかしながら、グレゴリーは教条主義者ではなかったし、彼の時代にとどまることに賛成であったが、「ケインズ氏が提起したいくつかの分析的な問題に関して、彼と私の間の違いに大きな開きはない」と主張し、良好な関係を保った。「私が思うに、主な違いは理論的な点ではなく、政策の論点にある」とグレゴリーは述べたが、ケインズは「私は、あなたが貯蓄と投資の違いを明確に考えるとき、考え方に革命が生じることになると思います[20]」と主張することによって、あえて両者の違いをはっきりさせようとした。

『貨幣論』は、ケインズがその当時考えていた正統派の経済理論と矛盾したものでなかったのは事実である。シュンペーターがそれをケインズの本の中で最高のものであると考えたとしても不思議ではない。その表現方法は、挑戦的であったが、―マクミラン委員会に対するケインズによるその発表が行なわれたとき―その大きな分析上の強みは、貨幣システム、とりわけ金本位制が作用すると思われるメカニズムに関する明快な説明にあった。「並外れて明解な説明」であると委員会の議長はケインズを称えた。そしてマッケナが、「並外れて明解な説明であるだけでなく、われわれが完全に理解できた」と口を挟んだ。グレゴリーに残されたのは、次のような防御の言葉を付け加えることであった。「それは、一連のきわめて美しく、完璧な仮定であるかもしれないが、それらは実際にも有効な仮定であった。」マッケナは、「戦前、それらは機能していた」と認めた。任期が終わり民間人となったグレゴリーは、彼の論点を繰り返した。「私はケインズ氏が言ってきたことをすべて認めるが、しかし強調したいのは、これは一連の美しい仮定だけでなく、実行の段になってその仮定が有効に作用しているということである[21]。」

しかし、それらは有効に作用していたのであろうか。それらは依然として有効であったのか。実行に移されたこれらの美しい仮定はどのくらい有効だったのであろうか。なぜ金融界はそんなに威勢がよく、産業界は不満たらたらだったのか。イギリスの公式の失業率が１９２０年代を通じて10％台であり、１９３０年には平均で16％であり、１９３１年には21％を超えたことによって、これらはいまや見過ごせない問題であった。

Ａ・Ｃ・ピグー教授は、ケンブリッジにおいて経済学の教授としてマーシャルの後継者であり、イギリスにおける経済学の最も威信ある地位を占めていた。それだけで、ピグーはマクミラン委員会以前に二つの全盛時代を迎えていたことになる。ケインズより年上とはいっても、6歳も離れてはいないが、彼はすでに一つ上の世代に見えたし、行儀作法も堅苦しく、学識においても慎重なようにみえた。ケインズは後に、彼を「古典学派」の代表として取り上げ、ピグーの『雇用理論』（１９３３年）を打破するために『一般理論』の7ページを割いた。ケインズは、公然と打ち負かすために正統派経済学のわら人形として、すべての経済学者の中からピグーを選んだ。ピグーは、マーシャリアンの情熱を伝える役目を果たしており、ケンブリッジ経済学教授の仲間であり、かつケインズ自身のようにキングスカレッジのフェローであった。

それは狭い世界であった。ピグーはケインズの『貨幣論』の書評を書いたときには一層寛大であった。彼は、「私が思うに、貸出金利が経済活動に与える影響について、それまでの議論よりずっと優れた説明[22]」であったと述べている。たしかにそうであり、それは紛れもなく正統派の立場からのものであった。そのときのケインズの実際の業績は、彼自身の何か理論的な革新にあったのではなく、伝統的な理論的メカニズムが実際にどのように作用するか、また作用し損なっているかについての明快な説得力ある分析にあった。

イギリスの多くの人々は、あと知恵のおかげで、1925年に金本位制に復帰することがあまり賢明ではなかったということに同意することになった。チャーチルは後に、それを「人生における大失敗[23]」と語った。ケインズを有名にしたのは、彼に先見の明があったために、この政策のもたらす災いを公然と認知していたということであった。『チャーチル氏の経済的帰結』（1925年）はその問題を明らかにした。ケインズは、彼がそれだけで金本位制に反対したのではなく、「すべての貨幣価値を実質的に再調整する必要があるような条件のもとで金本位制に復帰したことに反対している」ということを明らかにした。購買力平価でみて、1ポンドを実際に4・86ドルと同じ価値にするためには、イギリスの物価を低下させなければならなかった。そこで、チャーチルは、「実際にどうすればよいかについて何のアイデアもなしに、貨幣賃金およびすべての貨幣価値を強制的に引き下げるという約束をしていたこと」について非難された。「なぜ彼はこのような愚行を演じたのであろうか。[24]」

問題の本質は、金本位制に復帰する手続きを取ることを是とすることであった。実質賃金を引き下げるために、どんなメカニズムによって貨幣価値を高めることが（あるいは、信用を制限することが）できるのであろうか。「意図的に失業を増大させる以外に方法はない。[25]」これは、銀行家のとる長期的な見方に基づく現実的な結論であり、それはニーマイヤーおよび他のナイトの称号をもつ大蔵省の役人によって推賞された。ニーマイヤーは、彼が「必然的に教条主義的なやり方をとることになった[26]」と認めた厳しい条件を課すことを恐れなかった。金本位制への復帰は、イギリスの産業を一時的な困難に直面させることになったであろう。新たな為替レートのもとで、輸出は競争力を失ったが、物価は確かに下がることになった。もしそうならなかったら、どうなったであろうか。

これは、必然的に社会的な側面をもつ問題であった。「まったくの偶然に頼り、〝自動的調節〟に信頼をおき、社会的些事を全面的に無視するような金本位制ではあるが、この社会機構の最上段に位置している人々にとってそれは不可欠の象徴であり、偶像である[27]」とケインズは書いた。ケインズ自身がそこに位置していた。それゆえに、彼は何について語っているのかよく知っていた。おそらく、現代ではＩＭＦの組織の最上段に位置している優秀な人々が、発展途上国に同様な調整を要求する場合に、その帰結について同じようにあっけらかんとして意に介さないままそうしているのである。

もしケインズが１９３０年にマクミラン委員会に対してこの問題をあまり熱く語らなかったとしたら、それにはそれなりの理由があったであろう。明らかに、ケインズは切れ味の鋭さを見せないように我慢することは難しいとわかっていた。しかし、彼が何としても望んだことは、意見の対立する政策に関する主張者としてではなく，どんな救済が適切なのかを詳しく説明する前に，最初に問題が何であるかを見極めるひとりの「科学者として」委員会から意見を求められたということである。

問題は，貯蓄と投資が適切な関係にないということであった。両者を均衡に導く役割を果たすのは利子率である。つまり，投資を促すのに十分な低さではあるが，貯蓄の報酬としては十分に高いという点を見つけるということであった。不況期においては，利子率の低下を通じて企業を刺激する必要があったので，利子率がつねに状況に応じて下落すると仮定することは合理的なことであった。というのは，「もし，十分に安い金利で借入ができるなら，一定の価格で投資対象となるたくさんの優良な物件が存在するから」(28)である。しかし，これは利子率がこうした伸縮性を有している封鎖経済にのみ当てはまるものであった。だが，国際経済においては，利子率はもうひとつの役割を担っていた。それは中央銀行の視点から政策に優先順位を付けるということである。これは，外貨準備を防衛するために十分に高い水準に利子率を設定することによって通貨自体の価値を維持するためであった。したがって，国内における金融緩和の必要性は，対外的な事情による金融引き締めによって後回しにされるかもしれない。

理論上，均衡は達成可能であった。必要なことは，国際価格の水準を維持するために，国内価格を調整することであった。これは，低金利により国内物価を引き上げるインフレ過程を通じて達成するか，高金利によるデフレによって物価の下落を通じて達成するかのいずれかであった。インフレによる調整は、たとえば賃金を引き上げることになるが、これには何ら抵抗がないために、何の問題もなかった。デフレによる調整は、苦痛を伴う賃金カットを必要とするためにより困難なものではあったものの、歴史的には可能であったことが証明されている。したがって、とりわけ調整によって生じるショックの幾分かを吸収できる巨額な準備金を有するイギリスのような債権国にとっては、1914年以前にはどちらの方向でも小幅な調整を行なうことは比較的容易であった。とくに、通常のバランス・シートと同様に、このケースでは国際収支は海外投資の収支の増減を通じて均衡させることができた。

しかしながら、1920年代の荒涼とした厳しい状況においては、ショックを吸収する力はほとんどなかった。第一次世界大戦時におけるイギリスの海外投資の衰退はそれ以前との明らかな違いの一つであった。海外投資を再構築することはいまや国際収支への無理な要求であるとみなされていたが、ロンドンの金融上の地位は、世界の銀行家として引き続き活動したいという主張にもかかわらず、危うい状態にあるとみられていた。金本位制はまさに世界の銀行家のシンボルであった。是が非でも金本位制に戻るということが、銀行家の信条であった。それは、俗にいわれるように、「ポンドはドルに引けはとらない」、あるいは、1914年以前にそうであったように、ポンドは、「金と同じ価値を持つ」であろうということを意味していた。「実のところ」と、ケインズは『貨幣改革論』において、「金本位制はすでに未開社会の遺物と化している」(29)と控えめに述べていた。

チャーチルが大胆な一歩を踏み出し,「あのように愚かなことを」やった1925年には,4・86ポンド以外の平価は考えられなかった。それはまさに戦前の平価であり,そこに戻るということは1914年に戻るということを意味していた。唯一の問題は,現在の賃金を1914年の水準までは引き下げないとしても,たとえば1920年代半ばに一般的であった水準の10％以下に引き下げざるを得なかった,ということである。このことは,とくにイギリスの輸出産業,わけても賃金が総費用の大きな部分を占めている輸出産業に当てはまるものであった。それは石炭産業である。かくして,その年のイギリスにおける唯一のゼネラル・ストライキを先導した1926年の長期に渡る炭鉱ストライキは,4・86ポンドで金本位制に復帰することによって生じた経済危機のひとつであった。

イギリス経済の大蔵省モデルは,賃金を含めてすべての価格が伸縮的であることを前提にして構築されていた。したがって,すべての国内価格が単一の外国価格である為替レートに応じて決まることになると期待されていた。もし,すべての価格が伸縮的であったなら,いつでも適切な為替レートを設定することは実際大した問題ではなかったであろう。

ケインズは,理論上では調整プロセスがいかなる問題も解決しうることを認めていた。『貨幣論』は,それをどのようにして行なうことができるかを示していた。事によると,それをどのようにして行なうべきかを示していたのかもしれない。これは一般的なケースであったが,ケインズはまた特定のケースについても概略を示していた。それは,明らかに「深刻な失業のもとで国際収支の不均衡を伴っている」1930年のイギリスに適応可能であった。こうした条件のもとでは、「政府が自ら国内投資計画を進めなければならないのである。[30]」周知のように、ケインズは「ロイド・ジョージはそれをなしうるか」の共同執筆者であった。それゆえ、期待されたように、ケインズはマクミラン委員会に対して同様な一般的アプローチが正しいことを示した。そして1930年2月末に議長との意見交換においてそうしたのであった。

「それはそうなるでしょうか。われわれは鎖国をしているのではないので、公定歩合がその役割を果たすことは無理ではないですか」とマクミランは新たな書簡を取り上げて、有能な弁護士としての能力を示しながら尋ねた。「別の理由もあります。」「もしイギリス経済が液体のごとく流動的であったなら、そうできたでしょう。なぜなら、その場合には、国内投資の貯蓄を超える超過分があると、輸出がその超過分に対応する水準になるように、公定歩合がつねに賃金を引き下げることができるからです」とケインズは応えた。マクミランはこの点を取り上げ、「それは水圧の原理ですね」と述べた。「そのとおりです」とケインズは言った。「これが公定歩合のすばらしさです。」それに対し、マクミランは当然のごとく、「現在、なぜイギリス経済は流動的ではないのですか[31]」という鋭い質問を返してきた。

それは、ケインズが数年にわたってあれこれと思索を巡らせてきた問題であった。『平和の経済的帰結』（1919年）以来、たしかにケインズの頭の中にあった問題であり、『インドの通貨と金融』（1913年）でも幾分ぼんやりとした輪郭があったということができる。ドイツへの賠償要求に関するケインズの反対は、本質的には為替を通じての国際収支の均衡化が実現不可能であることから生じていた。ヴェルサイユ条約に関してより温和な見解をとる修正主義者たちは、それでもなおケインズが誤っているということを証明しなければならないという課題がある。

ドイツに対して腹の虫が収まるまで支払いをさせるという粗野な考え方は、道義的、政治的な理由を台無しにしてしまった。ドイツが恣意的に輸出することを求められるもの、つまり無料で提供することを求められるものは、多額の金の移転ではなく、財の流出であったという事実が無視されていた。事実、これは報酬という市場のインセンティブを欠くにもかかわらず達成されるべき輸出の奇跡によって、ドイツの経済にヨーロッパで最強になることを求めるということであった。このような幻想は、当然のごとくトランスファー問題［ドイツがアメリカから借金せずに賠償金を支払うためには、それに相当する輸出超過を必要とするが、それにはドイツの輸出品価格が国際市場で割安にならねばならないのに、それは不可能であるという問題］の厳然たる現実に反して作り上げられた。ケインズは１９２９年に次のようにコメントしている。「これが何ら困難ではないとみる人々、──イギリスが金本位制に復帰することに何ら問題はないとみている人々──は、たとえ堅固でないとしても、少なくともやっかいで強力な国内の抵抗勢力に対して流動的な状況を前提とした理論を適用している。(32)」

当局が、当初ケインズの推論に対して敵対的であったのは、始めから価格の流動性ないしは伸縮性を仮定していたためである。当局は、価格が彼らのモデルの予測したように動くと単純に期待していた。かくして、1925年に、ニーマイヤーは、「私にとってそれらは全く狂気の沙汰と思われる」というあからさまな言葉でケインズの主張を切り捨ててしまった。彼は当時の経済は彼が想定するように動いているという自信のもとにそうしたのであった。ニーマイヤーは、物価や失業は正統派理論が規定したように、理論にしたがって低下し、そこでは「ケインズ氏の主張した多くのケース」(33)が消えうせるであろうと予言していた。

ニーマイヤーの予言は両方とも誤っていた。1925年にポンドは現実に過大評価されていたかどうかについての議論は、実際には単純なテストで答えを出すことができる。つまり、イングランド銀行がこの平価を守るために、毎年、高金利政策を維持することが必要であったかどうかということである。それは必要であった。この政策は、当然のことながら不評であり、ノーマン総裁の陰鬱な言い回しは、イングランド銀行が「引き続き難渋」していたことを意味している。

1930年3月には、最終的にノーマンはマクミラン委員会による調査の試練に直面する覚悟ができていた。哀れにも、彼はすでにケインズによって知恵を授けられていた委員会に面と向かうことになった。さらに、悪いことに、否応なくケインズ自身がこの問題を扱うことになった。しかし、マクミランによってなされた冒頭の質問においてさえ、総裁は問題に対する受け答えができないように思われた。「実際の悪い結果は、非常に誇張されたものであり、それは実際にそうであるというよりも多分に心理的なものである」という彼の見解は、経済の現実からかなり乖離していることを露呈してしまった。マクミランは、ケインズから受けた辛辣な最近のレッスンを反芻しながら、「もし機械が故障すると、動かなくなるでしょう」と主張した。次に、アーネスト・ベヴィンは、労働組合での経験に基づいて、賃金引下げと金本位制を結びつけるという重荷を背負っていた。しかし、彼はノーマンによって何度もはぐらかされていた。「いいえ、私はそうは思いません。」「私は、必然的な結果とは思いません。」「私は、そうは思わないんです、総裁。」

ケインズはその問題を取り上げた。彼は、当然、公定歩合の影響は水力学的なものよりも心理的なものに依存しているというノーマンの見解に異議を唱えた。これは正統派理論を否定しなかったということか。「私の理解にしたがえば、正統派理論を否定したことを意味しない」とノーマンに語った。さらに、ケインズは、意見を異にすることを示すためにノーマンに異議を唱えながら、返答だけは引き出そうとして、正統派の理論の要点を彼に有利に解釈し、「私は、そのことであなたと論争するつもりはない」と述べている。この不幸な見世物は、ついに調停のためにグレゴリー教授を引っ張り出すことになった。彼グレゴリーは、「われわれは、現在の状況のもとで公定歩合の作用をどのように想定するかの理論を構築しようと試みていた、と私は考える」と苛立ちながら述べ、「しかし、もしそのように作用しないと言ったのが私であるなら、私は、単に、その作用についての別の説明を探しているということである」(34)と述べた。だが、手元に用意されたものは何もなかった。

当局がマクミラン委員会について深刻に憂慮していたのは、この点であった。当局の人たちはまず第一に、こうしたよくわからないことについての公開討論を行なうことを好まなかった。大蔵大臣の私設秘書は、手始めに次のように警告した。「われわれは、確実な証拠となるような指導原理およびシステムとして一つの継続的な政策を実施してきた」が、それに反して、「批判的な人たちは、とりわけケインズがそうであるが、ほぼ毎年彼らの考え方や理論を変えていた。」　忠実な文官として彼は、「総裁が被告席に着かされているという印象を与えることで何か危険はないですか」(35)と大臣にたずねた。ノーマンの挙動は、こうした怖れを露呈していた。明らかになったことの一つは、「大蔵省見解」として知られるようになっていたものを攻撃するというケインズの期待に反して、大蔵省の証言が完璧に準備されていたことを大蔵省自体が確認した、ということであった。

ケインズは、単に、その議題を設定することに手回しがよすぎたのである。しかし、にわかに新しい目的地として公共事業に向けて飛行することによって、ケインズがマクミラン委員会をハイジャックしたと仮定するのは誤りであろう。その一例をあげれば、ケインズ以外のメンバーも取るに足らない人たちではなかったので、ケインズは委員会の席でのさまざまな意見を斟酌しなければならないということを知っていたのである。保護貿易論者のメンバーもいた。

ケインズの味方であるマッケナは、金融緩和政策を支持していた。もう一人の仲間であるベヴィンは、平価切り下げが望ましいと考えていた。事実、ケインズも私的な証言では、活動の可能性の限界を列挙していた。彼らは皆、賃金は「粘着的」であり、それゆえに、デフレ的調整過程はうまくいかなかったことを認めていた。

委員会においてケインズは、当時のイギリスの苦境に際しては7つの可能な救済策があると語った。第1は、1925年の誤った決定を元に戻して、実際に、4・86ポンドの平価を放棄するということである。しかし、なされた決定に基づいて経済は動き出してしまっていたために、もはや容易には止めることができなくなっていた。ケインズはいまや、平価の切り下げを最後の拠り所とみなしていた。第2の可能性は、後に所得政策として知られるようになったものであった。これは、賃金の引き下げを市場によるゆっくりとした自然の作用にゆだねるよりはむしろ、すべての賃金を必要とされる水準まで直接に引き下げるための「国民的な取り決め」を要するというものである。ケインズはこれを理論上は公正なものとみなしていたが、実行は不可能であろうとみていた。その後、ケインジアンが、とくに1960年代と1970年代にイギリスとアメリカの両方で所得政策を試みているが、それが当を得た対応だったとの評価はほとんどなかった。

第3の救済策は、産業に対する補助金であった。これは、脆弱な産業に対する賃金補助を意味する限りにおいて機能的には同じものであった。とりわけ、それは海外からの競争に最も厳しく晒されており、そのために特定の企業の労働者に苦しみを負わせるよりむしろ、社会全体に痛みを拡散していくというやり方であった。補助金は、所得政策と同様に経済上の理論的な根拠というよりむしろ政治的な理由によるものである。ただし、所得政策とは違い、本質的には決して本気で取り組む政治活動とはならなかった。第4の救済策である「合理化」は、かなり漠然としたものであったが、モンタギュー・ノーマンを含めて、ほとんどの人が直ちに合意できた。とくに、規模の経済を通じて単価を削減する計画は世間受けする約束であった。そして、効率性を高めることを意味する限りにおいて、それはすぐれた万能薬であった。ずっと長続きするなら、すべての人が同意したであろう。

ケインズの示した第5の救済策は、関税であった。不況に対する関税政策の妥当性は、古今東西に通じるものであった。困難な状況に直面するとき、保護貿易主義者の叫びに耳を貸さない国などあろうはずがない。「イギリスは、イギリスの労働者のために仕事を分け与える」一方で、長期間、あちこちに見られたスローガンの類は、「アメリカ製品の優先購入」である。イギリスよりも労働者の賃金が低い海外に仕事を輸出することになるというおそれは、今に始まったことではない。保護貿易主義的な関税が自国の雇用を増やすという確信は、経済学者を除けば、しばしばもっともらしく聞こえるものであった。さらにその上、イギリスにおいては、ケインズの7つの救済策のうちで関税が最も政治的に重要なものであった。なぜなら、4半世紀以上にわたって自由貿易が政党を分ける明確な線引きになっていたからである。かくして、保守党は、一般的に関税に共感を示していたし、とくに、政権が与えられたときにはそうであった。一方、自由党と労働党は両党ともにつねに自由貿易の支持者で回りを固めていた。ケインズにとって、その考えを切り出すことさえ、衝撃的であっただけでなく、彼の誠実で率直な気持ちの証でもあった。

ケインズの考え方は、第6の選択肢の政策との関連で明白となる。もちろん、これは国内投資あるいは公共投資のことであった。ケインズはそれを、「私のお気に入りの救済策」と呼んで、「最大の重要性を付与している」ことを明らかにしている。それは、『貨幣論』における特殊なケース、すなわち、金本位制のメカニズムの機能不全によって市場調整作用を通じて均衡に達することができないような状況下にある国にとって利用可能な選択肢であった。しかし、実際には、それはより単純であり、「この主張は、つねに常識的にみて全く同意可能であると私には思われる」というものであった。さらに、ケインズが述べたように、「最初の活動への刺激は、この種の動きが生み出すにちがいないと私は考えており、この悪循環を断ち切るには政府投資以外にない(36)」ということである。

1924年以来そうであったように、ケインズは、われわれがケインズ主義としてはっきりと認識することのできる議論の筋道を示していた。しかし、公共事業に頼ることを正当化するという主張は、1930年には金本位制を前提としてなされた議論であり、別の特殊なケースとしての関税の正当化にも同じことが当てはまるけれども、それは前述の条件下でのみ妥当することに注意すべきである。したがって、両方とも、固定為替レートと価格の伸縮性を所与として、次善の選択肢として提示されたものなのである。

最後に、ケインズはマクミラン委員会に対する第7番目の救済策として国際的な手法を提案した。問題は高金利にあり、それは国際的圧力のために高い水準に置かれていたゆえに、明らかな解決策はすべての国で同時に利子率を引き下げるという国際的合意を取り付けることであった。自由貿易のように、これはすべての国が有利になるように各国の富を増加させる単純な手段であると思われた。ただし、単純ではあるが、簡単ではなかった。1930年代には、ケインズはこの種の救済策を実行可能なものにするために多くの国の同意を得ることにほぼ絶望していた。できもしないことで時間を無駄にする代わりに、彼は保護貿易主義者であろうとなかろうと、拡張主義的方策により自国を救済するように、各国、とりわけイギリスとアメリカに働きかけた。すでにみたように、ケインズが、自由貿易と並んで完全雇用を目標として受け入れる公共機関を通じて一種の国際的ケインズ主義を生み出す上で重要な役割を果たしたのは、1940年代だけであった。

ケインズは委員会において、「私がやろうとしていることは、申し出たすべての救済策の真価を正しく示すことです。」「私は、はじめにこれらのすべてについて説明すべきことがあると言ったつもりです」(37)と述べた。全体としてみれば、これが各提案の妥当性について誠意をもって最善の事例にするためにケインズが行なったことである。そこには、ケインズ自身の好みが表れてはいたが、これは、すべての選択肢を考察する価値があるという彼の長期的立場と一致するものであった。それはまた、変化する状況のもとでは、純理論派としての理想への愛着というよりむしろ、彼のセカンドベストの選択肢の探求と一致するものであった。そして、もちろん、それはいつでも彼の主張と矛盾するという理由でケインズの評判を落とすことにつねに喜びを感じている批判者たちへの一つの贈り物となった。ケインズは、マクミラン委員会のメンバーと平行して、１９３０年代に政府による新たな経済諮問委員会（ＥＡＣ）のメンバーにも加わっていた。この会議においても、他のメンバーによるものと同様に、多くの多種多様な政策上の選択肢がケインズによって提出された。そして、ケインズは、この職能に基づいて、ラムゼイ・マクドナルド首相に、「私の立場の特異性は、おそらく私は、いずれの場面で提案された場合でもすべての救済策に実際的に賛成するという事実にあります。それらの中には、良し悪しの差はありますが、それらのほとんどすべてが、総じて正しい方向にあるように思われます」と説明した。彼が引き出した結論は、「長期的な」不活動性を帯びた戦略に対する蔑視という点で一貫したものであった。「それゆえ、私にとって許すことができないのは、否定的な態度であり、次々にこうした救済策を拒絶していることです。」(38)

なぜ、ケインズが１９２０年代後半に大蔵省の正統派思考と衝突したのかを理解することは容易である。「進歩と進取の精神によってよく練り上げられたどのような計画に対しても彼らは、『ノー』とドアを閉ざしてしまった（彼らは、できそうなときには、いつもそうした）」ので、「ロイド・ジョージはそれをなしうるか」と公言したのであった。この公然とした政治的パンフレットで、保守党の考え方は、次のように侮蔑的に風刺された。「あなたは、誰も雇おうとしてはならない。なぜなら、それはインフレを招くことになるからである。あなたは投資をしてはならない。なぜなら、それが割に合うものかどうか、わからないからである。あなたは何もしてはならない。なぜなら、それは他の何かができなくなることを意味するだけだからである。[39]」

これは、ひとつの対立意見としての特殊な議論、というよりはむしろ考え方を確認したのであった。「しかし、われわれは墓に向かってよろよろと歩いているのではない。」「われわれは健康児である。われわれが必要なのは、生命の息吹である。恐れるものなど何もない。それどころか、将来には、かつて過去にもたらされたものよりはるかに多くの富や経済的自由、さらには個人生活の可能性が用意されているということである[40]」と熱弁を振るった。希望や大胆な行為について言い出すことは誰にも抑えられていないし、2009年1月のオバマ大統領の就任演説の中にケインズ的な論調を発見した人は、そのことを心得ている。

対照的に、保守党の考え方を主張するのに、ウィンストン・チャーチルほど優れた人は他にいなかった。1929年度の予算決定日におけるチャーチルの声明は、「政治的、あるいは社会的利益が何であるかにかかわらず、事実上、そして一般的なルールとしても、国家の借り入れおよび国家の支出によって追加雇用が生まれることはほとんどないし、ましてや恒久的に追加雇用が生み出されることはないという、断固維持されている大蔵省の正統派の教義(41)」を裏付けるものであった。引用の配置を効果的に行なうという巧妙なやり方によって、ケインズはチャーチルの言葉を操り、この教義が当てにならないものであることを巧みにあばいて見せた。「大蔵省見解」は、あっという間にその現代的な意味における、（あるいは、おそらく、19世紀前半の経済学者であるデヴィッド・リカードまで遡《さかのぼ》ることができるという意味での）実用的な意味を持たない用語になってしまった。それは、公共事業に対する政府支出のいかなる増加も、同じ額の民間投資を「押しのけてしまう」ので、全体として失業を減らすことに失敗するという命題である。

ケインズがその名に由来する教義を攻撃するであろうことを大蔵省は前もって知っていた。1930年代初めにマクミラン委員会のほとんどすべての会議にフレデリック・リース・ロス卿の洗練された姿が見られたが、それは大蔵省の彼の同僚の立場を守るための意見・論拠探しであった。かくして、彼リース・ロスは3月に、「いわゆる、〝大蔵省見解〟」について、「それは全く論理的妄想であり、現実妥当性のある思考にいかなる基礎ももたないものである」というケインズの意見を耳にした。ケインズは、『貨幣論』で行なった分析と同じやり方で、これは大蔵省見解が貯蓄と投資を区別し損なったためであると述べた。しかし、ケインズは、彼の主要な論点を展開するために彼特有の専門用語を用いることを求めなかった。「大蔵省見解は、事実上、救済すべき失業は存在しないという最初のすべての仮定によって、国内投資は失業を救済しないということを説明しているにすぎない。」完全雇用においては、クラウディング・アウト［政府が公共事業のための資金をまかなうために大量の国債を発行すると、それによって市中金利が上昇するために、民間投資が圧迫されること］が、実際にインフレーションをもたらす危険要素となるかもしれない。しかし、それは完全雇用の場合だけである。そこで、彼は大蔵省見解を「常識と正当な理論の間の中途半端な立場に立っているための当然の結果」であり、「それは、正当な理論を理解することなしに、常識を捨て去った結果である」(42)と述べた。

大蔵省は、この水準で議論するほど愚かではなかった。「事実は、ケインズが、他の経済学者と同様に抽象的な世界に住んでいる」ということと、人付き合いのいい「リーザース」［スコットランド南東部のリース出身の人］が彼の同僚に報告を戻していたということである。「彼は、〝産業〟、〝利潤〟、〝損失〟、〝物価水準〟について、あたかもそれらが現実であるかのように話している。(43)」ここに重要な論点があるのはもちろんである。経済理論に基づくいずれの提案も、経済理論において単純化のために気軽に設定した仮定よりも、すべてのものがずっと複雑で混沌としている世界の手に負えない困難にどこまで対応できるのであろうか。

ケインズが、なぜ窮乏化した国は使われていない貯蓄と失業している労働者を同時に活用することによってその問題を解決することができなかったのかとたずねたとき、美辞麗句を並べた説明は欺瞞的なものであった。しかも、大蔵省は、確かに一つの目標を持っていたのである。

やるべき唯一の仕事は、これらの雄弁な申し立ては多少なりとも必要な注意を払って割り引いて聞くべきであるということを大臣たちにアドバイスすることであった。とくに、支出の規模については世論の不安を掻き立てないことが必要だということである。大臣たちがやるべきことは、いかなる公共事業も「資金が潤沢」な状態と見積もれるか、その内容を調べてみるということであり、さらに安易な成功の期待には、容易なことでは成功するものではないという大蔵省の経験によって水を差す必要があるということである（大臣たちは、大蔵省の経験は、率直に言って、しばしばかなり期待外れであったことを意識に留めておくべきである）。

世故にたけたリース・ロスは、当局のケースの弱点を見出すのに抜かりはなかった。彼は、明らかに当惑しながら、「J・M・ケインズ氏は、1925年以来、物価水準の一般的な下落にもかかわらず、同じ期間にイギリスの労働者に支払われた賃金率にそれとわかるような引き下げはみられなかったと述べている」と、彼の大蔵省の同僚であり、ケインズの古い友人であるR・G・ホートレーに書き送っている。リース・ロスは、このようなことを知る立場にあるホートレーに、「もしあなたが調べてくださるなら、私はうれしいが、それは大変な驚きであることがわかるでしょう(44)」と忠告した。ホートレーは、関連する指数を正式に掘り起こし、その数字を調べた。悲しいかな、その通りであった。そして、ケインズがマクミラン委員会で言ったことは正しかった。大蔵省は1930年3月まで、イギリスの物価と賃金は伸縮性に関して原理的な経済理論の法則にしたがってはいなかった、という新事実に気付いていなかったということである。

理論上も、実際上も、当局は、かつて彼らが想定したような役割を果たす技量をもっていなかった。大蔵省見解は、全体としてあまりにも偏向していた。そうした理性のかけらも感じられない事実は、物価、賃金、失業についての議論において、大蔵省よりも、ましてやイングランド銀行よりもケインズの正しさを正当化しているように思われた。そうであるのに、大蔵省の証言をそれとなく採用したのは、明らかに政治的判断であった。幸いにも、査定の厳しい、教条主義者であるニーマイヤーは、すでに大蔵省の資金供給部門の統括官の地位についてはおらず、柔軟で、現実対応型のリチャード・ホプキンズ卿がその地位についていた。1930年5月に、ケインズが驚くべき知的主導権を確立していたその委員会に出席することになったとき、ホプキンズの出番となった。

大蔵省のチームは、十分に協力して仕事をしていた。「リーザース」によって簡潔にまとめられ、ホプキンズ自身でも十分に準備した「ホッピー」という名の計画で危険に晒された立場からの巧妙な戦略的撤退を実行した。撤退した代わりに、彼の任務は、行政管理上の実行可能性を弁護するだけでなく、現実問題としての信頼を擁護することでもあった。その現実問題とは、「程遠いことながらも、繁栄の循環を作り上げること」である。また、「公債はきわめて高い価格で発行されねばならないであろうし、その発行も特別なやり方ではなく、通常の市場での取引の一部としてなされるべきだと思われるのだが、いずれにしてもその巨額な公債に対する人々の投資意欲(45)」を引き出すことであった。ホプキンズの長所は、敵がいないということであり、論客として振舞わないということであった。「私は、それについては時間をとって考えたいし、時間をかけて考えるべきだと思う」というのが、機知に富んだ彼のやり方であり、2か月前にノーマンを罠にかけた落とし穴に落ちないように、証言の最初の日に、「私は、公定歩合の操作や、通貨管理に関しては素人である」と、予防線を張った(46)。

ホプキンズは証言の2日目と最終日において、ついにケインズの質問を受けることになった。ケインズとホプキンズは好敵手であった。ホプキンズの証言は、「私は、大蔵省見解は、時として簡単なものであり、あまり正確に述べられたものではなかったと考える」ということから始まったが、それは「ちょっとした誤解」ではなかったかと聞きただしたマクミランによって議長席から助け舟が出された。ホプキンズは、「そのとおりです」と述べ、それが「ささいな誤解であった」ことに直ちに同意した。教養との関係を否定するホプキンズは、代わりに、公共事業に関する提案に対して、それが土木工事なのかどうかということだけでなく、そうしたものが一般大衆の信頼を得られるのかどうかという二つのはるかに頑強な反対論を長々と論じた。「私には、この事業計画は無駄な出費であるという印象がきわめて強いと感じられる(47)」とホプキンズは考え込みながら語ったが、正確には、こうした印象は彼の仲間によって植え付けられたというのが事実である。われわれは、このことを文字の上でみることができる。というのは、国立公文書館に保存されている、「われわれは失業を克服することができる」と書かれ

国立公文書館にある自由党のパンフレットに書かれた、1929年～30年におけるケインズ主義的提案に反対する大蔵省の真意を表す公式記録

た自由党のパンフレットには、大蔵省の公式見解を表明した、「われわれは戦争に一丸となって立ち向かった。今度は繁栄のために立ち向かおう」というロイド・ジョージのメッセージに、大蔵省の入れ知恵で、「浪費、インフレーション、破綻」という3つの言葉が手書きで付け加えられているからである。

証言の中で、ホプキンズの口をついて出たことは大したものではなかった。ホプキンズは、十分な根拠があるかどうかはわからないが、否定的な感情が信頼の喪失に与える影響を強調することによって、その問題から一定の距離を置いていた。「もし、ベヴィン氏がその計画は大衆に受け入れられるとあなたに確約できるなら、その計画は失業を救済できると言えますか」とケインズがホプキンズに尋ねた。「いいえ」と質問を受け流し、「もしわれわれの言及している大型計画に対して公衆が心情的に賛同するなら、現在の情況が改善されるのかと、あなたは尋ねているわけですね」と応えるホプキンズに対して、「そういうことですよ」とケインズは詰問口調で答えた。それに対して、ホプキンズは、「いや、他にも難しい問題があると言っているのです」と、すべてがこれに向けられることを認めなかった。

ケインズは、これらの細部にわたる、実際上の反論に直面せねばならないことを知っていた。しかし、ケインズはまた、「クラウディング・アウト」の命題に直面することになることも予想していたし、これが決定的な論点となることを期待していた。だが、この時点で大蔵省は事実上その見解を失っているように思われた。「それはあまりにも偏っているので、私は理解するのに困難を感じています」というケインズの意見に、ホプキンズは、「そのとおりです」と悠然と同意し、「私は、これらの見解は理論的な教養の形で提出することができるとは思いません」(48)と述べた。

最後に、マクミラン議長は、「この論争は、引き分けといっていいと思います」(49)と述べた。それは順当な判断と思われる。これについてハロッドは、ケインズの土俵で彼に対抗する点で、ホプキンズは「彼の世代においては比類ない卓越性」(50)を有していたとみていた。しかし、もちろん、問題はホプキンズが、自分の専門家としての意見がケインズのそれに勝るところに焦点を絞り、社会的産業基盤整備の計画が提案されたとき、需要は現在でも足りていることを質問するために論点を移したということであった。

ホプキンズの論点が説得力をもつということを示す印象的なことをひとつあげるとすれば、彼は今までケインズのかつての共同研究者であるヒューバート・ヘンダーソンを個人的に説得したということである。ＥＡＣの長官として公務の役職に任命されたばかりのヘンダーソンは、「ロイド・ジョージはそれをなしうるか」で１９２９年に主張していたものを１９３０年までに急いで撤回した。「１年ほど前に、立場に応じて最初に私が意見を変えたのは、イギリスの１２０万人の失業（私は、イギリスの失業が２００万人とは思わない）を純粋に一時的な刺激策にまかせるような短期の過渡的な問題とみなそうという気はそれほどないということである」とヘンダーソンは手紙でケインズに伝えている。だから、予算に関わる失費は気軽に片付けることができなかったし、産業界の心理的な問題として捨て置くこともできなかった。ヘンダーソンは、「それゆえ、それは彼らの言う産業界が不安に駆られているというケースではないであろう。すなわち、そうなるかもしれないということなのである」といい、「保守的結論のどんな香りを受け入れることも、あなたの自尊心と釣り合わないという意味で無節操[51]」であったという理由で、こうした難しさを軽視するケインズを非難した。

ヘンダーソンはケインズをよく知っていた。彼らは大学の同僚であり、政治の上では仲間であり、学問の共同研究者であった。ケインズ自身の気持ちの中では、ヘンダーソンはすべてダメということではなかった。彼らの間の断絶は、他のことと同じように気性の違いであった。ケインズは「大いなる錯覚に基づくギャンブルによってイギリス国民を彼が打ち砕いたどんな人たちよりも破滅へと駆り立てた人物」として終わることになろうという、ヘンダーソンによる決定的な侮辱も尾を引くことはなかった。ヘンダーソンの変節は、1929年の議論でイギリスの失業率がおよそ10％であることが注目されていたが、1930年5月には公式の数値で15％に達し、さらにその年の終わりには20％を超えてしまったという状況に出くわしたということの表れである。

ヘンダーソンは、分析においてより保守的になることでそれに応じた。ケインズは、より急進的になることでそれに応えた。やり方は違ったが、両者は信頼の重要性をより強く意識するようになった。そしてそのことが、なぜ両者とも関税を容認する気になったのかの一つの理由になるであろう。彼らがせいぜい普通の保守的な実業家から好印象を受けたからであるとしても。

大蔵省の立場に立つ経済学者であったラルフ・ホートレーは、マクミラン委員会に対して彼自身の証拠を差し出すことを承認した。ホートレーは、問題の原因に関する貨幣的分析の強力な支持者であった。だが、その当時はケインズもそうであった。彼らの意見の違いは、ホートレーがその解決は貨幣政策を通じてなされるべきだと信じていたことにあった。彼は公共事業の効果を信じていなかったが、それらに資金を融通するためには信用の拡張が必要であることは承知していた。他の人たちは、それはインフレをもたらす危険があるとみていた。ホートレーは、1932年に、「インフレーションという言葉を必然的に悪い意味を伴うとみなしている人々は、この程度の通貨膨張は〝リフレーション〟と呼ぶであろう(52)」と述べていた。したがって、彼はこの用語をフーバー時代のアメリカから輸入したイギリス最初の経済学者のひとりであった。リフレーションは、われわれの直面する危険がデフレーションであるとき、まさにわれわれが必要とするものであるかもしれないという意見を述べるのに便利である。

さらに、ホートレーは公式の仕事にもかかわらず、イングランド銀行におけるノーマン的正統派の支持者ではなかった。ノーマンは、どんな犠牲を払ってでも金準備を守ろうとしたのである。対照的に、ホートレーは、利子率を下げることによって「失業を救済するために、1億ポンドの金を失う価値はある」と信じていた。委員会において、リフレーション的信用政策を説明する際に、ホートレーは、「これまでにないやり方で経費を捻出する方法は、公定歩合の引き下げである」と語った。ホートレーからの聴き取りにおいて、銀行家のマッケナは、「あなたの主張全体は低金利政策にかかっているということですか」と説明を求めた。「そうです」とホートレーは直ちに答えた(53)。これはイングランド銀行の政策の否定であったが、それはホートレーがケインズよりも準備金によってリスクを取る用意があることを示していたということである。

しかしながら、ケインズと同様に、ホートレーは貯蓄と投資を均衡に導くのは利子率であるという理論的命題を信頼していた。事実、この種の仮定は当時のすべての経済学者の間で共通の認識であった。彼らを分けたものは、経済体系の現実の働きにおけるあらゆる種類の障害、故障、硬直性、さらには粘着性に直面したときにどうするかという実際的な問題についてであった。

このことは、1930年5月末における委員会の面前にA・C・ピグー教授が現れてから明白になった。ピグーはケインズより表現がずっと慎重であり、遠慮がちであり、抑制的であり、感情表現も穏やかであった。しかし、本質的には実践的なセカンドベストの政策選択に同意していた。「経済的諸力の自由な働きに対する障害」が存在していたために、「もし障害が全くなかったなら害になるであろうさまざまな形での国家の介入が、事実上、有効に作用する」と考えられた。「これはきわめて重要な原理である」と彼が断言したように、これが、非常事態においてピグーが、なぜ「実際に役に立つ公共事業への政府の大規模な支出」(54)を含む「方策」あるいは「妙案」を支持したかの理由であった。彼は1週間後に、公共事業を支持しながら、「もし失業が全く減らなかったなら」(55)、大蔵省見解は国家の活動に反対する十分な理由になるという書簡を「タイムズ」に書いた。ケインズは、「ピグー教授」からの好意的な支持をほとんど期待できなかった。

ピグーの証言は、はっきりとEACに対する助言を伝えていた。ピグーは、官吏に転身したケンブリッジの以前の同僚であるヒューバート・ヘンダーソンと同様に、ケインズの座長のもとに設立された経済学者による小委員会のメンバーであった。メンバーのひとりであるジョサイア・スタンプ卿は、イギリスにおける他の経済学者の誰よりも政府のアドバイザーとして長い経歴を有しており、穏やかで仕事のできる人物であって、ケインズとの関係も良好であった。最後のメンバーはライオネル・ロビンズであった。彼は後に戦時においてケインズときわめて密接に仕事をするようになったが、当時は、LSEの新米の教授であり、まだ32歳にもなっておらず、「フーズフー」〔人物名鑑〕にさえ載っていなかった。

だが、ロビンズは、彼自身孤立していることに気付いていたが、若々しい純理論的確信に基づく大胆さを有していた。彼は、公共事業と関税の両方を後ろ盾にしながら、報告書の同意を取り付けようとするケインズのすべての策略に抵抗した。ロビンズ以外のメンバーは、生活状況の悪化を前にして、これらの救済策を試みることを、しばしば遺憾に思いながらも黙認した。ひとりロビンズだけが、勇敢にも異議を唱えた。そして、それは公共事業の是認というより、むしろ議論の余地がないことがわかっている関税に対する無条件の承認であった。ロビンズは、彼らが育てられてきた自由貿易の原理に泥を塗るような同僚の決定をかなり周到に要約しながら、「この国の経済学者の中には、貨幣賃金の粘着性に匙を投げて、選択の余地のない便法として保護貿易に方向転換した者もいるかもしれない(56)」と書いた。かくして、ロビンズは正統派の原理に忠実だったが、同じ原理の多くを共有しているにもかかわらず、経済学界のリーダーたちは実践的マーシャリアンと呼んだほうがよく、ケインズもそのひとりであった。

ロイド・ジョージが1929～30年に「それをやり遂げた」かどうかということは、長い間の論争であった。事実、「ロイド・ジョージはそれをなしうるか」に書かれている提案には及ばなかったけれども、労働党は公共事業の本質的な計画概要を承認した。ただし、ホプキンズがよく知っていたように、多くの人はすぐに土木工事をするのでないことはわかっていた。金本位制のもとで、固定為替レートを所与のものとすると、100億ポンドの公共事業計画が及ぼす効果についての最も現代的な推計は、35万人から48万人の範囲で雇用を創出するということを示している(57)。これは、50万人の新たな雇用の創出という、「ロイド・ジョージはそれをなしうるか」の中での推計より低いものである。しかし、その刺激は、公約がなされたとき、1929年の100万人の失業を「正常」な水準まで引き下げるために1929年に当然必要と思われたものに全く及ばないというものではなかった。予想通りにいかない最後の理由は、これらの見積もりがどうなるかは、「乗数」の値がどうなるかに決定的に依存しているということである。乗数は、ケインズ経済学に革命をもたらした概念であった。

マクミラン報告は、1931年7月に出版された。その大部分は合意に至った文書であり、行動よりも分析により多くの成果がみられた。公共事業と関税の両方を含む積極政策を推し進めるという追加事項があったが、ケインズ、ベヴィン、マッケナの三頭政治によってリードされた14名の中から6名が署名した。平価切り下げもまた、小さな声で語られた。この報告は、あっという間に金融および政治的危機の津波に飲み込まれてしまった。8月までに、労働党内閣は崩壊してしまった。イギリスは、9月までに金本位制を離脱した。10月までに挙国内閣が選挙で地すべり的な勝利を収めた。今や、大蔵大臣となったネヴィル・チェンバレンは、関税（引き上げ）と公共事業（削減）について、自身の考えをもっていた。

したがって、マクミラン報告は政策に直接的な影響をほとんど与えなかった。だが、マクミラン委員会での徹底的な議論は、経済的刺激を強調するケインズのユニークな活動記録だけでなく、根本的な方法でケインズの思考に影響を与えることになった知的訓練への刺激を提供してくれた。

第4章 「アニマル・スピリット」

経済理論の再考察

経歴をみると、ケインズは『一般理論』を書いた人物として知られているが、それ以前の人生においては、ケインズ自身、構成については苦慮しながらも、当然ながら『貨幣論』が自分の代表作になると考えていた。１９３０年に入ってからの9か月間、ケインズはマクミラン委員会の委員を務めながら、経済学者によるＥＡＣの委員会の会議があり、さらには『貨幣論』の10月出版のための最終校正を誰の手も借りずに行なうという折り重なる仕事に忙殺されていた。すでに見たように、経済政策に関するこれらのさまざまな議論の間には相互に影響し合う多くの関係が存在した。また経済理論の議論についても同様であった。

ケインズは『貨幣論』の分析の中に実践的政策に関する当時の議論を入れ込みたいと思っていた。マクミラン卿は、2月に「われわれは、あなたがわれわれに理解できる形で提示してくれた研究成果を手にしていると実感しています」と述べた。ケインズは、彼の著作が「今や、ケンブリッジの何人かの主要な経済学者に読まれており、はじめはすべての人がそれに共感したわけではないが、私が思うに、いまではそれが精緻であることに彼らは満足している」(1)と返答した。ケインズは、とくに同僚であるデニス・ロバートソン（後に、ピグーの後継者として、ケンブリッジ大学経済学部の教授になっている）に言及しており、また、ラルフ・ホートレーにも言及している。ホートレーは、委員会に彼自身の証言内容を提出する前に、『貨幣論』の校正刷りを見ており、ケインズの矛盾を厳しく指摘しながら、草稿段階で延々と個人的な批判を書き続けた。

『貨幣論』の出版は、マクミラン委員会が報告を予定していたよりも早かった。ケインズはマクミランに、「したがって、それなりに時間があるので、その世界の敵意ある批判に晒されることになるでしょう(2)」とはっきり述べた。その間、ケインズ自身は、もし総投資が総貯蓄より少なかったなら、結果として損失と失業が生じるに違いないという分析の正当性に何の疑いも抱かなかった。ケインズは、1930年5月にノーマン総裁に、「もちろん、これは理論上の難しい命題ではありますが、「それが正しいにしろ、誤っているにしろ、いずれにしても、重要なのは適切な決定が下されるべきだということです。私に言えるのは、もしそれが誤りであるなら、私はいつでも辞任する覚悟ができているということです(3)」と語っていた。

しかしながら、これらの自信に満ちた期待のいくつかは長続きしなかった。『貨幣論』に費やした7年間の仕事は終わったものの、安堵と不満足が入り混じったメイナード・ケインズは、出版の差し迫った9月にフローレンス・ケインズに、「芸術作品として見れば、それは失敗です。私はそれを首尾一貫したものにするために、執筆中に大幅に考えを変えました(4)」と語った。

どうやってみたところで、ケインズはこうした自分のやっかいな癖を改めることはできなかった。偉大な経済学者であるフリードリッヒ・フォン・ハイエクは当時LSEでグレゴリーとロビンズの同僚であり、正統派経済学の最後の砦であった。ハイエクは、ケインズの大冊である『貨幣論』を批評する論文を2回にわたってLSEの学内雑誌「エコノミカ」に寄稿したが、「ケインズは、そうこうしている間に考えが変わってしまい、もはやその者書で言ったことを信じてはいないと私に語った」(5)ということを知るのは、1932年2月にこの長文の批評の2回目を出した後であった。同様に、ホートレーは『貨幣論』を誠意をもって熟読していたけれども、肝心の著者はそれを弁護するためにこつこつ勉強するどころか、1932年5月までに、「すべてを改めてやり直す」(6)と語った。

このような途轍もない撤回をするには何があったというのであろうか。あるいは、おそらく今回は、より有為な方向への前進であったのであろうか。

ロバートソンとホートレーの批判は、結局はケインズの脳裏に染み込んでおり、それらはしかと聞き入れられた。というのも、彼らはそれぞれ学問上だけでなく、個人的にもケインズと密接な関係にあったからである。彼らは、ケインズがその後「古典派経済学」というレッテルを貼った一種の牢屋からの向こう見ずな脱出を行なう際に行動を共にすると見られていた。ケインズは古典派経済学を「最も年配の経済学者たちがいまだに同意している簡潔で整合的な戦前の経済理論」の意味で使ったので、ほとんどの経済学者はそれに当てはまった。正統派経済学は、経済体系は言うまでもなく価格の伸縮性を前提にして、投資の水準を利用可能な貯蓄額に一致させる利子率の効果により、それ自体均衡に達することができると仮定していた。「大戦前は、われわれはすべて古典派経済学者であった」のであり、「私自身、疑念も呵責もなく、それをロバートソンに教えた」(7)とケインズは明言した。

ロバートソンは、数年間にわたり最も密接な共同研究者であった。ケインズとロバートソンは、まるで熟年夫婦のように何年にもわたって貨幣について議論してきた（彼らが議論したのは、金融、銀行業、および物価についてである）。そういうわけで、『貨幣論』の構成内容はロバートソンに負うところが大きい。ロバートソンもまた、貯蓄と投資が一致しなければならないと仮定する理由は何もないと信じていた。彼はまた、投資不足、貯蓄超過といったミスマッチが多分にありうると考えていた。さらにまた、公共投資は使用されない貯蓄を価値ある投資資産に転換することができるので、大蔵省見解は無意味であると考えていた。

ロバートソンはマネタリストではなかった。彼は、（ホートレーが考えたように）単純に拡張的信用政策、ないしは拡張的通貨政策の効果があるとは考えなかった。不況のただ中に、低金利だけで目的を達することができるということを認めなかった。ロバートソンはマクミラン委員会の審判を受けるために出席したとき、この点に関して、利子率が十分に低くなれば企業家は確かにより多くの借入を行なうであろうと主張するケインズからそれを認めるように迫られていた。ロバートソンは「しかし、私は依然として、貸手が申し出ることとの難しさが存在すると考える」と述べ、利子率がたとえ1％に低下しても投資を刺激することができない場合は、確信の欠如は回復不能であることを指摘することで、それに応えた。(8)

現在、われわれは、2008年～9年における利子率の劇的な下落によって、こうした状況を十分に認識できる。それにもかかわらず、われわれは、資金の貸手が自分の金が拘束されないことを切望するようになる一方で、投資家たちがどんな方法でリスクを回避し続けることができるかを知ることができる。現代の経済学者は、おそらくこの点で「流動性選好」と叫びたくなるであろう。なぜなら、『一般理論』以来、景気後退が次第にその確信を失わせていくとき、低金利それ自体では投資を回復させるのに十分でないかもしれないという見方が一般的となってきたからである。人々は、単に利用可能な投資への収益が悲惨なほど低く、彼らにとってリスクが高すぎるものを受け入れるよりも、自分の富を貨幣で保有する、つまり流動性を選好するであろう。それは80年前と同じように、今日にも当てはまるひとつの見方である。

しかしながら、1930年にこの可能性に気づいたのはケインズではなく、ロバートソンであった。後に、お互いにそのことを思い出し合っている。逆説的であるが、ロバートソンは彼自身の革命的な理論的研究を書き上げることを差し控えただけでなく、結局、彼は友人が1936年に出版した『一般理論』の内容を受け入れることさえできなかった。彼らの間の断絶は、実際には経済学と同じほど心理的な問題であった。この点に関して、ケインズはロバートソンに、「実を言えば、あなたは懐胎期にその内容の大部分を知っていた唯一の著者であり、感謝されるべきはあなたの方です」と語り、さらに、ケインズは鋭敏にも、「私は、自分の考えが変わることを喜んで受け入れるところがありますが、おそらくあなたの場合はそれを痛みとして受け入れるようですね。何という違いでしょうか[9]」と付け加えている。

したがって、ボールを拾い上げ、それを持って走ったのはケインズであった。『貨幣論』において、ケインズが公衆の「弱気」について書いたというのは確かである。しかし、その後、これについてロバートソンと議論したことがケインズの考えを一層進展させた。ケインズは、貯蓄が投資を超過することについて語っているとき、「保蔵」が銀行口座などに預けたまま放置しておくだけで、明らかな「遊休貯蓄」を生み出すことを意味するという広く受け入れられた見方を一掃する必要があった。これはケインズの見解ではなかった（ハイエクはそうだと考えたけれども）。そこで、ケインズは「保蔵」は現実の過程ではなく、心理的動機であると説明することによって、彼の意味するものを明確にしようとした。さらに、投資を行なう際の公衆の心理的抵抗を説明するために「弱気」について語る代わりに、「保蔵性向[10]」について語り始めた。集中砲火をあびながら、ケインズは概念上の道具の改良を進めていたのである。1931年末にはすでに、ケインズはLSEでハイエクのいた学部の大学院生（その中にいたニコラス・カルドアは、後にケンブリッジの教授になっている）に、「次回は、もっとわかりやすくしなければならない」と語り、今、「内容全体を再びより明確に表現し、かつ別の角度から説明するように努力している[11]」と説明していた。

『貨幣論』における貯蓄と投資の定義が、多くの問題を生み出した。大げさに言えば、貯蓄と投資が等しい必要はないと主張することは、誠にケインズらしいことである。ケインズが明らかにしたかったのは、貯蓄と投資は自動的にかつ痛みを伴うことなしに均衡に達するので、等しくなるはずであるという暗黙の仮定である。この点での見方は『貨幣論』も『一般理論』も同じである。というのは、ケインズの観点では、両者の関係において、能動的なのは投資であり、貯蓄は受身だからである。ケインズは、経済の動きは企業が（街の建設、沼地の干拓などで）報われるか、そうでないかの程度に依存するということを示したいと思っていた。もし期待が失敗に終わるなら、企業家は損失を被ることになる。かくして、問題にされるべきは、倹約の方であって、事業ではない。

その時に、『貨幣論』は誤った方向にその一歩を踏み出してしまった。損失は投資を上回る貯蓄の超過分に等しいというのは、インパクトはあるが攻撃されやすいものである。問題は、修辞学的な効果は数学的論理によって整理される必要があるということである。ここで、『貨幣論』は、特定の定義を用いることによって明確となる「基本方程式」をつくらねばならなかった。所得は期待所得として定義されている。そこには期待利潤は含まれているが、「意外の」利得あるいは損失は含まれていない。もし期待が実現されるなら、貯蓄は実際に投資に等しくなる。両者は所得のうち消費されない残余の部分という意味で、本質的に同じように定義される。

それでは、どうして貯蓄と投資は食い違うことになるのか。というのは、たとえ期待利潤が実現し損なった場合でも、『貨幣論』では依然としてそれを「所得」の一部とみなしているからである。さらに、この観念的な「所得」から現実の消費を差し引いたものが貯蓄に等しくなるので、「貯蓄」もまた正確に同じ額だけ観念的に増えるはずである。所得は現実に受け取る所得とは異なっている。なぜなら、それはこの架空のお金、つまり企業がはじめに得ることができると期待したが、市場の取引がうまくいかない場合には受け取ることができない利潤を含んでいるからである。したがって、それは事実上、営業上の損失（期待「所得」と現実の受け取りとの間の不足分）が「貯蓄」の超過分（所得のうち、消費もされないし、有利に投資もされない部分）と同じでなければならないというケースである。しかし、「所得」のこの部分にしても、これらの「超過貯蓄」にしても、実際には実現しない。両方とも期待どおりの大きさにはならないのである。

ロバートソンとホートレーは、それぞれ自分のやり方でケインズにこのことを理解させようとした。ホートレーは、『貨幣論』が、投資を超過する貯蓄分は企業の損失に正確に等しいと主張する点においてはもちろん正しい、なぜなら「超過貯蓄は企業家によって生み出された損失であり、他には何も存在しない[12]」からであると結論づけた。だから、ケインズが多大なエネルギーを注いで主張したものは、真理というよりもむしろ自明の理であった。彼とホートレーが学生時代に数学を学んだことがあるということを思い出してみるがよい。ケインズがケンブリッジでの講義で学生に語ったように、「数学自体は自明の理であり、自明の理は頭を整理するのに役立つ[13]」。

彼自身の考えは、1932年までには固まっていた。われわれは、経済活動の動きに関して、ケインズはすべての調整が本質的に価格の変化に依存するとの仮定に基づく貨幣的な視点からの理解を超えて進んでいたことを、今にして知ることができるのである。たしかにマーシャル的正統派である「古典派」経済学では、無限に調整可能な価格メカニズムが利子率を通じて均衡をもたらすと言われている。

しかしながら、こうした調整が価格の変化を通じて作用するのではなく、総産出量自体の変化を通じて作用すると仮定してみよう。ケインズは、価格が粘着的である場合の、現実世界におけるこうした可能性を以前に示唆してはいたが、理論上では、彼はつねに十分に低い利子率が均衡を達成できると主張していた。実際に、最初に産出量の水準そのものが反応する可能性に気づいたのはホートレーであった。事実、ホートレーは、デフレーションやインフレーション（あるいは、リフレーション）が結果として総所得や産出量の水準の累積的変化をもたらす経済モデルを描いていた。しかし、ホートレーもケインズもこれがもたらす重要性のほどを十分にわかっていなかった（再び、現代の経済学者は乗数効果について不平をいうかもしれないが）。

ケインズが後に認めたように、もし彼がもっと早くスウェーデンの経済学者であるグンナ・ミュルダールによって紹介され、同じスウェーデン人であるベルティル・オリーンによって発展された考え方を知っていれば、これらの議論の多くはより単純化されたものになったであろう。これは、事前（物事がどのように企てられるか）と事後（それが実際にどうなったか）の間の強引な区別を除けば、単純なものであった。もちろん、ケインズは、彼の確率論が前もってなされる事前の判断に基礎を置くものであり、事後的結果に基づくものではないということを説明するために、初期のアカデミックな研究にこの数十年を使うことになった。

われわれは、ケインズ自身が明瞭な利益の違いに気づいていたと推測してよいであろう。なぜなら、ケインズがロバートソン、ホートレー、ハイエクに対して「貯蓄」と「所得」の定義についての議論で譲歩した1932年3月に、すこぶるぎこちなくも言ったことは、まさにこの点が中心になっていたからである。そう、彼は「私が承服したという意味で」従来の定義を受け入れて認めたのである。すなわち、『貨幣論』は、事前の貯蓄と所得の両方について、期待の観点から語ったものであったと。

ケインズが執着した重要な点は、期待は実現されないということであった。そこで、ケインズは事後の定義を受け入れた。それは単純な見方、あるいは常識の範囲とみられた。かくして、貯蓄は実際に実現されたものであり、それは、結局はつねに事前の投資に等しくなるということであった。しかし、ケインズは「この場合の言葉の使い方は、『常識』が意味するものとは決定的に異なっている。」なぜなら、事前の貯蓄は、投資に対して受動的に「つねに、しかも必然的に調整される」からであると警告した。節約は企業活動を左右しない。その代わりに、企業活動が総所得水準の変化を通じて節約を決定する。事実、貯蓄は「もはや、常識的に忠実であると信じられている犬そのものではなく、その尻尾なのである。(14)」

ここに、経済理論におけるケインズ革命の芽があった。だが、それはまだ花開いてはいなかった。しかし、畑には種を蒔き、根を張る準備ができていた。いまや、われわれは、ケインズが後になぜ「最近、私はホートレー、ロバートソン、オリーンを古典派経済学者とみなさない[15]」といったのかを理解することができる。ケインズは、感謝の意を込めて、1937年に「私は、踏み迷う道程でホートレー氏を祖父、そしてロバートソン氏を父親とみなしており、両人から多大な影響を受けた[16]」と書いた。これはケインズがロバートソンに宛てた私信で語ったことと一致している。ケインズは、「私が不満に思う最後のことは、あなたが古典派、つまり正統派であるということである。ただ、あなたは蛇のようにそつなく皮を脱ぎ捨てる気もなさそうですね[17]」と書いている。

ケインズにとって、古い皮を脱ぎ捨てるべきもう一つの理由があった。それはケンブリッジにおける彼より若い仲間の影響であった。1931年の初めに、議論のための小さなサークルである「サーカス」において、出版されたばかりの『貨幣論』について議論する会合が開かれるようになった。中心メンバーは、オースティン・ロビンソン、ジョーン・ロビンソン、ピエロ・スラッファ、リチャード・カーン、ジェームズ・ミードであった。このうち、オースティン・ロビンソンはすぐにエコノミック・ジャーナルの副編集長になり、後に経済学部の教員に昇格している。オースティン・ロビンソンのよき相棒である妻のジョーン・ロビンソンは、特別優秀な人で、後年夫と同じ地位を継いでいる。スラッファはその後、古典派経済学者のデヴィッド・リカードの著作の編集で有名になっている。カーンは25歳のキングスカレッジのフェローであり、ケインズが1930年に経済学者によるEACの委員会の共同の幹事として一時的雇用を保証している。ミードはオックスフォード大学で学費免除の助手になる前に、取引について学ぶためにちょうど1年間ケンブリッジにいた。その時23歳であり、後にノーベル賞を受賞することになる。

サーカスでは、彼らの間で問題をとことんまで議論し、その結果を、日常的に多忙で、名声もあり、さまざまな職務に携わっているケインズに彼を最もよく知るカーンを通じて報告していた。シュンペーターは、サーカスの存在に気づいていたが、彼自身はそうしたこととは関わりがないと感じていた。そして、後にそのメンバー、とりわけカーンは十分な評価を受けていなかったと暗に指摘していた。これは1930年代のケンブリッジより専門分野ですでに大きく先行していたハーバードの見方であった。調査研究が重視される現代の水準からみた個人の知的財産という意味では、サーカスのメンバーもケインズと同様に大きな弱点をもっていた。彼らは皆、誰かのものを盗作するという意識をもつことなしに、さらには剽窃についてほとんど語ることもなく、お互いの知識を共有していた。後に、オースティン・ロビンソンが述べたように、ケインズは「議論について卓越した記憶力を有していたが、誰が主張したことなのかは記憶していなかった。」(18)

ミードの立場は、脇役でもありまた中枢でもあった。彼は新参者であった。1931年10月にはオックスフォードの自分の職場に戻らねばならなかったので、ケンブリッジにはわずか1

年しか滞在しなかった。ただし、彼は有効需要の理論の本質を摑むことができたと固く信じていた。さらに、この主張は妥当なものといえる。なぜなら、経済学の歴史において最も有名な概念上の決定的な進展のひとつに彼が貢献したからである。

これこそ、ケインズが後に重要性を認めた後でそう呼んだ「乗数」の概念であった。乗数の概念がはじめて提示されたのは、カーンが1930年にEACの経済学者会議のために準備した短い論文であった。これは明らかに現在でも妥当することであるが、公共事業の提案についての次のような二つのやっかいな問題に向けられたものであった。一つは、新たな雇用が実際にどのくらい生み出されると期待できるのかということであり、二つ目は、そのための支出はどのようにして支払ったらよいかということである。

カーンは第一の問題に焦点を当てた。それは、1929年の「ロイド・ジョージはそれをなしうるか」の中で、労働者が実際に新たな道路建設に雇われるだけでなく、間接的な雇用によるさらなる雇用の増大がなされるであろうという議論とともに展開されたものであった。「現在失業している多数の労働者が失業手当を受け取る代わりに賃金を受け取るようになるという事実は、商業に対しても全般的な刺激を与えるような有効購買力の増加を意味するであろう。」(19)これは当たり前のことのように思われ、それで間違いではないが、こうした説明は、この種の累積的繁栄が無限に波及しうるといった漠然とした見方を生み出しかねない。こうした見方は、出来過ぎていて信用が置けないように思われるし、実際にも信じられない。

カーンの功績は、効果は限定的であることと、それを具体的に記述できる点を示したことであった。そのプロセス自体は、無限の波及効果を考えることができるが、それらはつねに有限な数値の合計であり、計算が可能である。重要なことは、新たに雇用された労働者が手にした新たな所得の増加分のうち何割が支出に回されるのかということであり、それが多ければ多いほど経済を刺激する効果を増幅させる、ということである。

たとえば、もし半分が支出されるなら、次にこの支出は同じ計算にしたがうことになる。つまり、半分の半分（すなわち、4分の1）が支出されるということである。そして次にその半分が支出され、それが繰り返されることになる。この無限に続く支出の長い連鎖の各期の値を2で割ることによって、最終的な計算は総計で最初の投資額の2倍の大きさになる。このケースでは、それは最初に刺激として使われた大きさの2倍のテコの作用を有するということである。

カーンの業績は偉大なものであった。それに続くすべての人がこのモデルに基づく決定方法で景気刺激のための支出効果を具体的に説明しようと試みている。もし半分支出されるなら、乗数は2である。それは単純でエレガントな論証である。事実、それはまたケインズも含めて乗数に熱をあげていた当時の人たちが互いに熱く語っていたことである。その中にあって、ケインズ自身は後に乗数の値を2として計算していたが、いずれにしても乗数の大きさは1930年代においてアメリカの値より大きいと予想していた。実際、現代においては乗数の推計値は低下しており、一般に1・25～1・75の範囲である。しかしながら、乗数の原理は重要な事実発見である。なぜなら、この分析道具は刺激を支持する人々にとって必要なのと同様に、刺激に反対の主張を行なうために低い推計値を使う人々にとってもなくてはならないものだからである。

しかしながら、1930年に経済学者のEAC委員会に素朴な形で提出されたとき、その道具はまともに取り上げてもらえなかった。その有用性が認識される前に、それは内容を明確にし、かつ形式を整える必要があった。これこそミードのもつ思慮深さと分析指向が発揮される場面である。サーカスにおける議論の結果として、ケインズの編集のもとで1931年半ばに発行されたエコノミック・ジャーナルの論文で、カーンは彼の名高い「乗数」に新たなアイデアを織り込んだ。これに関する一層進んだ概念は、「ミード氏の関係性」と呼ばれた。それは、サーカスのメンバーの間では、共通の認識となっていた用法であった（ケインズは、はじめて彼らの会合に参加し、その議論を聞いたとき、ミードとその仲間の見知らぬメンバーがいるので、はた目にもわかるほどに部屋を見回していた）。

ミード氏の関係性は、消費の増加に回らない額を各段階で合計するというやり方を教えてくれる。これは、本質的に乗数関係を一般化するものであり、結果として、支出の過程と非支出（貯蓄）の過程のそれぞれを跡付けることができる。カーンは支出の増加によって生み出された雇用の増加分に注目したが、ミードは貯蓄の増加を通じて、初期投資に応じて上昇する物価あるいは産出量のいずれかの反応の程度にも注意を払っていた。

ケインズが後に「漏れ」と呼んだものは何なのであろうか。個人貯蓄が（ミードは最初それを見逃していたが）最も明白なものと思われる。しばしば言われてきたのは、「失業手当の貯蓄」であった。それは、以前に失業しており、今は仕事について自活している労働者を支えていた政府の補助金やそれ以外の資金を意味している。ミードはこれに輸入コストの増加を加えている。というのは、これが自国における波及支出の経路からの漏れだからである。さらにミードは支出されない利潤の増加分も加えている。それはここでは実質利潤であり、新たな所得増加から脇に取り置かれる実質貯蓄からなっている。これらは支出に回らない最初の投資の額であり、それゆえに引き算によって貯蓄として分類されねばならない（もし貯蓄が実際に資本財への支出の形をとる投資と異なり、受身であるということを忘れるなら、これはまさにおかしなことである）。したがって、所得から消費を差し引いたものが貯蓄に等しくなる。それはケインズが『貨幣論』での定義を捨てた後で「譲歩した」常識的な用語での表現である。

ミードの結論は、考え方を明瞭にさせるのに役立つもうひとつの自明の理である。なぜなら、並行的な連続体をなすこれらの支出されない部分は、必然的にその合計が単位元になるからである。かくして、ミード氏の関係性は、貯蓄の大きさは出発点の投資と正確に等しくならなければならないということを示している。

この高度に示唆に富む結論は、二つの方法で説明することができる。その一つは、ミードとカーンが当時述べたように、公共事業の費用をどのように支払うかという問題に答えを出すことができるということである。その答えは、今でも妥当する。結局、公共事業の費用は、公共事業による刺激によって拡大した経済活動それ自体によって支払うということである。結果として生み出される貯蓄は受身のものであり、それゆえ積極的な（ただし、強制されてはいない）投資を実現することができる資金の提供を可能にするものである。

まず、最初に必要な唯一の決定は、投資をするということである。実際、公共事業に通常必要とされるのは、まずそうした事業に使われる資金を借り入れるということである。（カーンも、ミードも、ケインズもそうした用語は使わなかったが）「呼び水」は一つの例である。借入れが将来返済すべき負債を生み出すのは明らかである。しかし、それが次世代に負債の重荷を負わせるという主張は、公共事業は同時に最初に資金を借り入れるまさにその過程を通じて経済を繁栄に導くのだという事実を無視している。

ミードの論点を表すもう一つの方法は、さらにより根本的なものである。というのは、これが公共事業のための投資に当てはまるなら、それはすべての投資に当てはまるからである。ミード氏の関係性が論証することは、総産出量、あるいは総所得の水準の変化を通じて、投資と等しい貯蓄がつねに生み出されるということである。事実、これは貯蓄と投資の均衡をもたらす一般的な過程である。40年後に、ミードが（ケインズの使っていた言葉をまねて）、「ケインズの知的革命は、通常、貯蓄と呼ばれた犬が投資と名づけられた自分の尻尾を振るという真実味のあるモデルに基づく経済学者の思考方法を、投資と呼ばれた犬が貯蓄と名づけられた尻尾を振るというモデルに基づく思考方法に変えさせることであった[20]」と書いたことは少しも不思議ではない。

当時、サーカスにおける新たな考え方がケインズによってどれほどすばやく評価されたかは全く不明である。ジョーン・ロビンソンは、ケインズが「ケインズ革命の核心とは、本当は何であるのかを理解するのに時間がかかったし、われわれもメイナードにそれを分かってもらうのにやや手こずった[21]」と意外なことを言っていた。そうした状況にもかかわらず、ケインズ自ら認めているように、1931年夏には、シカゴで公開講義を行ない、貯蓄と投資が必然的に等しくなることを否定しており、したがって、彼はまだ『貨幣論』の定義を放棄したわけではなかった。その正式な分析にもかかわらず、『貨幣論』でのいくつかの例は、依然としてサーカスを新たな方向へと導くことになった。

バナナのたとえ話を取り上げよう。これは、最初にケインズがマクミラン委員会で話したものである。「バナナのプランテーションだけからなる社会を仮定し、人々がその労働に従事するものとしよう」ということから話は始まる。人々はバナナを栽培し、それを消費するだけであり、他は何もしない。バナナに使う以外のお金は貯蓄される。バナナの生産のための投資はこの貯蓄に正確に等しくなる。「このエデンに入る」と「そこでは、社会の人々に経常所得のほとんどすべてを食料であるバナナに支出するような思慮の足りない行動を慎むことを促す節約キャンペーンを始めている」とケインズは続けた。理由はどうあれ，貯蓄の増加分は投資の増加分と一致しない。なぜそうなるのか。そこでは，バナナはいつものように同じ量だけ生産される。バナナは保存しておけないので，売りさばかねばならない。しかし，節約によって公衆はバナナを買うお金を減らしてしまっている。そうなると，バナナは安い価格でしか売れなくなる。

「結果として，企業家の富は彼らの懐から公衆のポケットに移ってしまった」のであり，節約というポケットに移ったわけではないので，公衆こそ事業の勝者なのであるとケインズは主張した。続いて，ケインズは，無知な犠牲者としての企業家は賃金の引き下げや失業を通じて労働者を犠牲にすることで自分たちを救うことはできないことを示しながら，「この世界の現実の富を増やす唯一のことは，実際の投資である」と述べた。しかしながら，個々の雇い主のこうした合理的な反応は，その社会の購買力を生産が引き合う水準以下にさらに引き下げる効果をもつことになる。明らかに，カルテルはすべての人が餓死する状況を回避する助けとなる可能性がある。それ以外には，残された選択肢は二つしかないとケインズは述べている。「節約のキャンペーンを減らすか，やめること，さもなければ投資を増加させること」である[22]。

実際に，バナナのたとえ話はわかりきったことである。それは支出の減少の加速によって乗数効果がマイナスに作用することを例証するのに使うことができるが，依然として，もし所得が減少するなら，支出もまたその全体の額まで減少すると仮定している。それは，こうした状況のもとでは貯蓄もまた確実に減少するし、逆に、所得が増加する状況では貯蓄もまたある程度まで増加するであろうという事実を見落としている。この点の関連性に気づき、ケインズに先んじた人たちもいた。

しかしながら、ケインズは、所得の変化はおそらくそれとまったく同じだけの消費の変化を生み出すことはないであろう、という事実の重要性を認識するに至った。ケインズは、所得が増加するとき、所得と消費の間のギャップが拡大することを「心理的法則」と呼んだ。というのは、もし個人の純貯蓄がこの方法で景気拡大とともに増加するなら、たしかにこれらの貯蓄は全体として需要を維持するために投資の同量の増加と釣り合わされることが必要となるからである。1932年におけるケインズの思考の方向転換は、古典派理論が「全体としての産出高に対する需要と供給の理論[23]」を長い間にわたって無視してきたという実感を認識し始めたことによって促されたものである。

これらは、新たな理論を生み出そうとするケインズにとって重要な踏み石であった。ケインズが後に説明するように、「貯蓄と投資に関する私の論述の目新しいところは、それらが総体として必ず等しくなるという私の主張にあるのではなく、（ある他の諸要因と相まって）この均等性を保証するのが利子率ではなく、所得水準であるという命題にある。[24]」したがって、産出高の水準は、経済のさまざまな水準で均衡しうるのであり、完全雇用における均衡はその一つに過ぎない。

それでは、利子率にはどのような役割が残されているのであろうか。もはや、利子率には、『貨幣論』や実際のすべての正統派理論で演じていた、均衡をもたらすという重要な役割は残されていなかった。ケインズはそこに空いた間隙《かんげき》を埋める必要があった。ケインズの頭の中には、（かつて、彼がハロッドにそのプロセスを説明したように）、全体としての産出量の新しい理論があった。「しばらく後で、利子の概念から流動性選好の意味が生まれたが、それを考えた瞬間に私の頭の中はきわめて明瞭になった。」[25]「弱気」、「保蔵」、「保蔵性向」といったこれらすべての古い用語が突然にある種の新しい意味を持つようになった。ケインズは、貨幣そのものの保有に関して、すべてのことが公衆の心理いかんにかかっており、したがって、確信が崩れる場合には、公衆は貯蓄を投資に向けることを躊躇する、ということを合点したのである。

われわれは、ケインズの思考がこの決定的な段階に達し、しかもそれはこれまで想定されていたよりもかなり早かったということを指摘できる。ケインズは1932年の秋から、1学期間、毎週1回、2年間に渡りケンブリッジ大学ではじめての講義を行なった。それは毎回満員であり、学部生だけでなく同僚たちも参加していたが、最もよい席を占めていたのは大学院生たちであった。一人のアメリカ人の院生は、「それはまるでチャールズ・ダーウィンかアイザック・ニュートンの話を聞いているかのようであった」と回想している。たしかに、二人とも影響力が広範囲に及ぶ知的革命を促したその分野のヒーローであった。[26] ケインズは可能な限り想像しうる最も興味ある課題、つまり当時準備中であった彼の新しい本について語る際に、聞き手に敬意を払っていた。
講義の題目は「生産の貨幣的理論」であった。1932年10月31日の第4回目の講義についての大学院生のノートには、ケインズが「利子率自体が流動性選好のひとつの表現である」[27]という結論に達したことが示されている。したがって、全体としての産出量は、理論上、利子率によって均衡に導かれるのではなく、それに代わって、投資が経済の動力であり、産出量の水準を均衡させるものであった。そして、学期の終わりに、ケインズの友人であるピエロ・スラッファが彼に、1世紀以上前にけんか早いトーマス・マルサスからリカードに送られた書簡の中で再発見されたものを見せた後で、ケインズはこの影響力が広範囲に及ぶ新たな分析に役立つ人［マルサス］の名前を見出した。ケインズは全体としての産出量の理論を表現するのに「有効需要」というマルサスの用語を借用することで、ケンブリッジのもう一人の勇敢な開拓者であるマルサスに敬意を表することを決心した。

ケインズは、1932年の終わりまでに有効需要の理論の本質を掴んでいた。かくして、緊《きん》褌《こん》一番、戦いに臨んだ。そうして、彼がすぐに進行中の経済政策を巡る論戦に再登場したとき、彼の議論は新たな論拠に裏打ちされていた。この時点までは、彼の実践的な提案はとくにイギリスの状況に向けられたものであり、一部のアメリカ人によって注目されてはいたが、大西洋を越えてすぐに適用可能なものではなかった。アメリカは、金本位制度の被害をほとんど被っておらず、「公定歩合の操作法」には無関心なように思われた。大蔵省見解も他の国からの借物であった。これと対照的に、1933年にケインズは世界的に意義のある新たなメッセージをもって、イギリスおよびアメリカの諸問題に対して直接に語りかける用意をしていた。

『貨幣論』の著者ケインズは、数年間にわたって経済を刺激する手段を求めていた。ただし、『貨幣論』では、理論上は価格の伸縮性が完全雇用をもたらすはずであると主張していた。ケインズはマクミラン委員会において、また他のところでも繰り返し、利子率（あるいは、金融政策）は、目的を達成できるという一般的原理を認めていた。彼は、低金利は投資を刺激し、それによって経済が回復することに役立つと述べていた。イギリスにとっての実際上の困難は、金本位制のもとでは低金利が選択肢に入らないという単純なものであった。イギリスにおけるもう一つの困難な問題は、賃金の粘着性であり、それによって国際的な競争水準まで賃金を引き下げることで金融引き締めに応じることを労働者は拒絶するというものであった。この意味で、失業は自発的なものであった。集団としてみれば、労働者は賃金切り下げよりも、失業を受け入れることを選択したという状況であった。いずれにしても、これらの古典派経済学の価格水準の調整は、理論どおりの成果が結実することはなかった。それゆえ、ケインズは関税やとりわけ公共事業のような一連のその場しのぎの次善の策を選択することになったのである。

ケインズの長期についての格言は、こうした状況にとくにぴったりしたものであった。それは適切な試金石を提供し続けてきたが、情況そのものが変化してしまった。1931年にイギリスは金本位制を離脱した。もはやポンドはドルに対して過大評価されることはなくなった。『貨幣論』の特殊なケースがもはや作用しなくなった。

かくして、ケインズが関税を支持する理論的な根拠は消え失せてしまった。事実、ケインズは（すでに見たように、依然として国内で行なえる解決策を渇望する様子を示していたが）この特殊な主張をいったん放棄してしまった。さらに、イングランド銀行が高金利政策を維持する必要がなくなったために、同じように公共事業という特殊なケースも消えてしまった。事実、1920年代後半に5％近辺にあった公定歩合（あるいは、基準金利）は、1932年6月までに2％に低下し、第二次世界大戦の前夜までその水準に留まることになった。これは、イングランド銀行が17世紀後半に創設されて以来、これまで設定した最も低い金利であった。2009年には、さらに低い金利を目にすることになる。

しかし、低金利政策はうまくいかなかった。少なくとも、ケインズの目にはそう映った。イギリスの失業率は歴史的な高水準に留まっていた。ケインズは、一貫して「正常」な失業率の基準をおよそ5％とみていた。1933年1月の公式な数字では、23％の高水準であった。

もし、利子率がもはや責任を果たすことができないなら、おそらく、問題の根本は、結局イギリスの非競争的な賃金にあるということになる。これは、ヒューバート・ヘンダーソンが1930〜31年に達した大雑把な結論であった。その点で、ケインズは、「賃金への攻撃」を止めることを避けたい古い仲間からの非難を受けたとき、「私は、紆余曲折を経ながら別の選択肢を見つけている。なぜなら、賃金切り下げよりむしろ投資の増加の方が、まだ見込みがあると思われるからである(28)」と答えるしかなかった。事実、たとえ、ピグーと同様に、ケインズ自身が賃金切り下げを実践的な処方箋とみるのに乗り気でなかったとしても、労働費用を含めて高コストが世界の水準からみてイギリスの物価を競争力のないものにしているという説得的な議論がある。しかし、これもまた、いったん全世界が、実際にすべての国で、失業を伴う不況に巻き込まれると事情は変わってしまった。どのようにして、すべての国が同時にお互いに競争力を失うようになるのであろうか。すべての国での同時の賃金切り下げは、全体の状況をどのようにして改善できるのであろうか。

ピグーのような正統派経済学者は、「仕掛け」と「工夫」が依然として実際に必要であるという見解を強く主張していた。ここで、ケインズを他の人と分けたものは、何といっても彼が正統派に異議を唱えた理論を使ってその問題にアプローチしたということである。金融政策はもはやケインズの理論的処方箋ではなかった。たしかに、インフレ的な過熱を抑えるために紐の端を引っ張るような芸当を行なうことはできたであろう。しかし、それはごまかしにすぎなかった。1930年代のデフレ問題のような現実の不況に直面したときに、紐の端を押すようなものであった。底に張り付いた利子率は、必要な刺激を与えることができなかった。［金融政策では、拡大・増進は食い止めることができても、縮小・衰退を終わらせることはできない。］

いまや、ケインズは理論に関して確信があったので、大いなる自信をもって行動したのであった。サーカスのメンバーは、戦術上有利な議論を作り上げるよりむしろ、現実に潜む真理を発見する上での彼の感動を覚えるほどにすばらしいセンスを共有していた。ケインズが書いていた新しい本は、明らかに『貨幣論』の改訂に向かうものではなく、まったくそれにとって代わるものであった。後に彼が事の顚末をハロッドに語ったように、出版に間に合わせるために必要な大きな混乱と負担があったけれども、1932年の間に彼の考え方の変化が、「私にとって個人的な啓発の時期となった移行期間」を生んだのであり、「トンネルから抜け出る際に、光明(29)」を見出したのである。

いまや、有効需要の理論は、均衡は事実上貯蓄と投資によって達成されると説明していた。しかし、それは完全雇用を下回るところでの均衡であった。個人の行動には、経済全体の動きを通じてはじめてもたらされる成果を達成する力はなかった。したがって、包括的刺激策の新たな関係は、自国にしても外国にしても、一国全体ないしは、おそらく全世界に及ぶものである。均衡という用語は、経済がバランスしているということを示唆する点で、安心させる響きをもっていたが、実際には問題を抱えていた。経済活動が不活発であっても、それを自動的に活性化させることはできなかった。

ここにケインズ革命が起こった。それは現実世界の政策論争との戦いによって刺激された面があるが、パラダイム［概念体系］を変化させた分析ゆえに、そうした論争より優れていたのである。さらに、その分析はすでに『一般理論』が出版される3年前から使われていた。『一般理論』の草稿段階におけるケインズの努力は、本書を差し向けた「仲間の経済学者たち」を説得すべく、無駄なく、手間取らず、手を抜かず、かつ有効性・妥当性を欠くことのないように、隙のない整然たる論証を準備することであった。しかし、彼のこのような所業は、適当な修辞法によっていくつかの専門的ないしは数学的な主張・命題を潤色したように、すなわち体裁上後で取って付けたように見えるとしても、それだけに留まるものではなく、むしろ、それ以上のものであった。いや、どちらかといえば逆なのである。ケインズは、大学の講義の中で、「言葉の厳密な使用は、思考の発展の最後の段階で生じる」のであり、「自分の考えを慎重かつ効果的に思索することができるのは、自分の考えをはっきりと表示することができるようになるずっと前である。」と述べている。[30]

公の場で比較的沈黙を守った1年半の後、1933年の初めから、ケインズは彼の新しい考え方を精力的に公表しはじめた。彼自身の金融政策離れと矛盾しない新たな財政政策が強調されることになった。景気の底で予算を均衡させようとするイギリス政府の試みがケインズの直接のターゲットになった。彼はラジオ放送で、「政府は、国民所得を減少させるようなやり方で国家予算を均衡させることはできないであろう」と主張した。政府支出、とりわけ失業手当の削減は自滅的であった。新たなスローガンは、「失業に目を向け、国家予算によって失業者の手当てをしよう」ということであった。事実、ケインズは、「もしも大蔵大臣がかなり楽観的な見方をしていたなら、そしてことによると次年度の予算で、目の前にある事実によって有無を言わせずに正当化されるものよりも大きな信頼を私たちに与えることができるなら、大臣は先見の明があるといえるだろう(31)」と極言していた。

ケインズの名前を財政赤字と自動的に結びつける人たちにとっては、これらの所見は、奇妙にも生ぬるいものと思われるかもしれない。当たらずとも遠からずで、それはかつてケインズが経常勘定に財政赤字が続けざまに現れていることを認めた事実上唯一の裏付けである。ケインズが実際に望んだものは、それでもなお貸付資金による資本形成であった。なぜなら、これが投資に対する直接的な刺激であったという明白な理由のためである。当然ながら、これはケインズが最初に発表した乗数の説明を織り込んだ重要かつ豪華なパンフレットである『繁栄への道』の1933年4月のアメリカ版における彼の提案の主旨であった。

もちろん、ケインズは今や二つの長年にわたる反論に対してより明確な解答を与える立場にあった。彼は公共事業が雇用に与える累積的な効果を詳しく説明することができた。さらに、貨幣の問題点を説明することができた。彼は、『繁栄への道』のアメリカ版に、「まさに平穏な局面への最初の衝撃がこのように強力な影響を生み出すことができるのと同じように、厳しい局面におけるそう大きくない衝撃が驚くほどの景気回復効果をもたらすであろう」と書いた。彼は新しいアイデアが馴染みのないものであることを認めていたが、広く受け入れられることを望んでおり、古い理論は不適切であり、「多くの人々が、失業が存在しないという想定に基づく理論によって失業問題の解決を図ろうとしている(32)」と主張した。

説得することがかつてよりも重要に思われた。内部の意見を説得する際のケインズ自身の仕事は、外部の意見の説得の先駆けとなるものであった。大衆の心理は、しばしば自己実現された結果によって市場の信頼を生み出してきた。1933年3月のルーズベルトの大統領就任演説は、恐れるものは何もないが、恐れることが恐ろしいのであるという主張で有名であった。ケインズがルーズベルトに与えた影響を綿密に調べるには、おそらく膨大な時間がかかるであろう。代わりに、ルーズベルトがケインズに与えた影響の方がおそらくより知ってもらう必要があろう。いずれにしても、翌月に、ケインズはいつものように大蔵大臣のネヴィル・チェンバレンを批判しながら、英国の実情に応じて性に合ったおなじみのメッセージを用意した。ケインズは「残念ながら、大蔵大臣の政策が悲観的であればあるほど、悲観的な予想がますます現実のものとなり、またその逆も成り立つのである。」「大蔵大臣の夢は、それが何であろうと現実のものとなる(33)」と述べた。新しい大統領の夢は彼自身のそれに似ていた。

もしわれわれが、車は道路に沿って安全に運行しているが、時には衝突や破損が生じるのはなぜかを知りたいと思うなら、それを説明するいくつかのやり方がある。一つの説明は、機械の性能に関するものであり、エンジンの正確な性能の限界を決定する際の能力と効率性に関する必要な効力を示すことである。もうひとつの説明は、人間の側の要因に注目し、運転以外のことに気をとられるとか、慎重さを欠くような対応をとることになるような運転手の判断を調

Getty Images

1933年３月のフランクリン・D・ルーズベルト大統領の就任式。この時、ルーズベルトは、「恐れるものは、ただ恐怖心だけである」、と述べた。

べてみるということである。1932年に構想した有効需要の原理は、最初の分析により似ていた。それは本質的に水力学的であり、作用方法は異なるが、ちょうど公定歩合の操作が水力学的であったと同じように、必要なフローと排水量を説明するものであった。

『一般理論』自体は、1936年に出版されたとき、どうだったのであろうか。延々と続いた草稿の改訂を通じて、『一般理論』は人の心理のみならず不確実性も含む、より主観的な概念で満たされて一層進んだ次元をもつようになっていた。その過程において、ケインズは本書の第1章でみたように、四半世紀前に確率の研究において最初に浮上したアイデアに回帰していた。もちろん、彼はまた『貨幣論』からいくつかの主題を拾い上げ、期待の役割についての見方を改善していた。ジェームズ・ミードより以前には誰もいないが、多くの初期ケインジアンたちは、期待を所与とし、その次に経済体系に対する明確な結果を説明することに何ら矛盾を認めなかった。

ケインズがマクロ経済学の重要性を確立するうえで決定的な役割を果たしたということに異を唱える経済学者は誰もいないであろう。そうした「マクロという」用語自体、1940年代までは使われたことがなかったし、ケインズ自身一度も使ったことがなかったが、「全体としての」経済体系の研究はたしかにケインズのアプローチを表している。この時代のエコノミック・ジャーナルにおける引用総数は、すでに『貨幣論』がケインズをアメリカのアービング・フィッシャーに代わって世界で最も引用の多いマクロ経済学者にしたことを示している。『一般理論』の出版後、ケインズの優位は比類ないものになった。ケインズの名前の引用回数は、2番目にランクされる経済学者であるデニス・ロバートソンのほぼ3倍であったし、時にピグーの4倍、ハロッド、ホートレー、あるいはハイエクの5倍、ジョーン・ロビンソンの6倍、オリーンの8倍であり、なんとシュンペーターの9倍の時もあった[34]。

『一般理論』の構成は、これが「なぜそうなのか」ということを明らかにしてくれる。それは6つの部分に分けられている。はじめに、マルサス以来、古典派経済学によってとられてきた方向を拒否することを結論づけている。もちろん、それは非常に挑発的な主張である。ケインズが個人的にハロッドに語ったように、「私は、いうなれば騒ぎを起こしたいのである。なぜなら、それだけが私の言うことが理解されることになる論争を生み出すからである[35]。」これは、『一般理論』の第一編で有効需要の理論を解説する際に明確な違いを説明するのに役立っている。

もし総産出量が市場を見出すことができ、そのために生産から利益を得ることができるとするなら、そこには等しい大きさの総需要がなければならない。有効需要は消費と投資からなっている。それらはともに積極的な活動あるいは意思決定の産物であり、受け身の残差である貯蓄とは違う（したがって、貯蓄は単に支出の延期であるというマーシャルの主張は捨て去られるべきである）。それゆえに、消費財に支出されない経常所得の部分は投資によって埋め合わされねばならない。それは資本財への支出そのものである。さもなければ、経済活動を麻痺させるような影響が生じるであろう。

自由市場では個人の選択が現実である。もっと正確にいえば、最初の決定は現実であるが、結果全体は思いとは異なる意図せざるものになる可能性がある。なぜなら、貯蓄と投資は所得の変化を通じて総計として一致するだけだからである。支出と同様に貯蓄は二つの役目をもっている。ある人の消費は別の人の所得であり、ある人の節約は別の人の所得の損失である。消費者の集合的行動の産物としての貯蓄は、必然的に企業家の集合的行動の産物としての投資と同じ大きさへと導かれるであろう。これは貯蓄も投資もその各々が所得から消費を差し引いたものに等しくなるために、そうなるはずのものなのである。

したがって、いろいろな種類の均衡が存在する。しかし、必ず完全雇用あるいは最適産出量で均衡するとは限らない。なぜなら、産出量自体が調整されねばならないからであり、貯蓄と投資の均衡はどの水準の所得でも、どの産出量でも、どの雇用でも生み出されるからである。『一般理論』の第二編の最後の言葉は、「全体の経済行動の理論と、個々の単位の行動理論──この場合には個人の需要の変化はその人の所得に影響しないと仮定される──との間の重大な相違である[36]」ということを指摘している。

『一般理論』の第三編の「消費性向」は、その主張の決定的に重要な部分をいっしょに描いている。ケインズは「われわれの分析の究極的目的は、雇用量を決定するものは何かを発見することである[37]」と書いた。ケインズの決定的に重要な指摘は、総需要関数がこれまで見逃されてきたということである。需要は投資と消費の両方からなるために、両方ともに必要である。投資の役割の重要性を強調することは、ケインズにとっては日新しいものではなかった。しかし、貯蓄の性質よりむしろ「消費性向」に注意を集中する『一般理論』の分析は、議論に新たな展開をもたらすことになる。消費不足も投資不足もともに過度に貯蓄をしようとすることに原因があるゆえに、原理的には問題の根本は消費不足も投資不足と同じように考えられるといえる。『一般理論』の第三編では、失業は「個人を『豊かにする』のに最も適した行動原理を……国家の行動にまで当てはめたことの不可避的な結果」[38]であると結論づけている。

ここには、有名な節約のパラドックスがある。それがパラドックスなのは、もし個人の貯蓄がその個人の関係者を豊かにするなら、貯蓄は社会全体も豊かにしなければならないと仮定することが当然と思われるからである。「誤謬が生ずるのは、一個人が貯蓄するとき、彼はそれに等しい額だけ総投資を増加させるという、もっともらしい推論にまで進むためである」[39]と『一般理論』はわれわれに語っている。それは、以前にケインズがバナナのたとえ話で語ったように、過度の貯蓄は物価の下落、利潤の減少、雇用減少、所得減少、景気低下のすべてをともなう意図せざる悪循環を進行させるという話であった。ケインズの説明は、バナナの説明のときより説得力があり、かつ整合的であるが、話の中心は個人に当てはまるものと全体に当てはまるものとの違いに向けられている。

この決定的に重要な洞察に注目したのは歴史の上ではケインズが最初ではなかった。ケインズは『一般理論』で節約のパラドックスを定義する際に、彼に先行するパイオニアたちに謝意を表することにきわめて寛大である。ケインズは『一般理論』の第23章において、経済学の異教徒たちのギャラリー全体、とりわけ18世紀初期の『蜂の寓話』のバーナード・マンデヴィルと、もちろんすでに伝記的エッセーを出版していたマルサスの地位の回復に大きな満足を感じている。また、J・A・ホブソンに対する7ページにわたる賛辞がある。ホブソンで最もよく思い出されるのは、帝国主義に関する先駆的分析と当時もっともよく知られた「過少消費説」である。ホブソンは晩年には、自分の研究が「経済思想に一時代を画した(40)」ということを聞くことに明らかに深い満足を覚えていた。

ケインズは、実際にはホブソンからはほとんど何も学んでいない。しかし、もっと学んでおくべきであった。ホブソンに関する節の原稿がカーンの助力によって書かれる前に『一般理論』はすでに校正刷りがなされていた。ホブソンは知的に自由な立場にあり、イギリスのいかなる専門的なポストに就くこともなかった。ただ、アメリカの大学、とりわけワシントン大学の名誉客員研究員であったが、そこでの彼の「進歩的な」政治的言質は常識的感覚と相いれないものであった。ホブソンはアカデミックな面よりもイデオロギーの面でケインズに近かった。たしかに、ホブソンとケインズはともに過剰貯蓄と呼ぶことのできる集計のプロセスに焦点を当てることになった。しかし、貯蓄と投資を同じ活動と考えるホブソンにとって、これは過剰投資を意味し、それに対する処方箋は消費の増加しかないということである。これに反して、ケインズにとっては過剰貯蓄はもちろん過少投資を意味するので、重要なのは投資を刺激することである。『一般理論』は戦略的にこの違いを持ち出した。一方、ホブソンは経済学的専門に関する洞察よりもずっと注目された「経済学的異端児」として知られている。

しかしながら、ケインズが無視したのは、彼がすぐに取り上げることもできたはずのホブソンの経済学的洞察であった。無視したわけは、ホブソンが集計的過剰貯蓄の愚かさについての彼自身の（正当な）主張を「根本的に、きわめて単純な誤謬、すなわち誰かができることは、すべての人ができるとする誤謬」に対する主張と同一視したからであった。ホブソンは、これを個人的誤謬と呼んだ。そして好んで使った反証例は、ある少年が丸太小屋からホワイトハウスに入ることができたということは真実であるかもしれないが、すべての少年が同時にそうなれるわけではないということであった。(41)

この考え方は、合成の誤謬と呼ばれることもある。ある意味でそれが『一般理論』の背後にある一般的な理論であるために、その中心的な役割を誇張することができないのである。たとえば、過剰貯蓄の大きさを実際に集計することはできない。誤った結果を生み出すのは、高すぎる貯蓄性向である。ケインズは、個人がそれぞれ自身の合理性を実現するような戦略を実行するであろうとみている。しかし、［さらに一歩進んで考えれば］もしわれわれが同時にそうしようとするなら、自滅的になることが判明することになろう。そうではあるけれども、原理的には、全員が自己の利益を追求すると総体としてどうなるかを知ることができる。したがって、もし政府が貯蓄に介入できないとするなら、市場の失敗は、われわれが実際に望んでいるものをなぜ達成できないかについて、簡単には説明できない理論的な理由が存在する、ということになる。

ケインズの知的革命の中心には、有効需要の理論に次いで指針となる洞察がある。これはケインズの初期のアカデミックな研究である確率論に戻ることになる。彼は1936年末に「雇用の一般理論」というタイトルでハーバード大学のクウォータリー・ジャーナル・オブ・エコノミクスに書いた論文でこれを最もよく説明している。そこでは、不確実性がケインズ的メカニズムにおける隠れた要因として登場してくる。ケインズは「将来に関するわれわれの知識は変動しやすく、曖昧で、不確実であるという事実が、古典派的政治経済学の方法論では、奇妙なことに富を不適切な話題にすり替えている」と指摘している。ケインズがみているのは、われわれは確率を計算できるけれども、不確実性に直面した時には科学的な計算の範囲を超えて行動するということである。「われわれは単に知らないというだけである」とケインズは言う。われわれが住んでいる世界は不確実性に満ちているが、その中で日々経済活動について意思決定しなければならない。したがって、「貨幣を保有したいという思いは、将来に関するわれわれ自身の計算と慣習に対する不信の程度を表すバロメーターである。」(42)

したがって、期待が重要となる。それは必然的に事前の視点での期待を意味することになる。期待が合理的であるかどうかは、それらの期待が事前になされた合理的な判断に基づいていたかどうかに依存するのであり，それが事後にどのように表れるかに依存するのではない。もしこうした考え方を現代の経済に適用するなら，その場合には，現実の市場行動が合理的に行われると仮定する「合理的期待」のいかなるモデルとも相いれないことは明らかである。いずれにしても，市場を全知全能とみるやり方にお墨付きを与える「合理的期待」の適用は少々単純すぎると思われる。

意思決定は非合理的ではないかもしれないが，期待が全体として合理的であると仮定することは誤りである。経済は投資に依存し，投資は期待に依存しているが，しかしながら，期待の科学的な基礎には限界がある。『一般理論』自体は，次のように，このことをきわめて明確にしている。「期待を形成する際に，きわめて不確実な事柄を重視することは愚かであろう。(43)」それは『確率論』を連想することをわれわれに教えてくれる。知識はあやふやであるというのが一つのテーマであり，慣習を頼みとしたプラグマチックな反応がもう一つのテーマである。市場自体の心理のあと知恵による予測は動機に影響することになる。「投機家は，企業の着実な流れに浮かぶ泡沫としてならば，なんの害も与えないであろう」ということをケインズは認め，とくに，ウォール街を非難する前に，「一国の資本市場の発展が賭博場の活動の副産物となったような場合には，事はうまくいきそうにない(44)」ということをふと口にしている。

これは，部分的には市場のインセンティブを悪い方向に誘うような制度上の問題である。しかし，人間自体を無視することはできない。期待にとって決定的に重要なのは信頼である。将来は合理的といえないとしても、その力強さが頼りである。「十分な成果を引き出すために将来の長期間を要するような、何か積極的なことをしようとするわれわれの決意のおそらく大部分は、アニマル・スピリット―不活動よりもむしろ活動を欲する自発的衝動―の結果としてのみなされるものであって、数量的確率を乗じた数量的利益の加重平均の結果として行われるものではない。[45]」アニマル・スピリットに関するケインズの含蓄ある引用文は、たしかにその必要性を指摘しながらも、残念ながら市場期待のより広範な分析を生むことはなかった。

『一般理論』は、経済政策の手引書ではない。その洞察は特定の状況に適用できるけれども、本質的な主張は普遍的である。ますます懐疑的となったロバートソンが、1935年にケインズに、理論的構造の大部分はわけのわからない代物であると思うと語ったとき、ケインズは「本書は純粋に理論的な著作であり、警句の蒐集《しゅうしゅう》本ではない。すべてのものはわけのわからないもので動いている。……[46]」ときっぱりと応えた。外的な力に影響を受ける開放経済としてのイギリスに特別な関係をもつ『貨幣論』と違い、『一般理論』は、原則として世界全体が定義によってまさに一つであるような、封鎖経済に当てはまるものである。

「私は自分の理論を一般理論と呼んだ」とケインズはフランス語版への序文に書いた。「その意味は、私が主として取り扱うものは個々の産業や企業や個人の所得、利潤、産出量、雇用、投資、貯蓄といったものではなく、総所得、総利潤、総産出量、総雇用、総投資、総貯蓄といった全体としての経済体系の動きである、ということである。[47]」おそらく、ケインズはそのように述べたとき、このことを確信していたであろう。しかし、ケインズが本にこの名前を付けた本当の理由は、たしかに、彼が会い、感服していたアルバート・アインシュタインに影響を受けて、その一般論としての地位を、特定の条件でのみ妥当する特殊な理論に対置するものとして主張したかったということであった。

ケインズは、それぞれの分野の人たちの力を引き出しながら、それらのすばらしいアイデアを自分のものにしていくすぐれた知的監督であった。ケインズは他の人たちのアイデアを修正・採用したことを快く認めた識見に関しては、独占しない決心をしていた。しかし、ケインズは正統派経済理論の中に彼の思考に関する精選された面を特殊ケースとして入れ込むことを明らかに憂慮していた。かくして、乗数理論は受け入れることができたが、産出量の変化を媒介変数とする貯蓄と投資の均衡理論は受け入れられなかった。あるいは、流動性選好説は受け入れられたが、伝統的な利子論は、興味ある修正のみで、その復位は受け入れられなかった。その結果として、ケインズ革命は賃金の硬直性や利子率の本来の働きを一時的に妨げる「流動性の罠」に依存する「不況の経済学」の一つとしてあまり重視されないかもしれない。しかし、ケインズは、いったん完全雇用が達成されたなら、原則としてインフレーションの危険にも対処できるという意味で均整のとれた体系を想像していた。

理論経済学に関するほとんどの論文のいかなる範例にもならっていないことで、『一般理論』はすぐれた書物である。「ここで述べられている思想は、込み入った形で表現されているけれども、きわめて単純なものであり、明白なものである」[48]とケインズは「序」で述べている。ケインズはできるかぎり技術的なやり方で書くべきだと考えた。というのは、彼の仲間の経済学者たちには専門的な分野でごまかしがきかないからであった。ケインズ自身にとっても、マーシャル的な教育から脱却することは知的側面だけでなく心理的な面でもそうであったことは疑いのないところである。１９３７年に、ケインズは説得できなかった友人のデニス・ロバートソンに、「私は四六時中自分自身を解放しようとしているが、君はもつれた状態を保持しようとしている。」「私は水から上がった犬のように、自分自身を震わせている」[49]と言ったが、いったんは経済理論に革命をもたらしたと信じ、気分が高揚していたであろう。彼は出版後すぐにストックホルムで『一般理論』について、講義のノートを読み、いかにもケインズらしく、「私が言わねばならないことは、本質的には簡単である。」「難しいのは、経済学者に理解してもらうことだけである」[50]と語っている。

エピローグ

イギリス・ケインジアンとアメリカ・ケインジアン

今日、アメリカを中心とした経済政策の時代の終焉が公に語られるようになっている。フランスのニコラス・サルコジ大統領は、新たな時代の幕開けである2009年のG20の歓迎の挨拶で、「ブレトンウッズ以来、世界はアングロサクソン・モデルというべき金融モデルに基づいて活動してきた」と語った。イギリスのゴードン・ブラウン首相は、このG20のサミットは、「ワシントン・コンセンサス」(1)の終わりを示すものであると主張した。たしかに、われわれは国際金融の場面では、ケインズが戦後の世界について行なったいくつかの仮定、とくに英語圏の人々は生来、特別に選ばれた能力を持っているという時代遅れの先入観、これはイギリスのアメリカとの特別な関係についてのチャーチルの主張に対する一種の経済学的アナロジーといえるが、それに別れを告げようとしている。反対に、「バンコール」のような計画の中で関心が復活しており、ケインズ自身が最初に示唆した線に沿って、IMFを構成する諸国にとっての純粋に互恵的な役割を蘇らせている。

国内の経済政策においては、ケインズのアイデアは効力を失い、葬り去られたとする1980年代の軽蔑的なあざけりを繰り返す者は今やほとんどいない。さらに、これは特定のアングロサクソン・アメリカンに関連する見方である。アメリカのレーガンとイギリスのサッチャーの経済政策は、1960年代の「ケインジアン・コンセンサス」の拒否を前提としていた。さらに、この右派の協議事項は、今度は非ケインジアン・アングロ・アメリカン・コンセンサスを形成しており、ビル・クリントンのアメリカ民主党およびトニー・ブレアのイギリス労働党によって本質的にゆるぎないものとなった。グローバリゼーション、自由市場、および規制緩和は、金融部門が暴走し、箍《たが》の外れた市場が異常な熱をおびた時代のスローガンとなった。ウォール街とロンドンのシティが、少なくとも金融面の暴走に関して先導役を果たすことになった。今や、ブームが暗黒に代わり、とくにアメリカとイギリスにおいていったんは消えた経済学者の名声が再浮上していることを疑う者はいない。われわれは、四半世紀前に信頼を失ったと思われていたケインズ的洞察の現実妥当性を日々思い起こさせられている。

ケインズは世界全体についいて『一般理論』を書いただけでなく、それを世界全体のためにに書いたのである。したがって、それは経済体系を全体として扱っている。ケインズが望んだのは、国境を越えて他国の人々を改宗させることであった。ケインズはフランスの指導者たちに対して、彼が学んだ、つまり「私が学び、教え、書いてきた(2)」イギリス流の正統派経済学の知見について明確な言葉での説明を提供する必要性を感じていた。しかし、自由放任の原理よりむしろ「保護主義的国家」の伝統をもつフランスは、これらの古典的な誤謬を解く必要がなかった。ケインズ的な思考は、イギリスやアメリカの若き改宗者たちが経験したような既成の伝統的手法に挑戦する際の身震いするほどのスリルを、実際にフランスの知識階級に与えることはできなかった。アングロ・サクソンと違い、フランス人はその状態をつねに当たり前のことと考えていたために、彼らにとってケインズ的分析の大半は常識にすぎないと思われた。1944年のパリ解放の後、ケインジアンであることは「社会主義者であることとの優雅な方法である(3)」と肩をすくめるポーズで言われた。本物の社会主義者たちは、ケインズが社会主義者でなかったことをよくわかっていたが、一方で彼が資本主義改良の救世主になるかもしれないとおそれていた。

『一般理論』は、フランス語、ドイツ語、日本語、スペイン語、チェコ語、イタリア語、セルビア・クロアチア語、ヒンズー語、フィンランド語、ルーマニア語、ハンガリー語、およびロシア語に翻訳されている。フランス語版と同様に、ドイツ語版と日本語版には別の序文が付けられている。ケインズはその両方の序文で同じように、彼の経済学的異端の宣言がなぜイギリスの読者にそんなに衝撃的であったと思われるのかを説明する必要を感じていた。ケインズは、「こういったことは、ドイツの読者には多少違った印象を与えるのではないかと思う」ということを承知していた。また、「しかし、日本の読者はおそらく、イギリスの伝統に対する私の攻撃を要求もしなければ反対もしないであろう(4)」ということを理解していた。新しい学説を優美に飾る派手な革命的色調は、すでに市民社会の慣習を通じて無意識の中での調整に長い間慣れている諸国においては、むしろ色褪せてみえるであろう、というケインズの予想は正しかった。

もちろん、これらは1930年代には政府の権威主義的モデルを助長する傾向をもっていた。帝国主義の日本とナチス・ドイツは、ともに政府が経済への刺激を実施する上で主導権を握っていたが、高度に伝統的・軍事的な理論づけに訴えることによってそれを実行したことは驚くべきことではなかった。ここでは、ケインズ主義は、第二次世界大戦以前および直後のいずれにおいても、相対的にほとんど影響を及ぼさなかった。ムッソリーニ政権を支持する人たちが公共支出についてのケインズ的考え方をときどき評価していたイタリアでは、リベラルな経済学者たちは、「ケインズ・プラン」に疑いを抱いていた。つまり、ケインズ・プランは無用の長物であると考えられていたのである。その代わりに、ルイージ・エイノウディは、投資は貯蓄の前に必要であり、「人はウサギなしでウサギのパイを作ることはできない」(5)ということを完全に知っている「庶民」の味方と称していた。エイナウディは、戦後、予算大臣として、また1948年から1955年には共和国大統領としてイタリアの経済政策の策定に一役買っていた。彼はいかなるケインズ・ブームもすでに去ってしまったとの確信のもとに、戦後のキリスト教民主主義の政治的結集によって再び戻って来た。そしてイタリア・ケインジアンを無視することに決めた。こうした例は、いかにケインズが特異な形で「解釈」されていたかを示している。

しかしながら、『一般理論』のアメリカ版は、イギリス版と全く同じであったが、それにはもっともな理由があった。それはアメリカ人が英語を話すということだけでなく、アメリカ人のエリートの多くが、自由が当たりまえであり、自由市場の経済秩序が幅広く容認されている英語圏の人々に共有されている政治的文化に賛同していたからである（これは、カナダ、オーストラリア、およびニュージーランドにも当てはまることである）。かくして、適正な貨幣および均衡予算に基づく正統派としての古典派の自動調節機構は、通常のアングロ・サクソンの伝統の中に地盤を築いていた。ケインズはこれを学び、これを教え、これを書き、さらにはこれを過大視してきた。なぜなら、ケインズはアメリカのケインズ主義をイギリスのケインズ主義と区別することになったアメリカとイギリスの政治文化のいくつかの重要な相違に、実際に気づかなかったからである。それは明らかに彼の意図に反するものであった。

ヨーゼフ・シュンペーターは、しばしば真剣に考えてみる価値があるような辛辣な意見をもっていた。１９４６年のケインズの死亡記事に対する寛大な短評において、シュンペーターは、「ケインズのアドバイスは、たとえそれが他の諸国に向けて発せられたものでさえ、つねに、まずはイギリス固有の問題に対するイギリスへのアドバイスであった」と注意を促した。『貨幣論』の読者の中に、この指摘の意味を理解できなかった者などいなかったであろう。ましてや、戦時中におけるアメリカ側のいずれの交渉人も、巨額なドルの束をイギリスに供給することがアメリカ自身にとってなぜ最も利益になるのかについてのケインズ卿の魅惑的で有益な示唆に耳を傾ける者ならなおさらである。しかし、シュンペーターの主張は、もしそれが真実なら、より幅広い意味合いをもつことになる。それは、イギリス経済の衰退と回復力の喪失を過剰に正当化して、『平和の経済的帰結』から『一般理論』に一直線に進んだといわれるケインズの考え方についてのシュンペーター自身の理解を反映している。アメリカ資本主義に具体化されたものは、シュンペーターがみた「創造的破壊」による活気に満ちたプロセスとは驚くほど異なったものであった。したがって、シュンペーターの判断は、「実践的ケインズ主義はイギリスの土壌から育ったものであり、外国の土壌に植え替えすることはできないし、できてもそれは移し替えた外国で朽ちるが、朽ちる前に害を及ぼす」(6)ということである。

本書は、ケインズの知的軌道について全く異なる説明をしてきた。とくに、ケインズが『貨幣論』に至るまで維持してきた基本的な古典派の視界と『一般理論』における新しい考え方との間の理論的な断絶の重要性を示してきた。それでもなお、シュンペーターの洞察力に宿る一握りの真実は注目に値する。アメリカ・ケインジアンとイギリス・ケインジアンの相違に気づくことは驚くべきことではない。イギリスの人気シリーズをアメリカのテレビがリメークしたケースのように、基本的な話の流れは同じようにみえるかもしれないが、そこにはまたアメリカ人に受け入れられるように脚色する際にオリジナルからのいくつかの注目すべき逸脱がみられた。

言葉が同じということが、イギリスの統治とアメリカの統治の違いを安易に過少評価することになる。大統領を首相と読み替え、議会を国会と読み替え、連邦準備制度理事会（ＦＲＢ）をイングランド銀行と読み替え、共和党を保守党と読み替え、民主党を自由党あるいは労働党と読み替えることなどは、最初のうちは簡単なことのように思われる。しかし、ここでもまた、読み替えによって多くのことが見落とされることになる。ほとんど読み替える必要がないと思われる内閣、財務省、および立法過程のような用語は、大西洋の両側の国で与える影響が異なるのに同じ言葉が使われるとき，誤解が生じることになる。ケインズは，しばしばいくつかの典型的なイギリスの想定をアメリカに当てはめていた。その想定とは，「当局」はたしかに一致して行動する，時の政府はつねにその方法を理解している，「内部の見解」は満場一致で伝えられる，そしてよく訓練された公務員は合意された政策を矛盾なく円滑に実行する，というものである。ところが，ルーズベルトのワシントンは，とりわけこのように単純なものではなかった。

イギリスとアメリカとの対比は，明らかに二つの経済の規模と性質および開放度の違いを反映している。アメリカの経済的歴史は，継続的に拡大する西部開拓地と急激な人口増加との相互作用にあるとみることができる。それは，アメリカ大陸の半分にも及ぶインフラ整備のための冒険的な事業が尽きることとない投資機会を創出したことによる。しかしながら，未開拓地の消滅と移民の制限を伴う20世紀において，繰り返される景気変動を何によって防ぐことができたであろうか。こうした観点からみた場合，第一次世界大戦そのものと復興のための特需は，たしかに１９２０年代のアメリカの好景気の一時的な理由であったといえよう。しかし，次は何だったのであろうか。１９２９年以後の崩壊は，最も深刻なものとみられ，たとえ，長期においてさえ，自然な回復の期待はまったくありそうにないと思われた。

この見方は，本質的にアルビン・ハンセン教授によるものである。彼はサウスダコタの農家の息子で，ケインズより４歳若いだけであった。長い間ケインズの理論に懐疑的であったハンセンは、1937年にハーバード大学のシニアの地位に就いた。それは、『一般理論』が注目の的になった1年後のことであった。ハンセンは結局、アメリカで最も影響力のある改宗者となった。ハンセンの研究者としてのスタートは、ウィスコンシン大学であり、J・A・ホブソンの経済理論のアメリカにおける指導的な後継者であったリチャード・T・エリー教授に指導を受けた。ホブソンよりは研究者としての注目度は低かったが、アメリカで過少消費説を唱えていたウィリアム・フォスターやワディル・キャッチングスの考え方もハンセンになじみのものであった。ケンブリッジにおけるケインズのように、アメリカのケンブリッジでいったん地位を得たハンセンは、場合によっては、せいぜい変人の吹聴する人気取りの異説として門前払いされたであろう概念に、権威ある学会の承認を与える地位にあった。

1930年代後半におけるアメリカの政策論争の一つの成果は、投資と同様に消費を維持することを新たに強調したことであった。かくして、ケインズ主義という言葉を広めるために、1938年に全米経済学会会長としての地位を利用してケインズ主義に自国育ちのアメリカ的解釈を施したのがハンセンであった。そのメッセージは、「長期停滞が経済全体に蔓延しており、少なくともその様相の局面を見せている(7)」ために、予算を赤字にするニューディール政策の財政支出効果は、心配よりも歓迎されるべきであり、すぐに消失するよりむしろ永続されるべきであるということであった。よかれ悪しかれ、この考え方は、こうした可能性に最も大きなヒントを与えたケインズに直接帰するより、むしろハンセンに帰するべきである。

ニューディール政策は、政府支出がつねに高水準であった時代のものとみられているが、とくに1930年代後半におけるアメリカ連邦政府予算はかなり異なる様相を呈している。それにもかかわらず、ルーズベルトは、彼自身の選挙運動の大部分で、事実上、1936年まで財政赤字を拡大する予算計画を創設したフーバーに浪費家としての汚名を着せて、大統領選の妨害を行なった。しかし、GDPの6％を超えることが決してなかったこうした年の連邦政府の総支出は、州、あるいは地方レベルでの支出削減によってしばしばその刺激効果が打ち消されることになった。今日では、それがもたらす正味の効果は、大不況からアメリカを救い出すには小さ過ぎたと考えられている。大不況は、最低でも14％の失業率をもたらしたが、1937年～38年には失業率を19％にまで跳ね上げてしまったのであった(8)。

ケインズの視点から見ると、1937年に景気の回復が妨げられた理由は、それが始まるとすぐに明らかにみえた。ケインズは、個人的な意見として「政府が支出を減らし始めるやいなや、そして回復のペースが多少なりとも弱まるやいなや、景気後退は不可避的になるということが明白となった(9)」と書いた。事実、景気後退は1938年までに予算を均衡させるために、財務大臣ヘンリー・モルゲンソーの誤った指導計画の結果であった。ルーズベルト自身は、ハドソン川の地主階級の中でモルゲンソーと昔なじみではあったが、このケースでは共和党に浪費の党というレッテルを貼ることによって予想される政治上の有利さを利用して、いつものような大きな影響を与えるこの計画に沿って進めるつもりになっていた。というか、実のところ

Time & Life Pictures/Getty Images

ルーズベルトに長い間仕えた財務大臣ヘンリー・モルゲンソーは、第二次大戦時の交渉問題を通じてケインズと親密な関係にあった。

民主党員は、職を失うおそれのある優良な労働者のためにニューディール政策を用いるというよりもむしろ、彼ら民主党員自身がそうせざるを得ない状態に追い詰められていたことを示していたのであった。

　それはまさしく、「ルーズベルト不況」と名付けられるべきものであった。ケインズは、１９３４年に述べたように、「大統領自身は、他の人たちが持つより一般的な意見を伝えるためのパイプであるという、一般的な意向に添うことで満足していた[10]」ということをすでに知っていた。ケインズはその年の後半に大統領と個人的に会っていた。そこでは、ルーズベルトに対して経済的理解よりも政治的直観により大きな印象を受けた。後に、チャーチルによる戦時政府の代表としてワシントンにいたとき、ケインズの目には、大統領は「圧力のかかる経済政策に関する難しい諸問題に最善の努力を払っているようには映らなかったし、実際、イギリスの首相がそうするほどには本気で取り組んでいるようには見えなかった[11]。」たしかに、１９３７年度予算の審議がこれを裏付けている。ルーズベルトは、当時、他の人はともかくとして、彼としては、「あなたが取りたいと思うどちらの方法をとるにせよ、私は経済学について何も知らないし、他の誰も知らないということを認めざるを得ないし、そうであることを鼻にかけていたとさえ思う[12]」と、はっきりシュンペーターに語っている。しかし、ルーズベルトは迫りくる１９３８年の下院議員選挙に対し、政治的には期待に反する結果を生み出すような財政収支での点数稼ぎよりも、選挙区民の面倒を見る方が有利であることを十分に知っていた。

ここに、アメリカ・ケインジアンが決定的に勝利を得るチャンスがあった。ハンセンは、1939年初めに、議会の重要な委員会の面前で証言した時、ハーバード出の若き経済学者であり、今や大統領の側近のひとりであったロークリン・カリーによって彼の証言に対する支持を受けた。この時、有効需要を刺激するために、財政赤字が必要であるという彼らの主張が受け入れられたのであった。1940年3月に、大統領の覚書にカリーが入れたように、「基本的な分析は、J・M・ケインズのそれである。[13]」その時点で、アメリカの財政政策は拡大の方向に舵を切っており、それは第二次大戦の終結まで維持されたことは言うまでもない。戦争による俄か景気により、ようやく失業が減少したことも明白である。すでにみたように、ケインズ自身、「私の主張を証明することになる壮大な実験となるような社会的に必要な支出[14]」を当然、歓迎していた。

しかし、物事はそんなに単純ではない。もちろん、ケインズが長期に渡って準備してきたものは、低迷する経済を刺激するために必要な公共事業擁護論であった。なぜなら、必要なのは、より多くの投資だったからである。カリーは、これをまったくそのとおりだと評価しており、『一般理論』の書評の中で、「ケインズの仕事の特色は、彼が常に所得の増加は投資の増加によって生み出されるのであり、決して消費の増加によるものではないと考えていると思われる[15]」と書いている。だが、カリーの影響力から、大統領の仕事が評価を得たとしたら、それは消費の増加をベースとしたケインズ的提案であったと思われる。それまでホワイトハウスのやり方に鍛えられてきたカリーは、自分がここでなすべきことは何かを十分に承知していた。後に彼は、「私はケインジアンとして基礎的分析を紹介したが、このやり方が政策を受け入れやすいものにするだろうと考えたからである」(16)と告白している。もちろん、これは、それ自体ケインズという名前がこの時点までに獲得していた影響力の賜物である。

もっと大胆に言うなら、アメリカ的ケインズ主義は、財政手段を消費水準の操作のために予算を使うことと同一視することになったということである。財政政策が直接にホワイトハウスの支配のもとにあったということだけでも、1930年代の政権にとってはそれに優先権を与えるべしというのがきわめて当然のことであった。歴史的に、アメリカ合衆国は、ほとんどの国が当たり前と考える形の中央銀行の役割が欠如していた。かくして、アメリカの金融システムは、依然として比較的分権化されており、大不況により信用を失って、1935年にシステムが改革されるまで、12の連邦準備銀行がはっきりと独立性をもって活動していた。その当時でさえ、ワシントンの連邦準備制度理事会は明らかに優越した地位を得ていた。しかも、イングランド銀行にとっては自明のことであった大蔵省の政策との協調を欠いていたので、ロンドンにおける「権威ある2大当局」の厳然たる権威と結合力との著しい対照がみられた。したがって、そこには、なぜアメリカ合衆国は、イギリスで慣例的にそうであったような金融・財政政策の密接な協調を考えなかったのかについての、長年に渡る制度的理由が存在するのである。

アメリカ・ケインジアンによる財政の強調は一つの直接的な結果であった。長期的には、それは財政赤字と「租税・支出政策」によってケインズ主義の自動的・反射的な連携を強化するはずであった。ケインズ自身が存命中でさえ、彼が戦時中にアメリカを訪れた際に出会った一群のアメリカ人の門弟たちは、少なくとも協調と戦略においてしばしばケインズ自身と異なる政策課題をもっていたことが明らかになった。まさに、ケインズがバーナード・ショーに予言したように、『一般理論』は世界に受け入れられる過程で政治と熱情が混ざり合うことになった。ケインズは多分に実用を重視し、日和見的なところはあったが、へ理屈をこねることはなかった。１９４４年にワシントンＤＣでアメリカ・ケインジアンたちのグループと食事をした後、翌朝の朝食のとき、「あそこでケインジアンでなかったのは、私だけだった[17]」と語った。

イギリス・ケインジアンはケインズ自身の考え方により忠実であったと考えてよいかもしれない。ケインズの存命中には、これは概ね当てはまることである。『一般理論』出版後のケインズ自身の政策への介入は、歴史の事実に照らしてケインズを考える場合に最善の指針をわれわれに与えてくれる。１９４６年以降、明らかに、ケインズの死後に安易にケインズに帰するとされた諸政策、ときにはそうするには根拠の疑わしい諸政策に対して、大西洋を挟んだ両国でケインズ主義の手ごろなレッテルが貼られることになった。

もし、誰もがケインズについて知っていることが一つあるとすれば、彼はたしかに赤字財政をいたずらに厭《いと》うことはなかったということである。これはケインズの政治的遺産であって、このことについて、私たちは、リチャード・E・ワグナーとの共著である『赤字財政の政治経済学』（1977年）という影響力ある著作で知られたノーベル賞受賞者のジェームズ・ブキャナンの権威から格別な確信を得ている。ケインズが他に書いた小さな記事ではどうだろうかと考える熱心な学生が、全29巻からなる王立経済協会編の壮大なケインズ全集の累積された索引を使うという手っ取り早い方法に訴えるかもしれない。そうだとしても、財政赤字はたしかにそこにあり、索引の5行で取り上げられている。それは746もあるコラムのうちの一つの、そのまた十分の一の分量である。ケインズは明らかに、当時の記事のおよそ99.9%に対して、財政赤字について書いていなかったという事実は、現代の多くの有名な経済学者を含めて、もっぱら実際にケインズの著作のどれも読んだことのない人々にとっては驚きであると思われる。『一般理論』では、財政赤字に直接言及したところはわずかに二か所だけである。一つは、ほぼ本論から離れた余談であるが、もし政府が「好むと好まざるとにかかわらず」失業救済支払への支出を通じて赤字を容認するなら景気後退が軽減される、という効果についてである。(18) イギリスの人々の記憶にあるのは、景気後退期に職を失った労働者に支払われた「失業手当」はわずかだということであるけれども、イギリスにおける失業者に対する政府支援の水準は国際的な標準からみると高かったことは事実である。たしかに、アメリカと比べても高かった。それゆえ、われわれは、このことがイギリスにおいて大不況の衝撃を相対的により深刻度の低いものにしたというケインズの見方は正しかったということをいま知ることができる。ケインズが反対したのは、予算の削減によって景気後退期に予算を均衡しようとする自滅的なやり方であった。それは彼らの公言した目的の達成より、むしろ意図しない形で景気後退を長引かせることになるということであった。

『一般理論』におけるもう一つの関連個所は、より広範囲にわたっている。そこでケインズは、大量失業に直面した時の政府による「公債支出」と呼んでいるものを擁護している。これは、いずれにせよ、もし政府が民間企業よりも適切な投資計画を選択することができないようであれば、政府は「無駄」と思われるやり方で民間投資を奪い取ることになるという大蔵省見解について、つねに言われている論拠である。しかし、もちろん、ケインズの主張は、本来なら使用されなかったであろう資源を活用することによって正味の刺激が生み出されるというものである。したがって、その刺激効果は特定の計画に役立つかどうかに関わりなく生じるものである。「もし古典派経済学の原理を基礎とするわが国の政治家の教育がもっとましな方法でなされるなら、ピラミッドの建設や地震や戦争でさえ富の増進に役立つかもしれない。」ゆえに、ケインズの風刺のきいた抗弁は、一部の批評家によって字義通りに受け取られたが、何もしないよりはむしろ地面に穴を掘る方がまだまし、ということである（ケインズはそれもいいだろうが、「住宅やそれに類するものを建てた方がいっそう賢明であろう」と威儀を正して追加している(19)）。

事実、ケインズの著作における財政赤字への明白な言及は、主にアメリカを背景としてなされている。かくして，1934年にケインズはルーズベルトの公共事業と失業解消への支出を，「いわゆる，巨額な赤字を生み出すが，しかしながらその大半は価値ある資産によって賄われるであろう[20]」として擁護した。たしかに，ケインズはこの種の公債支出に賛成した。さらに，彼はこの賛同をかつて彼が乗数概念を明瞭に示した消費に拡大した。ケインズは1934年の終わりに「支出は2つの側面を持つ取引である」と書いているが，それは全面的に所得を増加させるという『一般理論』の主張を先取りするものであった。ケインズが，「私が重要だとみる主な問題[21]」としてアメリカの読者に語ったことは，「支出するお金の調達である」というものであった。

第二次世界大戦中，ケインズはイギリスの政府機関にいた。それまでに，アメリカの影響のもとに「赤字財政」および「機能的財政」という用語が定着していた。イギリス政府で働いている若いケインジアンの中にはこうした考え方を受け入れ，大戦後における消費を通じた需要の調整を主張し始める者もいた。これは景気後退期に減税によって赤字を垂れ流すことを意味した。しかしながら，ケインズは，可能な限り通常予算のバランスをとる一方で，資金調達のために「資本予算」を設けることによってインフラのための公共投資を支持し続けた。彼は，「資本予算の基本的な考え方を，赤字をファイナンスするための異常でかなり無鉄砲な支出と混同すること[22]」を避けるように大蔵大臣に忠告した。

ケインズは彼の若き友人であるジェームス・ミードと完全雇用を維持する方法について魅惑

的な議論を行なっている。ミードもそのとき政府のエコノミストとして働いていた。この時点で、ミードは赤字財政を暗に支持することで、アメリカ・ケインジアンにより近かった。ミードは、減税は公共事業より直接的な刺激をもたらすことができると主張していた。ケインズはこれと対照的に、納税者が必ず彼らの支出を変更するかどうかに懐疑的であった。「人々は決まった生活スタイルをもっている」とケインズはミードに警告した。「たえず生活水準を変化させるような圧力以外に、日常生活を変えさせることはできないであろう。人々が明確でない短期しかあてにできない税の軽減は、彼らの消費を刺激することにはきわめて限定的な効果しかもたないであろう。[23]」ミルトン・フリードマンが、人々は彼らの支出を「恒常所得」に関係させていると主張して、ケインズと同様な点を指摘しているが、消費関数の安定性に関するフリードマンの概念は、正しくは１９５０年代後半の状況を見てのものである。１９４３年に、これと同じ内容をケインズがミードに告げていることを知るのは興味深いことである。

ケインズは、投資を刺激することを選択するという彼本来の選好より、むしろ消費を刺激する選択に好意的であった。これは、国民保険支払の水準を規定するためのミードの考えに賛成するためであった。これらは、失業した人々に対して失業救済金の支払を受ける権利を保障するためにイギリスの労働者と彼らの雇い主が国庫助成金に支払う保険料であった。大不況の時には、国民保険基金ではこうした失業救済のための支払を賄うことができなかったため、その状況を救済する必要から、結果として１９３０年代初期において予算に不均衡をもたらすことになった。ケインズは赤字予算を反循環的効果をもたらすとして大いに歓迎した。ミードは、戦後の復興のためのいろいろな計画にこの原理を拡張する考えをもっていた。それは、経済が好景気の間はより高い率の保険料を徴収し、不況期にはそれを削減するというものであった。決して実施されたわけではないが、この提案はケインズの支持を得ていた。それなのに、彼が主張したように、「他の形の財政赤字に対する多くの異論には門戸が開かれていなかった。(24)」

ケインズは1930年代の景気後退におけるデフレ問題について講演したことがあるので、『一般理論』は当然この関心事を反映している。それは雇用を維持するための有効需要の不足に焦点を当てていたが、戦時経済は全く違った問題を提示していた。もし『一般理論』の分析が単に不況の経済を課題としていたとしたなら、その著者は、少なくとも次の不況まで、それを謙虚に脇に置いておいたかもしれない。

もちろんその代わりに、彼は別のケインズ・プランを提案することによって、それが本質的に対称的な性質をもつことを論証した。かくして、『戦費調達論』（1940年）は、問題はもはやデフレや失業問題に取り組むことではなく、インフレや労働力不足といった同じように危険ではあるが、それと対極的な関係にある危険を防ぐ問題を孕む経済に同じマクロ経済分析を適用するということである。戦時経済は、経済を刺激するやり方を正当と認めた。とくにそのときはじめて多くの製造業をフル稼働するようにとの政府の命令によって公債発行による公共支出の増加が認められた。それゆえ、唯一論理的だったのは、そうした経済から生み出される過剰消費がもたらす支出によって引き起こされると予想されるインフレ効果を抑制するために、ケインズ・プランが向けられるべきであるということであった。その目的のために、ケインズは高い水準の累進課税だけでなく、戦争の後で所得税の納税者に信用貸しすることができるように、事実上、一時的に税の徴収を猶予する「延納」の対策も提案した。労働運動による当初の反対にもかかわらず、規模を小さくした縮小版が１９４１年に導入されることになった。

これらの新たな条件のもとでのケインズ政策は、インフレを抑制するために予算を使うということを意味した。事実、この優先順位の移動は、ケインズの戦前のアドバイスの中にその前兆がみられた。アメリカと同様にイギリスでもいったん景気回復の前兆がそれなりに見え始まった１９３７年に、ケインズは「まさに、政府が景気後退期に負債を負うことは賢明なことであった」し、「同じ理由で、いまや彼らが反対の政策に傾くのは推奨できることである」[25]と書いている。

この反対の政策は、将来のあるべき姿であった。ケインズ自身、いったん大蔵省に戻ると収入を引き上げるだけでなく、全体として経済における有効需要を調節するために租税を駆使するという彼の財政戦略を実行する１９４１年度の予算を心から歓迎しながら注視していた。ケインズは、「多くの点で私のやり方が採用されたことは爽快な気分」であり、その論理的構造を最も重視しており、そこで考えたことは、「ほんとうに、公債支出における一つの革命である」[26]と母親に語っている。１９４４年にケインズは、こうしたやり方によって高度でかつ安定的な雇用水準を維持するための政府の公約について、それは「もし人が10年ぐらい前の記憶を振り返ってみるなら、公式見解の革命を示す傑出した公文書である」[27]と大いに賛同している。

ケインズが後に「完全雇用」で意味したことが、論争を引き起こすことになる。『一般理論』では、それは産出量よりもむしろ物価が有効需要の増加に反応して上昇する点であると定義されている。実際上の条件として、ケインズは「ロイド・ジョージはそれをなしうるか」で提案したおよそ5％の失業率という目標水準に固執していた。ケインズ自身は、その数字は悲観的であるかもしれないと考えるようになっていたが、それが戦時下において公式の目標となった。ケインズは、彼が支持した社会保障に関する有名な提案者であるウィリアム・ベヴァリッジ卿に、「失業率を3％にしようと努力しても差し支えないが、もしそれが成功するなら、私には驚きである」[28]と語っている。イギリスの公式統計では、1947年から1970年まで、およそ2％の水準を示している。1976年から年平均が5％以上に上昇している。標準的基準となるOECDの数字は、イギリスの失業率が1982年から1987年まで10％を上回っていることを示しており、アメリカの失業率のピークは1982年から83年にかけて10％をちょっと下回っていることを示している。[29]

ここでイギリスの経済政策におけるケインズ革命について語ることは場違いではない。大蔵省の見解が突如完全に変わるということはなかった。その代わりに、臨時で一時的な仲間のことを考えて、リチャード・ホプキンズ卿が現実的な視点から行なった戦時下の調整があった。

ホプキンズが実際に『一般理論』を読む機会を持てたのは、戦後、彼自身が引退した後にすぎなかった。彼はそのとき、それを再び読む価値があると思った。大蔵省で『一般理論』を実際に理解した唯一の人物は、ケインズの古い友人であるラルフ・ホートレーであった。当然ながら、彼は大蔵省がケインズ主義として理解するようになったものに独自の解釈を与えた。『一般理論』は利子率を安定的に低い水準に維持することを説いてきたが、ホートレーはそれに構っていられなかった。それでいて、必要に応じてデフレーションないしはリフレーションの圧力に用いる伸縮的貨幣政策を選択するように大蔵省の同僚に積極的に勧めた。

旧ソビエト連邦に関しては、理論上のマルクス主義について語ることと、歴史的現実としての「実際に存在した社会主義」との間におなじみの区別が存在する。同様に、1950年代および1960年代のイギリスにおいて「実際に存在したケインズ主義」は、事実上、マクロ経済学であったけれども、二つの重要な政策手段に応えるために『一般理論』の権威をかざすことはほとんどなかった。それらのうちの一つは、財政政策による消費の「微調整」である。それは、1950年代、とくにハロルド・マクミランの首相在任中に保守党の政策における主要な綱領となった。ケインジアンの先駆者としての彼の評判は、首相自身によって堂々と守られた。かくして、一定の距離をおいた財政政策は、元祖マネタリストと呼ぶことのできる保守党の一部の人たちによって提案されたような、金融規律に関する戦前の不幸な記憶を寄せ付けない点で、幸運な妥協であった。マクミランは、彼の腹心の友であるロイ・ハロッド卿から、

「政府側の発言では、政府がこのような古色蒼然とした教義に賛成することを意味するような用語を一切使わないことを切に望んでいます」という警告を受けていた(30)。

しかし、保守党の人たちは、政策手段として公定歩合操作を復活させた。これはおそらく、戦後のケインジアンとしての共通理解がケインズ自身から離れた第二の点であったといえる。ケインズは低い水準で固定されて安定した利子率を思い描いていた。しかし、1951年に保守党の政権に戻ると、財政政策は利子率の変化を通じた金融政策の操作と協調することになった。1932年以来（戦争勃発の2か月間を除いて）継続的にわずか2％に設定されてきた公定歩合が、総選挙後2週間を経ずに、1951年11月8日にはじめてこの水準を超えて上昇した。その後、公定歩合は金融引き締めを実施するために、1970年代まではそれまでに比べて倍加するような率が使われた。労働党は、もし再選されたなら、いずれにしても同じことをやったと思われるが、その後は、先例にしたがった。『一般理論』は、「不況を救済するための低い利子率よりも好況を抑止するための高い利子率の方がいっそう有効であろうという議論には、たしかに説得力(31)」があったということを認めるにすぎないものであった。かくして、紐の端を引っ張るのは、それを押すよりもずっと効果のある選択であった。

それでは、この期間の財政赤字はどうだったのであろうか。均衡予算の学説をもっぱらケインズの教えの主な被害者であると同定することは心もとないように思われるし、それを無意味として葬り去るのも嘆かわしいと思われる。もし1960年代以来アメリカの赤字予算が継続していたとしたら、「経済理論に基づく経済政策は、議会制民主主義の制度の下でそれを適用するとき、本質的に付きまとう偏見を生み出す」[32]という仮説の所為にしようとする誘惑があるように思われている。しかし、たしかにこれは要求が多すぎるか少なすぎるかのどちらかであろう。多すぎるかもしれない。なぜなら、こうした傾向が普遍的であるなら、民主主義はおそらくケインズにしろ、ケインズでないにしろ、いかなる均衡予算の協約をも破棄することになろうからである。けれども少なすぎるかもしれない。なぜなら、実際にそれを支持する証拠がアメリカの経験に限定されていると思われるからである。

イギリスの経験は少し違っていた。ケインジアンの間で形成された合意が揺るがなかった期間では、グラッドストーンの時以来の均衡予算に対する慣例的な水準で測定すると、1945年から1972年までの予算は、事実上、毎年黒字であった[33]。もし、それに伴う財政問題があったとしたなら、おそらくより直接的な原因が追究されるべきであろう。反対に、特別の利益を提供する支払手形をしっかりと育成してきた議会システムの機能のほどを説明するためには、とくにアメリカの統治に関する制度や慣例に目を向けるべきであろう。もう一度言うが、イギリスのケインズ主義とアメリカのケインズ主義の路線に違いがあることは、大ざっぱな一般論をもってしては現実の歴史的経験を無視する危険があることを示すものである。

公的支出と公債の全体的な問題をみるもう一つの方法がある。これはまた、イギリス政府の公式統計からも説明できる[34]。1914年にイギリスの国債はGDPの29％に達していた。19

20年で、それは148％であった。世界大戦こそが、両大戦間の大蔵大臣たちを「債務奴隷」にし、とりわけ1931年にはどんなに犠牲を払っても予算を均衡させるために、彼らを必死の努力へと駆り立てるという重荷をもたらした原因であった。だが、20年間にわたる大蔵省の倹約でも1940年までに国債をGDPの136％に減らすことしかできなかった。第二次世界大戦で債務が増加したこの時には、基本的にケインズ的なやり方に基づいて資金調達がなされたが、今度は第一次世界大戦の時のような実質で520％といったものではなく、80％にすぎなかった。

かくして、イギリス政府が1945年に引き継いだ内国債はGDPの24％であった。しかし、戦後の大蔵大臣はもはやケインズ的な浪費を強調する時代の債務の奴隷となることはなかったが、明らかに経済成長という異なる優先事項を抱えていた。あれやこれやで、結果は穏健なものとなっている。1965年まで、国債はGDPの96％にすぎなかった。1980年までには、再び半減し、48％に低下しており、20世紀末とほぼ同じ水準であった。もちろん、その理由は債務自体が減少したということではない。事実、1945年における帳簿上の未償還の名目債務（2兆1，336億6000万ポンド）は、現行価格では2000年までに20倍の大きさになっている。もちろん、その理由は、その間におけるGDPの成長であった。GDPは現行価格では同じ期間に100倍の規模になっている。その一部はインフレーションによるものであるが、それにもかかわらず債務の実質負担は80％まで減少していた。実際に学ぶべきことが二つあるように思われる。第一に、費用のかかる戦いには慎重を期すということである。とりわけ、もし税金よりむしろ債務によって資金を調達する場合にはそうである。第二に、ケインズが1934年に述べたように、産出と雇用に目を配って適正に管理することによって、予算はそれ自体が自律的に自己調整するということが実際にありうる、ということである。

1940年のあるとき、ケインズは「私はよく学ぶ人間である」と述べた。「私は批判から学ぶし、以前から、しばしば最初の考えよりは次に考えたものの方がよいという非難の声に自らを晒してきた。それは危険で不安定な性質を示すものであると考える者もいる。(35)」ケインズは環境の変化に直面するとき保守的なテキストにしがみつくことはしなかった。それは異説を唱えるよりももっと悪い違反であると考えていた。さらに、すべての世代において、経済政策の課題について斬新な思考が必要であることを認識していた。

ケインズの思考に関して、単一で、静的で標準的な見解は存在しない。『一般理論』以後のケインズは、その前も同様ではあるが、新たな宗派の司祭として活動することを拒否した。これが、なぜ彼の遺産的業績に関してさまざまな見方が自由にとられることを許すような素地が存在するのかに対する一つの理由である。その後、ときには衰退することはありながらも、いたるところで発展したケインズ主義は、それを扱いやすくするために、ケインズの考え方を拡張しようとしてきた。これらは、歴史が進展するにしたがって、思い上がりとして天罰を受けることになる独断の最初の例ではない。

たしかに、われわれは60年以上もの間、ケインズ自身を擁護することができず、また彼の意味するところを明確にすることができなかった経済学者の名前を安易に引き合いに出すことについてもまた良心の呵責を覚えてしかるべきである。たとえわれわれが、ケインズなら現代をどのように考えるだろうかと問い続けるとしても、ともすればしゃしゃり出がちな時代錯誤の腹話術の類などは要らない。年上の同僚としてケインズをよく知っていたオースティン・ロビンソンは、１９４７年に、「１９３０年代に、若い世代に絶対的な存在であったケインズは」ヴィクトリア女王の葬儀を見たことがあり、「ほぼヴィクトリア朝風」と思われる筆遣いをしていることを「実際に表現しようと努力した(36)」と書いている。ほぼ40年後に個人的にオースティン卿と語った際に、私［ピーター・クラーク］は当然ながら、このテニスシューズを履くかくしゃくとした90代を、みたところ現在の私たちの関心事と関係の薄いところから来た遠い時代の人とみなした。もちろん、その時以来世界は変わっている。

経済学の研究に対するケインズの遺産は、教義上の論争を超えて進んでいる。サイモン・クズネッツの先駆的な研究によって構築された国民所得勘定の発展は、あきらかにケインジアン批判を伴っていたが、今日、国民所得、国民総生産（ＧＮＰ）、国内総生産（ＧＤＰ）のような概念を、観念的に作られたもの、あるいは堕落したものとみなす者はいない。マクロ経済学のアプローチを確立するうえで、ケインズは非ケインジアンたちも後に使うことになった分析フレームワークを構築していた。おそらく、それはフリードマンが「ある意味で、われわれはみなケインジアンであり、言い換えれば、もはや誰もケインジアンではない」[37]という際に意味したものである。

われわれは、さらにケインズのいくつかの中心となる理論的洞察力から恩恵を受けることになる。期待が決定的に重要であるということだけでなく、よかれ悪しかれ、期待はしばしば循環的で自己実現するということを認識することができるようになっている。さらに、自己防衛本能が自滅的になるとき、市場は機能不全に陥るという問題があることを認識できる。また、政府は問題にかかわらないどころか、その解決に不可欠な一翼を担っていると認識できる。

確信についての大衆心理に関するケインズの理解は、突然確信が失われる時代にあって再び本領を発揮することになった。好景気の間、たしかに「万物の霊長」なる動物が、ウォールストリートなる大動物園を満杯にするのに十分なアニマル・スピリットを見せていた。しかし、それは過去のことであるが、こうした行き過ぎのなごりが現在もまだ残っている。おそらく、市場は長期では、自律的回復に信頼を寄せることができるが、私が述べたように、こうした自動的な立ち直りは力不足であるように思われる。市場がすぐに修正されないときには、経済循環における転換点が存在するが、もし全体として対抗手段を取らないかぎり、景気を悪化させるような悪循環をもたらす過剰修正が存在することをわれわれは知っている。

ケインズの思考は現在でもなお、われわれが住んでいる世界の中で、相互の反響、平行線、および関連性を有する厄介な問題にわれわれが取り組むのを手助けしてくれる。もし、われわれが直面するような種類の難問を認識するなら、ケインズが当時においてやったような特別の解決策を案出することができるかもしれない。すでにみたように、ケインズは景気後退期においては財政赤字を害の少ないものとみなしていたし、反対にインフレーションが脅威となるときには、財政黒字を擁護していた。彼は、適切な反循環的効果を生み出すための公共投資のタイミングの難しさを過少評価していたかもしれない。彼はまた、景気後退期に消費を刺激することの有効性については懐疑的であったといえる。ケインズは、晩年には少なくとも景気過熱を抑えるための抑制的役割に関して金融政策の有効性を過少評価していたといえる。彼は完全雇用とインフレーションを調和する問題に関して、後のケインジアンと同様に有効な答えをほとんど持ち合わせていなかった。

ケインズ自身は、政治改革は可能だし、望ましいことだと信じる自由主義者であった。ニューディールに対する彼の支持は、経済的技術の問題だけではなかった。ケインズは、１９３３年にルーズベルトについて、公に推奨する文章の中で、「貴殿は、政府の仕事に対する一般的な見通しと態度が世界で最も強い共感を受けている指導者である、と私の目には映っています」と述べている。ケインズは、「試行錯誤による貴殿のやり方に共感しています」と大統領を讃え、ニューディールの復興政策と改革手段の両方を支持した。ケインズは、「貴国におけるように、我が国においても貴殿の立場は依然として細部に関しても唯一批判に晒されていません。」「われわれの希望、われわれの信念は幅広い考慮に基づいています」(38)と明言した。

ケインズと同じように、今日でもなお、アメリカには復興と改革の両立が可能であることを人々に知らせるべきだし、また自らもそのことを学ぶべき教訓であったと信じることができる。1940年代に導入されたような福祉国家の理念に対するケインズ自身の支持は、部分的には不況における所得とそれに続く需要の減少を防ぐための自己補償効果に関する彼の信念に基づいている。現代でさえ、(カナダのように)ほとんどのヨーロッパ諸国で失業者が受けることのできる現行のサポートと、一方、失業すると仕事とともにしばしば健康保険も失うアメリカの労働者の窮状との間には教訓に富んだ相違がある。もちろん、これは結果として、ヨーロッパ諸国には予算の相対的に大きな赤字をもたらし、アメリカには自動的安定化の効果をもたらす。ヨーロッパで最も優れた公的健康保険制度を有するドイツやフランスは、アメリカで必要と感じられた特定の一度限りの刺激策の類に署名するのにはかなり慎重であった、ということは偶然ではないかもしれない。

ジョン・メイナード・ケインズは、しばしば世間で言われているよりもずっと協調性があった。しかし、彼は考えを変えるという欠点があった。ただし、通常はそれはより良い方を取るための変節である。彼が同じようなお墨付きをわれわれに与えることを拒否する理由など微塵もあるまい。政策に関して、ケインズの『一般理論』以降70年以上経った今、「それに倣って」われわれの時代にふさわしい特定の政策手段を考案するとしても、それが誤ってはいないことを確信できる。かくして、ケインズの名前が呼び出されたのは、まさに、現実への対応力をもたない教義に逃げ込むより、むしろ現代の新奇な経済的困難に積極的に取り組むための新たなアプローチにお墨付きを与えるためである。

事実、明らかな市場の失敗に直面した時、何かを試みる、しかも大規模に試みる政府を称賛するのはケインジアンである。そして、そのコストを評価するためにケインズが導入した判断基準はいまでも妥当なものである。すなわち、経済自体がそうした手段によって拡大することができるかどうかは、最初の刺激のための財源を生み出すことである。それは、短期的な便宜のためだけでなく、長期における便法として、政府の活動を正当化するものである。

謝　辞

２００９年１月８日に、ケインズに関する論考の一粒の種となる論説記事がフィナンシャル・タイムズの特色あるサーモンピンクのページに掲載された。それが種であったと言えるのは、そこに私が寄稿した記事が本書の基となったからである。種から芽を吹かせる才のある私の妻マリア・ティペットの手に触れるや、その種はたちどころに芽を出し、その後ブルームズベリーにおける私の二人の編集者であるニューヨークのピーター・ジンナとロンドンのミッシェル・フィッツウイックの手に渡ると、活発に成長していった。私は、まず第一にこの計画を強力に支えてくれたことに対し、さらに数週間で集中的に構成・推敲するために必要とされた多くの支援と励ましをもって対応してくれたすべての人々に感謝したい。

本書が第一歩を踏み出したのは、マリアと私が２００９年の１月から２月にプリンストン大学高等研究所の客員研究員として招かれたことにある。私は研究所長のピーター・ゴッダード博士に、「私がいま研究していることは前もって明記していたものと全く違っています」と告白したとき、彼は「それは本研究所の誇るべき伝統です、もちろん当たり前のこととするわけにはいかないかもしれませんが」と述べただけですぐに請け合ってくれた。そして、本書を執筆する際に、ケインズを歴史の中に置きながら、ケインズ経済学の与えた影響をみるという全く新たな考察を展開したが、その過去数年にわたる研究は、経済学者として20年間に渡ってフェローであったセント・ジョーンズ大学、および私が後にマスターを務め、今は光栄にも名誉フェローの称号を賜っているケンブリッジ大学のトリニティー・ホールからご支援をいただいた。ただし、実際に本書を執筆する際のなりふり構わぬ、度を超えた仕事ぶりは、マリアと私がブリティッシュ・コロンビアのペンダー・アイスランドに建てた住居、兼仕事場、兼図書館の静穏をかき乱すものであった。

私の言葉は、マリアとカナダの文学者であるポール・デラニーによって、即座に誠実に注意深く吟味された。また私のイギリスの古くからの友人であるステファン・コリーニ、ジョン・トンプソン、およびリチャード・トーイがパソコンでデータ処理を担当してくれた。彼らの意見と協力は、ブルームズベリーに関する私の考えを開示するのに役立った。その際に、ピーター・ジンナとマイケル・フィッシュウイックのみならず、編集責任者アンナ・シンプソン、コピー編集担当のジェニー・オーバートンおよび索引担当のアラン・ルッターが、妥協を許さない原稿締切厳守のミーティングで根気強さを示してくれた。作成する際の計り知れない助力のおかげで、本書は汲めども尽きぬ魅力あるテーマに関する最適な紹介になったと思う。言うまでもなく、いかなる誤りも私自身の責任である。

ピーター・クラーク
２００９年６月、ペンダー・アイスランドにて

訳者あとがき

本書は、Peter Clarke, KEYNES: *The Rise, Fall, and Return of the 20th Century's Most Influential Economist*, Bloomsbury Press, New York 2009 の翻訳である。ピーター・クラークはケンブリッジ大学の教授などを歴任したイギリス近現代史の専門家であり、わが国でも、*Hope and Glory: Britain 1900-1990*, の邦訳『イギリス現代史１９００―２０００』（西沢保他訳、名古屋大学出版会）が２００４年に出版されている。ケインズに関する著作も多く、１９８９年には、*The Keynesian Revolution in the Making, 1924-1936*、１９９８年には *The Keynesian Revolution and its Economic Consequences* が出版されている。

本書はクラークのケインズ研究の成果のひとつである。ケインズは、経済学の世界に革命的な変化をもたらした20世紀最大の知の巨人であり、ハロッドの『ケインズ伝』をはじめとして、すでに多くの伝記が書かれているが、本書は、ケインズ経済学をイギリスの政治と経済の歴史的現実の中に位置づけることによって、彼の政治的思想と行動が「ケインズ経済学」の形成に深く関わりのあることを描き出している。さらに、ブルームズベリー・グループを中心にした芸術・文化をリードする人たちとの交流がケインズの思考に与えた影響を描写している。なお、ブルームズベリーは周知のとおりロンドン中心部のキャムデン区にある地区名で、大英博物館、ロンドン大学、多くの出版社などの立ち並ぶ一大文化地域である。このことは、ケインズの時代から今日まで変わらない。

本書は、「イントロダクション」から「エピローグ」まで、6つの章からなっている。クラークは、本書の全体を通じて、ケインズがイギリスの政治と深く関わっており、その活動が経済関係の著作に大きな関係をもっていたことをケインズの残した言葉と活動記録を示す資料を使いながら記述している。とくに、各種の委員会における証言録を用いて、イギリスの直面する内外の経済問題の解決にケインズが深く関わる様子を描きながら、それと並行するように、経済学者としてケインズ全集に結実する著作が生み出されていく過程を描いている。

クラークは、ケインズが政治に関わる活動においても、経済学に関する著作においても、超人的な活躍と偉大な功績を残しながら、その評価はさまざまな場面でジェットコースターの如く揺れ動いたことを示しており、その過程を記述することが本書の特徴になっている。こうした評価の変遷を理解するには、ケインズの並外れた知性が生み出す活動だけでなく、ケインズが活躍した時代が、イギリスにとって政治・経済における激動期であったことを知る必要がある。

ケインズの活動期間は、1906年にケンブリッジ大学を卒業しインド省に入ってから、1946年に亡くなるまでの40年間であるが、1914年には第一次世界大戦が勃発し、ヨーロッパは大混乱に見舞われている。ケインズはこのとき大学卒業後に入省したインド省をやめて、ケンブリッジ大学のフェローになっていたが、大蔵省に招かれて再び官界に入り、大蔵省主席代表としてパリ講和会議に参加している。しかし，ドイツに対する賠償案に反対するケインズは，その任を辞し，ヴェルサイユ条約を批判する『平和の経済的帰結』（1919年）を出版し，官界から遠ざかる一方で，一躍その名を世界に広めることになる。クラークはこの間の事情を当時のイギリス政界の指導者であったロイド・ジョージとの人間関係を交えて説明している。

第一次世界大戦により，イギリスもそれまで世界の市場経済の運行を規定していた金本位制から離脱せざるを得なかったが，イギリス政府はできるだけ早く金本位制に復帰することを望んだ。しかし，ケインズは金本位制復帰を目指す政府のやり方にも反対し，1923年に『貨幣改革論』を出版することにより，再び世界から注目されることになる。イギリスは1925年に金本位制に復帰しているが，1931年にはその再停止を余儀なくされている。この間，1929年10月には世界大恐慌が勃発し，イギリス経済も大きな影響を受けている。このように次々と生じる経済的問題に対して，ケインズは政府の政策を厳しく批判する一方で，さまざまな政策を提言し続けた。

ケインズは，取り組んだその時々の問題に関する論説を新聞に寄稿するとともに，時論的論文を多数書いている。クラークは，ケインズがそれらをまとめて著書として出版することにより，多額の印税収入という副産物を生み出したことも明らかにしている。さらに，ケインズはその資金を運用することで多額の資産を蓄積したが，その一部は芸術活動を支援する資金になったのである。

クラークの描くケインズは、さまざまな経済問題に関してイギリスおよびヨーロッパ情勢の的確な現状分析からどのような解決策が望ましいかを提言している。しかし、政治の絡む政策決定の場面では、ケインズの透徹した目から導かれる結論と政治的解決には齟齬があり、クラークは、それがしばしばケインズの評価を悪化させることになったとしている。しかも、ケインズはイギリス経済の安定的な発展を願い、さまざまな政策提言を行なったが、短期間に様相を変えていく経済状況にあって、しばしば意見を変えている。現状が変われば対応策も変わらざるを得ないということであるが、それは体制を維持したい既存の勢力からは、変節として、また異端として非難の対象となった。クラークは、それをジェットコースターの如き評価の変遷と称している。ただし、ヴェルサイユ条約にしても、経済政策を巡る「大蔵省見解」との対立にしても、一旦は異端の立場に置かれながら、時間の経過とともに歴史はケインズの卓見が正しかったことを証明することになる。

第二次大戦が始まると、イギリスは再びケインズを必要とすることになる。チャーチルの連立内閣のもとで大蔵省の経済顧問として迎えられ、戦時経済の運営や第二次世界大戦の戦後処理に関する対米交渉を任されることになる。この間のアメリカとの交渉過程の記述は、それがいかに過酷であり、しかもケインズの果たした任務がいかに大きなものであったかを再認識させるものである。クラークは、ケインズがまさにアメリカとの交渉に尽瘁《じんすい》したことを伝えている。１９４２年には男爵を授けられて上院に入り，長年の宿敵であったイングランド銀行の理事にも任命されている。結局において，ケインズはイギリスにとってなくてはならない人物となっていたということである。

クラークは，ケインズがしばしば意見を変え，時にはそれが非難の対象となり，評価を変化させることになったことに関して，ケインズ自身はより適切な解決策を求めて意見を変えたにすぎないことを強調している。そして，こうしたケインズの活動から学ぶべきは，経済問題の対応に関して必要なことは，その時その時に適切な対応策を講じることであり，既存の理論や思考にしがみつくことではないということである。正しいのは理論であり，誤っているのは現実であるという古典派経済学の考え方こそケインズが攻撃したものであり，いつの時代にも，その時代の問題があり，それに柔軟に対応することが必要であることを教えてくれたのがケインズである，とクラークは述べている。

本書のもう一つの特徴は，『一般理論』の誕生にまつわるエピソードの記述にある。ケインズはさまざまな側面で超人的な活躍をしてきたが，そうした活動の最中にあっても，経済学者として研究成果を発表し続けていた。とくに１９３０年，47歳の時に経済研究の集大成ともいえる二巻からなる大著『貨幣論』を出版している。この本はケインズにとって畢生《ひっせい》の労作といえるものであったと思われる。しかしながら，これほどの大作を書いているときでも，ケインズの思考はより適切な答えを求めて新たな理論の構築へと向かっていた。１９２９年に生じた大恐慌という世界情勢の激変も、ケインズに『貨幣論』の世界に留まることを許さなかった。その結果として、経済学における自らの思考を大転換し、自ら学んできた古典派経済学からの脱却を目指す新たな本の執筆へと進むことになる。

ケインズ経済学の研究者にとって、『貨幣論』から『一般理論』への変化が生じたのはいつであり、その変化をもたらした要因は何だったのかということは大きな関心事である。クラークは、それについて、イギリスの現実における失業問題への対応の必要性がケインズの思考に大きな影響を与えたことを指摘している。さらに、本書の第4章において、『一般理論』の誕生には「サーカス」の役割が大きかったことが記されているが、その懐胎期においてホートレーとロバートソンが重要な役割を果したことが指摘されている。これに関してクラークは、ケインズ革命の瞬間に関わった人物との関係をケインズ自身の記述から描写するという、学説史家ならではの説明を展開している。さらに、時を経て1921年公刊の『確率論』での不確実性に関する考察が『一般理論』の論理展開に大きな影響を与えていることを指摘している点も重要である。

ケインズは、経済問題のみに没頭していたのではない。本書では、ケインズの多彩な活動を支えた多くの著名人たちとの交流も具体的に描かれている。若き日のブルームズベリー・グループとの芸術・文化における交流を含めて、ケインズが交流した人たちは、それぞれの領域において、その分野を代表するような一流の人たちであり、その交流が、ケインズの思考の形成に大きく関係していることが示されている。

本書の最大の特徴と言えるのが、クラークによって示されたケインズとロポコヴァとの愛情溢れる会話のやり取りである。マーシャル夫人メアリーが語ったとされる「メイナードがいままでにしたことのうちでもっともいいこと」という言葉が残されているが、ロポコヴァとの結婚がケインズにとってどれほどよいことであったかが、本書を通じてはっきりと伝わってくる。重い心臓病を患い、回復後も完全な健康を保つことができなかったケインズが第二次世界大戦の戦後処理に関わる大仕事を含め、多方面にわたり超人的な活躍を続けることができたのは、ロポコヴァの献身的な看護によるものである。クラークは本書の全章を通じてさまざまな場面でケインズとロポコヴァとの会話を記述しているが、そこから、まさに多忙なケインズを心身ともに支えたのがロポコヴァであったことがよくわかる。しかも、そこにはケインズの公務だけでなく、著作にも理解を示そうとするロポコヴァの情熱と聡明さが描かれている。いずれにしても、ケインズとロポコヴァとの会話からは、夫婦の温かい愛情が伝わってくるようであり、そこにはあらためてケインズの人間的な側面に触れることのできる内容が示されている。これこそ本書ならではの特徴であると言える。

本書の訳出にあたっては、イントロダクションおよび第2章を石橋が担当し、第1章、第3章、第4章、エピローグ、謝辞、原注を関谷が担当した。その後、すべての章について関谷が全面的に手を入れて、用語の統一、文章表現の調整等を行なった。翻訳には細心の注意を払ったつもりであるが、誤訳・不適切な訳があるかもしれない。その責任はすべて私自身にあることはいうまでもない。また、著者ピーター・クラークの格調高い表現を翻訳に生かすために最大限の努力をしたつもりであるが、それをどこまで実現できたかはいささか心もとない。大方のご叱正を賜れば幸いである。

翻訳にあたっては、日本大学商学部元教授、中山直次先生に訳稿の草稿段階からすべての章に目を通していただき、翻訳の誤りや不適切な表現についてご指摘をいただいた。翻訳の上で、少しでもピーター・クラークの色調を表現できたとするなら、ひとえに中山先生の専門に囚われず広い視野から見た懇切丁寧なご指摘のおかげである。ここに改めてお礼を申し上げたい。また、専門用語について日本大学商学部の木村雄一准教授に適切なアドバイスをいただいた。記して感謝申し上げたい。

訳出にあたって、東洋経済新報社刊行のケインズ全集各巻邦訳の該当箇所やケインズ関係の翻訳書を参照させていただいた。この場を借りてお礼を申し上げたい。ただ、邦訳をそのまま利用することはなく、必要に応じて表現を改めている。また、本文中、必要と思われるところに［ ］を用いて訳注を挿入した。なお、ケインズの名前の表記に関して、本文中では、原文にしたがって「メイナード」と「ケインズ」を使い分けている。原文でのその使い分けに明確な基準はないが、家族や交友関係の場合にメイナードを使い、公務や経済学者を表わすときにケインズを用いるという大まかな使い分けをしているということである。

最後に、本翻訳書の出版をお引き受けいただいた中央経済社ならびに刊行まで多くの煩雑な作業と助力をおしまれなかった中央経済社の納見伸之編集長に厚くお礼を申し上げる次第である。

２０１７年４月

関谷喜三郎

(26) *JMK*, XXII, 353-4.

(27) *JMK*, XXVII, 364.

(28) *JMK*, XXVII, 381.

(29) Mitchell, *British Historical Statistics*, p. 124; Johnson, *Economy under Thatcher*, p. 315.

(30) Green in Green and Tanner (eds.), *Strange Survival*, p. 201.

(31) *JMK*, VII, 320.(『雇用・利子および貨幣の一般理論』塩野谷祐一訳　p. 320)

(32) Buchanan and Wagner, *Democracy in Deficit*, p. x.

(33) Clarke, *Keynesian Revolution and its Economic Consequences*, pp. 210-12, which corrects misleading statistics in Buchanan, Burton and Wagner, *Consequences of Mr Keynes*.

(34) Calculations from Mitchell, *British Historical Statistics*, pp. 602-3, 830-1; *Annual Abstract of Statistics*, tables 15. 2, 17. 7.

(35) Toye, 'Keynes, Labour Movement and "How to Pay"', *Twentieth Century British History*, X, p. 271.

(36) Robinson, *Economic Journal*, LVII, 7, p. 25.

(37) *Time*, 4 February 1966; see introduction above for context.

(38) *JMK*, XXI, 295.

エピローグ

(1)　*Guardian Weekly*, 10 April 2009.

(2)　*JMK*, VII, xxxi.（『雇用・利子および貨幣の一般理論』塩野谷祐一訳　p. xxxv）

(3)　Rosanvallon in Hall (ed.), *Political Power of Economic Ideas*, p. 190.

(4)　*JMK*, VII, xxv, xxix.（『雇用・利子および貨幣の一般理論』塩野谷祐一訳　p. xxix, xxxiii）

(5)　Biagini in Green and Tanner (eds.), *Strange Survival*, pp. 227-8.

(6)　Schumpeter, *Ten Great Economists*, pp. 274-5.（『十大経済学者』中山伊知郎・東畑精一監修　日本評論新社　p. 387）

(7)　Quoted by Winch, *Economics and Policy*, p. 260.

(8)　Badger, *New Deal*, pp. 66, 111-12.

(9)　*JMK*, XXI, 428.

(10)　*JMK*, XXI, 307.

(11)　*JMK*, XXIII, 155.

(12)　Barber in Furner and Supple (eds.), *State and Economic Knowledge*, p. 104.

(13)　Barber in Furner and Supple (eds.), *State and Economic Knowledge*, p. 121.

(14)　*JMK*, XXII, 149, quoted more fully in ch. 2.

(15)　Barber in Furner and Supple (eds.), *State and Economic Knowledge*, p. 114 n.

(16)　Stein, *Fiscal Revolution in America*, p. 167.

(17)　A, Robinson in Hutchison, *Keynes versus the 'Keynesians'* p. 58.

(18)　*JMK*, VII, 98.（『雇用・利子および貨幣の一般理論』塩野谷祐一訳　p. 97）

(19)　*JMK*, VII, 128-9.（同　p. 127-128）

(20)　*JMK* XXI, 308.

(21)　*JMK* XXI, 337.

(22)　*JMK*, XXVII, 353-4.

(23)　*JMK*, XXVII, 319.

(24)　*JMK*, XXVII, 353.

(25)　*JMK*, XXI, 390.

(23)　*JMK*, XIV, 85.

(24)　*JMK*, XIV, 211.

(25)　*JMK*, XIV, 85.

(26)　Straight, *After Long Silence*, p. 57.

(27)　Rymes (ed.), *Keynes's Lectures*, p. 69.（『ケインズの講義　1932-35年』平井俊顕訳　東洋経済新報社　p. 74）

(28)　*JMK*, XX, 365.

(29)　*JMK*, XIV, 85.

(30)　Clarke, *Keynesian Revolution in the Making*, p. 268.

(31)　*JMK*, XXI, 149-51.

(32)　*JMK*, IX, 349-50.（『説得論集』宮崎義一訳　p. 422）

(33)　*JMK*, XXI, 184.

(34)　Deutscher, *Hawtrey and Macroeconomics*, pp. 189-91.

(35)　*JMK*, XIII, 548.

(36)　*JMK*, VII, 85.（『雇用・利子および貨幣の一般理論』塩野谷祐一訳　p. 86）

(37)　*JMK*, VII, 89.（同　p. 89）

(38)　*JMK*, VII, 131.（同　p. 129）

(39)　*JMK*, VII, 83.（同　p. 84-85）

(40)　*JMK*, VII, 365.（同　p. 367）

(41)　Clarke, *Keynesian Revolution and its Economic Consequences*, p. 116.

(42)　*JMK*, XIV, 113-14, 116.

(43)　*JMK*, VII, 148.（『雇用・利子および貨幣の一般理論』塩野谷祐一訳　p. 146）

(44)　*JMK*, VII, 159.（同　p. 157）

(45)　*JMK*, VII, 161.（同　p. 159-160）

(46)　*JMK*, XII, 520.

(47)　*JMK*, VII, xxxii.（『雇用・利子および貨幣の一般理論』塩野谷祐一訳　p. xxxvi）

(48)　*JMK*, VII, xxiii.（同　p. xxviii）

(49)　*JMK*, XXIX, 165.

(50)　*JMK*, XIV, 100

(54)　QQ. 6648, 6658 (Clarke, *Keynesian Revolution in the Making*, pp. 179-80).

(55)　*The Times*, 6 June 1930.

(56)　Howson and Winch, *Economic Advisory Council*, p. 229.

(57)　Middleton, *Government versus the Market*, p. 388.

第4章

(1)　*JMK*, XX, 86.

(2)　*JMK*, XX, 87.

(3)　*JMK*, XX, 350-1.

(4)　*JMK*, XIII, 176.

(5)　Hayek, *Tiger by the Tail*, p. 100.

(6)　*JMK*, XIII, 172.

(7)　*JMK*, XXIX, 270.

(8)　Q. 4834 (Clarke, *Keynesian Revolution in the Making*, p. 171).

(9)　*JMK*, XIV, 94.

(10)　*JMK*, XIII, 229, 230.

(11)　*JMK*, XIII, 243.

(12)　Hawtrey, *Art of Central Banking*, par. 374.

(13)　Rymes (ed.), *Keynes's Lectures*, p. 61.（『ケインズの講義　1932-35年』平井俊顕訳　東洋経済新報社　p. 65）

(14)　*JMK*, XIII, 275-6.

(15)　*JMK*, XXIX, 270.

(16)　*JMK*, XIX, 202 n. 2.

(17)　*JMK*, xiv, 94-5.

(18)　Robinson, 'Keynes', *Economic Journal*, LVII, p. 67.（『ケインズ経済学の発展─「一般理論」後の三〇年の歩み─』中内恒夫訳　東洋経済新報社　p. 103）

(19)　*JMK*, IX, 106.（『説得論集』宮崎義一訳　p. 126-127）

(20)　Meade in M. Keynes (ed.), *Essays*, p. 82.（『ケインズ　人・学問・活動』佐伯彰一・早坂忠訳　東洋経済新報社　p. 125-126）

(21)　J. Robinson in M. Keynes (ed.), *Essays*, p. 125.（同　p. 173）

(22)　*JMK*, XX, 76-8.

(25)　*JMK*, IX, 224.

(26)　Peden, *Keynes and his Critics,* p. 43.

(27)　*JMK*, IX, 224.（『説得論集』宮崎義一訳　p. 264）

(28)　*JMK*, XX, 79.

(29)　*JMK*, IV, 138.（『貨幣改革論』中内恒夫訳　p. 142）

(30)　*JMK*, VI, 337.（『貨幣論』Ⅱ　小泉明・長沢推恭訳　p. 394-395）

(31)　*JMK*, XX, 85.

(32)　*JMK*, XI, 458.

(33)　Peden, *Keynes and his Critics*, p. 46.

(34)　QQ. 3319, 3328, 3338-9, 3345-7, 3390-1, 3498（Clarke, *Keynesian Revolution in the Making*, pp. 126-8）.

(35)　Clarke, *Keynesian Revolution in the Making*, p. 104.

(36)　*JMK*, XX, 126, 129, 146-7.

(37)　*JMK*, XX, 125.

(38)　*JMK*, XX, 375.

(39)　*JMK*, IX, 122, 124.（『説得論集』宮崎義一訳　p. 145, 148）

(40)　*JMK*, IX, 125.（同　p. 149）

(41)　*The Times,* 16 April 1929.

(42)　*JMK*, XX, 129-30.

(43)　Peden, *Keynes and his Critics*, p. 103.

(44)　Peden, *Keynes and his Critics*, p. 95 n.

(45)　*JMK*, XX, 168-9.

(46)　QQ. 5410, 5413, 5450（Clarke, *Keynesian Revolution in the Making*, p. 150）.

(47)　*JMK*, XX, 166, 168.

(48)　*JMK*, XX, 172.

(49)　*JMK*, XX, 179.

(50)　Harrod, *Keynes*, p. 422.（『ケインズ伝』下巻　塩野谷九十九訳　東洋経済新報社　p. 469）

(51)　*JMK*, XX, 357-60.

(52)　Hawtrey, *Art of Central Banking*, p. 271.

(53)　QQ. 4257, 4275, 4239（Clarke, *Keynesian Revolution in the Making*, p. 146）.

(61)　*JMK*, V, 11-12.（『貨幣論』 I　小泉明・長沢推恭訳　p. 14）

第3章

(1)　Harrod, *Keynes*, p. 618.（『ケインズ伝』下巻　塩野谷九十九訳　東洋経済新報社　p. 677）

(2)　Russell, *Autobiography*, I, p. 72.

(3)　Howson and Moggridge (eds.), *Wartime Diaries*, pp. 158-9.

(4)　Galbraith, *Great Crash*, pp. 127-8.（『大暴落1929』村井章子訳　日経BP社　p. 196）

(5)　Clarke, *Keynesian Revolution in the Making*, pp. 103, 105.

(6)　*JMK*, XIX, 223.

(7)　*Financial Times*, 2 April 2009; cf. Mitchell, *British Historical Statistics*, pp. 581-95; *JMK*, IX, 92-3.

(8)　*JMK*, IV, 61.（『貨幣改革論』中内恒夫訳　p. 61）

(9)　*JMK*, IV, 65.（同　p. 66）

(10)　Schumpeter, *Ten Great Economists*, p. 275.

(11)　*JMK*, IV, 56-7.（『貨幣改革論』中内恒夫訳　p. 57）

(12)　*JMK*, XXI, 239.

(13)　Moggridge, *British Monetary Policy*, pp. 76, 266.

(14)　*JMK*, IV, 56.（『貨幣改革論』中内恒夫訳　p. 57）

(15)　Moggridge, *British Monetary Policy*, p. 272.

(16)　*JMK*, XX, 86.

(17)　*JMK*, VI, 132.（『貨幣論』 II　小泉明・長沢推恭訳　p. 154）

(18)　*JMK*, VI, 137.（同　p. 160）

(19)　*JMK*, VI, 163.（同　p. 192）

(20)　*JMK*, XX, 87.

(21)　*JMK*, XX, 53-4.

(22)　*Nation*, 24 January 1931.

(23)　Moran, *Churchill from the diaries*, p. 330; Moran, *Churchill: Struggle for Survival*, p. 326.

(24)　*JMK*, IX, 212.（『説得論集』宮崎義一訳　p. 250）

(30)　Stansky and Abrahams, *Journey to the Frontier*, pp. 108–9.
(31)　*JMK*, XXVIII, 38.
(32)　*JMK*, XXI, 246.
(33)　Skidelsky, *Keynes*, III, p. 11.
(34)　*JMK*, XXI, 494–5.
(35)　*JMK* IX, xvii.（『説得論集』宮崎義一訳　p. xxiii）
(36)　*JMK*, XXVIII, 36.
(37)　*JMK*, XXI, 372–3.
(38)　*JMK* X, 447–8.（『人物評伝』大野忠男訳　p. 584）
(39)　*JMK*, III, 3.（『条約の改正』千田純一訳　p. 3）
(40)　*JMK*, XXVIII, 35.
(41)　*JMK*, XXVIII, 42.
(42)　*JMK*, VII, xxi.（『雇用・利子および貨幣の一般理論』塩野谷祐一訳　p. xxv）
(43)　Skidelsky, *Keynes*, III, p. 87.
(44)　*JMK*, XXII, 38.
(45)　*JMK*, XXII, 149.
(46)　Moggridge, *Keynes*, p. 638.
(47)　Skidelsky, *Keynes*, III, p. 265.
(48)　Howson and Moggridge (eds.), *Wartime Diaries*, p. 100.
(49)　*JMK*, XXIII, 107.
(50)　Clarke, *Last Thousand Days*, p. xvii.
(51)　Howson and Moggridge (eds.), *Wartime Diaries*, pp. 133, 135.
(52)　*JMK*, XIX, 160.
(53)　Gardner, *Sterling-Dollar Diplomacy*, p. 97.
(54)　*JMK*, XXIV, 188 (Frank Lee).
(55)　*Financial Times*, 23 March 2009.
(56)　Clarke, *Last Thousand Days*, pp. 313, 370.
(57)　Moggridge, *Keynes*, p. 798.
(58)　Harrod, *Keynes*, p. 596.（『ケインズ伝』下巻　塩野谷九十九訳　東洋経済新報社　p.656）
(59)　Gardner, *Sterling-Dollar Diplomacy*, p. xiii.
(60)　*JMK*, XXIV, 610, 621.

第2章

(1)　G. Keynes in M. Keynes (ed.), *Essays*, p. 27.
(2)　Skidelsky, *Keynes*, II, pp. 100-1.
(3)　Moggridge, *Keynes*, p. 285.
(4)　Moggridge, *Keynes*, p. 395.
(5)　Hill and Keynes (eds.), *Lydia and Maynard*, p. 31.
(6)　V. Woolf, *Diary*, II, p. 266.
(7)　V. Woolf, *Diary*, III, p. 181.
(8)　Skidelsky, *Keynes*, II, p. 303.
(9)　Moggridge, *Keynes*, p. 586.
(10)　*JMK*, IX, 328-9.（『説得論集』宮崎義一訳　p. 395, 397）
(11)　*JMK*, XXI, 237.
(12)　*JMK*, XXI, 242.
(13)　*JMK*, XXI, 236.
(14)　Moggridge, *Keynes*, p. 705.
(15)　*JMK*, XXI, 244.
(16)　Hill and Keynes (eds.), *Lydia and Maynard*, p. 36.
(17)　Hill and Keynes (eds.), *Lydia and Maynard*, p. 130.
(18)　*JMK*, II, 148.（『平和の経済的帰結』早坂忠訳　p. 184）
(19)　Hill and Keynes (eds.), *Lydia and Maynard*, p. 138.
(20)　*JMK*, IX, 296-7.（『説得論集』宮崎義一訳　p. 355, 356, 357）
(21)　Mitchell, *British Historical Statistics*, p. 124.
(22)　*JMK*, XIX, 219-23.
(23)　Hill and Keynes (eds.), *Lydia and Maynard*, p. 205.
(24)　*JMK*, XIX, 639-40.
(25)　*JMK*, IX, 294.（『説得論集』宮崎義一訳　p. 352）
(26)　*JMK*, XIX, 222.
(27)　*JMK*, IX, 309.（『説得論集』宮崎義一訳　p. 371）
(28)　*JMK*, XXI, 236.
(29)　*JMK*, XXI, 239.

(9)　*JMK*, X, 446.（『人物評伝』大野忠男訳　p. 582）
(10)　Moggridge, *Keynes*, pp. 838–9.
(11)　V. Woolf, *Diary*, V, pp. 168–9.
(12)　*JMK*, X, 446.（『人物評伝』大野忠夫訳　p. 569）
(13)　*JMK*, X, 446.（同　p. 582）
(14)　L. Woolf, *Sowing*, p. 148.
(15)　Robinson, 'Keynes', *Economic Journal*, LVII, pp. 10, 25.
(16)　*JMK*, VII, 334.（『雇用・利子および貨幣の一般理論』塩野谷祐一訳　p. 334）
(17)　*JMK*, XVI, 296–7.
(18)　Holroyd, *Strachey*, p. 598.
(19)　*JMK*, XVI, 178.
(20)　Holroyd, *Strachey*, pp. 628–9.
(21)　*JMK*, II, 89–90.（『平和の経済的帰結』早坂忠訳　p. 114）
(22)　*JMK*, XVII, 15; *JMK*, II, 91.
(23)　*JMK*, III, 2.（『条約の改正』千田純一訳　p. 2）
(24)　Moggridge, *Keynes*, p. 312.
(25)　*JMK*, XVI, 460.
(26)　*JMK*, II, 189.（『平和の経済的帰結』早坂忠訳　p. 233）
(27)　Brooke, *Cambridge*, IV, pp. 281–7.
(28)　Brown, *Dissenting Forebears*, p. 142.
(29)　Lee, *Virginia Woolf*, pp. 556–8.
(30)　Holroyd, *Strachey*, p. 733 n.
(31)　*JMK*, II, 18, 20.（『平和の経済的帰結』早坂忠訳　p. 22, 24）
(32)　*JMK*, II, 24, 26.（同　p. 30, 32–33）
(33)　*JMK*, II, 26.（同　p. 32）
(34)　*JMK*, II, 26.（同　p. 32）
(35)　*JMK*, II, 34.（同　p. 43）
(36)　*JMK*, X, 196.（『人物評伝』大野忠男訳　p. 261）
(37)　*JMK*, X, 39.（同　p. 48）
(38)　*JMK*, XII, tables at 2, 11.

(19) Heller cited, *Time*, 25 November 1966.

(20) *JMK*, VII, 383-4.（『雇用・利子および貨幣の一般理論』塩野谷祐一訳 p. 386）

(21) *Time*, 31 December 1965.

(22) *Time*, 4 February 1966 (letters).

(23) *New York Times*, 6 and 10 January 1971.

(24) Friedman, 'Role', *American Economic Review*, LVIII, p. 3.（『インフレーションと金融政策』新飯田宏訳 日本経済新聞社 p. 4）

(25) *Time*, 10 January 1969.

(26) Healey, *Time of My Life*, p. 378.

(27) Congdon, essay, *Reflections on Monetarism*, p. 198.

(28) Lawson, *View from No. 11* , p. 1041.

(29) Thatcher, *Complete Public Statements*, UDN 79-443.

(30) Thatcher, *Complete Public Statements*, UDN 84-270.

(31) Thatcher, *Complete Public Statements*, UDN, 85-121.

(32) Thatcher, *Complete Public Statements*, UDN 82-231.

(33) *Time*, 17 January 1983.

(34) Quoted by Toye in Green and Tanner (eds.), *Strange Survival*, p. 184.

(35) *Guardian*, 20 October 2008.

(36) *Time*, 23 October 2008.

第1章

(1) Moggridge, *Keynes*, p. 16.

(2) Harrod, *Keynes*, pp. 2, 80, 192-3.（『ケインズ伝』上巻 塩野谷九十九訳 東洋経済新報社 p. 2, 94, 222）

(3) Moggridge, *Keynes*, p. 96.

(4) *JMK*, X, 173.（『人物評伝』大野忠男訳 p. 232）

(5) Moggridge, *Keynes*, p. 108.

(6) Hubback, *Layton*, p. 77.

(7) *Oxford Dictionary of Quotations*.

(8) Moggridge, *Keynes*, p. 187.

原　注

イントロダクション

(1) Francis V. Greene in *New York Times*, 28 March 1920.

(2) Harrod, *Keynes*, p. 396.(『ケインズ伝』下巻　塩野谷九十九訳　東洋経済新報社　p. 442)

(3) *JMK*, IV, 65.(『貨幣改革論』中内恒夫訳　p. 66)

(4) 8 October 1982, Thatcher, *Complete Public Statements*, UDN 82-276.

(5) *JMK*, XX, 363-4.

(6) Jones, *Diary*, p. 19.

(7) Lloyd George, *War Memoirs*, I, p. 410.

(8) *JMK*, XXI, 273-7.

(9) *JMK*, XXI, 289.

(10) McCraw, *Prophet of Innovation*, p. 274.

(11) Galbraith in M. Keynes (ed.), *Essays*, p. 136.(『ケインズ　人・学問・活動』佐伯彰一・早坂忠訳　東洋経済新報社　p. 186)

(12) Hogg, *Case for Conservatism*, pp. 219, 224.

(13) Parker, *Labour Marches On*, p. 55.

(14) Skidelsky, *Keynes*, III, p. 472.

(15) Crosland in Crossman (ed.), *New Fabian Essays*, pp. 39-40.

(16) Toye in Toye and Gottlieb (eds.), *Making Reputations*, p. 217, n. 2.

(17) Brittan, *Treasury under the Tories*, p. 162.

(18) Schlesinger, *Thousand Days*, p. 630.

House (Boston, Mass., 1965).

Schumpeter, Joseph, *Ten Great Economists; From Marx to Keynes* (1952). (中山伊知郎・東畑精一監修『十大経済学者』日本評論新社 1952年)

Shackle, G. L. S., *The Years of High Theory: Invention and tradition in economic thought, 1926－1939* (Cambridge University Press, 1967).

*Skidelsky, Robert, *John Maynard Keynes*, 3 vols. (1983-2000). (宮崎義一監訳『ケインズ』Ⅰ・Ⅱ 東洋経済新報社 1987-92年)

Stansky, Peter and William Abrahams, *Journey to the Frontier: Julian Bell and John Cornford* (1966).

Stein, Herbert, *The Fiscal Revolution in America: Policy in pursuit of reality*, 2nd edn. (Washington, DC, American Enterprise Institute, 1996).

Straight, Michael, *After Long Silence* (1983).

Thatcher, Margaret, *Complete Public Statements, 1945-1990 on CD-ROM* (Oxford University Press, 1999) with Unique Document Number (UDN).

Toye, Richard, 'Keynes, the Labour movement and "How to Pay for the War"', *Twentieth Century British History*, X (1999), pp. 255-81.

Toye, Richard, 'The Labour Party and Keynes', see Green and Tanner (eds), *Strange Survival.*

Toye, Richard, 'The trials of a biographer: Roy Harrod's *Life of John Maynard Keynes* reconsidered', see Toye and Gottlieb (eds.), *Making Reputations.*

Toye, Richard and Julie Gottlieb (eds.), *Making Reputations: Power, persuasion and the individual in modern British politics* (2005) for Richard Toye, 'The trials of a biographer: Roy Harrod's *Life of John Maynard Keynes* reconsidered', pp. 123-34.

*Winch, Donald, *Economics and Policy: A historical study* (Fontana edn., 1972).

Woolf, Leonard, *Sowing: An autobiography of the years : 1880－1904* (1960).

Woolf, Virginia, *The Diary of Virginia Woolf*, ed. Anne Olivier Bell, 5 vols. (Penguin edn., 1977).

of $4.86 (Cambridge University Press, 1972).

*Moggridge, D. E., *Maynard Keynes: An economist's biography* (1992).

Moran, Lord, *Churchill: Taken from the diaries of Lord Moran* (Boston, Mass., 1966).

Moran, Lord, *Churchill: The struggle for survival, 1945–60* (2006).

*O'Donnell, R. M., *Keynes: Philosophy, economics and politics* (1989).

Parker, John, *Labour Marches On* (Penguin, 1947).

Patinkin, Don, *Anticipations of the General Theory?* (University of Chicago, 1982).

Peden, George C., 'Old dogs and new tricks: the British Treasury', see Furner and Supple (eds.), *The State and Economic Knowledge.*

Peden, G. C. (ed.), *Keynes and his Critics: Treasury responses to the Keynesian revolution, 1925–1946* (Oxford University Press for the British Academy, 2004).

Robinson, E. A. G., 'John Maynard Keynes, 1883-1946', *Economic Journal*, LVII (1947), pp. 1-68.（「ジョン・メイナード・ケインズ　1833-1946」、中内恒夫訳『ケインズ経済学の発展―「一般理論」後の三〇年の歩み―』東洋経済新報社　1967年、所収）

Robinson, Joan, 'What has become of the Keynesian revolution', see Keynes, Milo (ed.), *Essays.*（「ケインズ革命はどうなったのか」、佐伯彰一・早坂忠訳『ケインズ　人・学問・活動』東洋経済新報社　1978年、所収）

Rosanvallon, Pierre, 'The development of Keynesianism in France', see Hall (ed.), *Political Power.*

Russell, Bertrand, *Autobiography*, 3 vols. (1967-9).（日高一輝訳『ラッセル自叙伝』全３冊、理想社　1968-73年）

Rymes, Thomas K. (ed.), *Keynes's Lectures, 1932-35: Notes of a representative student* (London, Royal Economic Society, 1989).（平井俊顕訳『ケインズの講義、1932-35年』東洋経済新報社　1993年）

Salant, Walter S., 'The spread of Keynesian ideas and practices in the United States', see Hall (ed.), *Political Power.*

Schlesinger, Arthur M., Jr, *A Thousand Days: John F. Kennedy in the White*

James, Harold, 'What is Keynesian about deficit financing? The case of inter-war Germany', see Hall (ed.), *Political Power.*

Johnson, Christopher, *The Economy under Mrs Thatcher, 1979-90* (Penguin, 1991).

Jones, Thomas, *A Diary with Letters, 1931-1950* (Oxford University Press, 1954).

Keynes, Geoffrey, 'The early years', see Keynes, Milo (ed.), *Essays.* (「幼少年時代のケインズ」、佐伯彰一・早坂忠訳『ケインズ　人・学問・活動』東洋経済新報社　1978年、所収)

Keynes, Milo (ed.), *Essays on John Maynard Keynes* (Cambridge University Press, 1975) for essays by Geoffrey Keynes, 'The early years'; James Meade, 'The Keynesian revolution'; Joan Robinson, 'What has become of the Keynesian revolution?'; John Kenneth Galbraith, 'How Keynes came to America'. (佐伯彰一・早坂忠訳『ケインズ　人・学問・活動』東洋経済新報社 1978年)

Klein, Lawrence R., *The Keynesian Revolution* (1952). (篠原三代平・宮沢健一訳『ケインズ革命』有斐閣　1952年)

Lawson, Nigel, *The View from No. 11* (1992) for 'The New Conservatism' (1980).

Lee, Hermione, *Virginia Woolf* (1996).

Lloyd George, David, *War Memoirs,* 2 vol. edn. (1938).

McCraw, Thomas, *Prophet of Innovation: Joseph Schumpeter and creative destruction* (Harvard University Press, 2007).

Meade, James, 'The Keynesian revolution', see Milo Keynes (ed.), *Essays.* (「ケインズ革命」、佐伯彰一・早坂忠訳『ケインズ　人・学問・活動』東洋経済新報社　1978年、所収)

Middleton, Roger, *Government versus the Market: The growth of the public sector, economic management and British economic performance, c. 1890-1979* (Cheltenham, Glos.; Brookfield, Vt. US, 1996).

Mitchell, B. R., *British Historical Statistics* (Cambridge University Press, 1988).

*Moggridge, D. E., *British Monetary Policy, 1924-1931: The Norman Conquest*

Party and Keynes'; Ewen Green, 'The Conservative Party and Keynes'; Eugenio Biagini, 'Keynesian ideas and the recasting of Italian democracy, 1945–53'.

Hadley, Eleanor M., 'The diffusion of Keynesian ideas in Japan', see Hall (ed.), Political Power.

Hall, Peter A. (ed.), *The Political Power of Economic Ideas: Keynesianism across nations* (Princeton University Press, 1989) for Walter S. Salant, 'The spread of Keynesian ideas and practices in the United States'; Pierre Rosanvallon, 'The development of Keynesianism in France'; Marcello de Cecco, 'Keynes and Italian economics'; Harold James, 'What is Keynesian about deficit financing? The case of inter-war Germany'; and Eleanor M. Hadley, 'The diffusion of Keynesian ideas in Japan'.

*Harrod, Roy, *The Life of John Maynard Keynes* (1951). (塩野谷九十九訳『ケインズ伝』(上・下) 東洋経済新報社 1967年)

Hawtrey, R. G., *The Art of Central Banking* (1932).

Hayek, F. A., *Tiger by the Tail: A 40 years' running commentary on Keynesianism by Hayek*, compiled by Sudha R. Shenoy, 2nd edn. (London, Institute of Economic Affairs, 1978).

Healey, Denis, *The Time of My Life* (1989).

Hill, Polly and Richard Keynes (eds.), *Lydia and Maynard: Letters between Lydia Lopokova and John Maynard Keynes* (1989).

Hogg, Quintin, *The Case for Conservatism* (Penguin, 1947).

Holroyd, Michael, *Lytton Strachey: A biography* (revised Penguin edn., 1979).

Howson, Susan and Donald Moggridge (eds.), *The Wartime Diaries of Lionel Robbins and James Meade*, 1943–5 (1990).

*Howson, Susan and Donald Winch, *The Economic Advisory Council, 1930–1939: A study in economic advice during depression and recovery* (Cambridge University Press, 1977).

Hubback, D., *No Ordinary Press Baron: A life or Walter Layton* (1985).

Hutchison, T. W., *Keynes versus the 'Keynesians'* (London, Institute of Economic Affairs, 1977).

Power.

Deutscher, Patrick, *R. G. Hawtrey and the Development of Macroeconomics* (1990).

*Dimand, Robert W., *The Origins of the Keynesian Revolution: The development of Keynes's theory of employment and output* (Aldershot, Hants., 1988).

Eatwell, John and Murray Milgate, *Keynes's Economics and the Theory of Value and Distribution* (1983). (石橋太郎・森田雅憲・中久保邦夫・角村正博訳『ケインズ経済学と価値・分配の理論』日本経済評論社　1989年)

Fitzgibbons, Athol, *Keynes's Vision: A new political economy* (Oxford University Press, 1988).

Friedman, Milton, 'The role of monetary policy', *American Economic Review*, LVIII (1968), pp. 1-17. (「金融政策の役割」、新飯田宏訳『インフレーションと金融政策』日本経済新聞社　1972年、所収)

Furner, Mary and Barry Supple (eds.), *The State and Economic Knowledge: The American and British experience* (Woodrow Wilson International Center and Cambridge University Press, 1990) for William J. Barber, 'Government as a laboratory under Roosevelt'; Robert M. Collins, 'The emergence of economic growthmanship in the US'; George C. Peden, 'Old dogs and new tricks: the British Treasury'.

Galbraith, John Kenneth, 'How Keynes came to America', see Keynes, Milo (ed.), *Essays*. (「ケインズ経済学のアメリカへの波及」、佐伯彰一・早坂忠訳『ケインズ　人・学問・活動』東洋経済新報社　1978年、所収)

Galbraith, John Kenneth, *The Great Crash, 1929* (Penguin edn., 1961). (村井章子訳『大暴落1929』日経BPクラシック　2008年)

Gardner, Richard N., *Sterling-Dollar Dipomacy in Current Perspective* (Columbia University Press, 1988).

Green, Ewen, 'The Conservative Party and Keynes', see Green and Tanner (eds.), *Strange Survival.*

Green, E. H. H. and Tanner, D. M. (eds.), *The Strange Survival of Liberal England* (Cambridge University Press, 2007) for Richard Toye, 'The Labour

Annual Abstract of Statistics (Her Majesty's Stationery Office, 2001 edn.).

Badger, Anthony J., *The New Deal: The depression years, 1933–40* (1989).

Barber, William J., 'Government as a laboratory under Roosevelt', see Furner and Supple (eds.), *The State and Economic Knowledge.*

*Bateman, Bradley W., *Keynes's Uncertain Revolution* (University of Michigan Press, 1996).

Biagini, Eugenio, 'Keynesian ideas and the recasting of Italian democracy, 1945–53', see Green and Tanner (eds.), *Strange Survival.*

Brittan, Samuel, *The Treasury under the Tories* (Penguin edn., 1964).

Brooke, Christopher, *A History of the University of Cambridge*, vol. IV (Cambridge University Press, 1993).

Brown, Neville, *Dissenting Forebears: The maternal ancestors of J. M. Keynes* (Chichester, Sx, 1988).

Buchanan, James M., John Burton and Richard E. Wagner, *The Consequences of Mr Keynes* (London, Institute of Economic Affairs, 1978).

Buchanan, James M. and Richard E. Wagner, *Democracy in Deficit: The political legacy of Lord Keynes* (1977).

*Carabelli, Anna M., *On Keynes's Method* (1988).

*Clarke, Peter, *The Keynesian Revolution in the Making*. 1924–1936 (Oxford University Press, 1988).

*Clarke, Peter, *The Keynesian Revolution and its Economic Consequences* (Cheltenham, Glos.; Northampton, Mass., 1998).

*Clarke, Peter, *The Last Thousand Days of the British Empire* (Penguin, 2007).

Collins, Robert M., 'The emergence of economic growthmanship in the US', see Furner and Supple (eds.), *The State and Economic Knowledge.*

Congdon, Tim, *Reflections on Monetarism* (London, Institute of Economic Affairs, 1992) for essay from *Encounter* (April 1975).

Crosland, C. A. R., 'The transition from capitalism', see Crossman (ed.), *Essays.*

Crossman, R. H. S. (ed.), *New Fabian Essays* (1952) for essay by C. A. R. Crosland, 'The transition from capitalism'.

De Cecco, Marcello, 'Keynes and Italian economics', see Hall (ed.), *Political*

野忠男訳　1980年）
JMK, XI: Academic economic articles
JMK, XII: Investment and editorial material
JMK, XIII-XXVII and XXIX: activities, including correspondence and drafts
（第14巻『一般理論とその後 第Ⅱ部 弁護と発展』清水啓典・柿原和夫・細谷圭訳　2016年）
（第15巻『インドとケンブリッジ 1906-14年の諸活動』三木谷良一・山上宏人訳　2010年）
（第17巻『条約改正と再興―1920-22年の諸活動』春井久志訳　2014年）
（第18巻『賠償問題の終結―1922-32年の諸活動』武野秀樹・山下正毅訳　1989年）
（第19巻『金本位復帰と産業政策―1922-29年の諸活動』西村閑也訳　1998年）
（第21巻『世界恐慌と英米における諸政策―1931-39年の諸活動』 2015年）
（第24巻『平和への移行―1944-46年の諸活動』堀家文吉郎・柴沼武・森映雄訳　2002年）
（第25巻『戦後世界の形成―1940-44年の諸活動：清算同盟』村野孝訳　1992年）
（第26巻『戦後世界の形成―1941-46年の諸活動：ブレトン・ウッズと賠償』石川健一・島村高嘉訳　1988年）
（第27巻『戦後世界の形成―1940-46年の諸活動：雇用と商品』平井俊顕・立脇和夫訳　1996年）
JMK, XXVIII: social, political and literary writings
（第28巻『社会・政治・文学論集』那須正彦訳　2013年）
JMK, XXX: bibliography and index.

この参考文献一覧は必要不可欠である。原注（p. vii-xvii）に簡略化したタイトルの形で引用したすべての文献を以下にリストアップしている。出版社の所在地は、ロンドン（とニューヨーク）になっているが、大学出版の場合には、その所在地になっているし、ペーパーバックも同様に別に扱われている。ぜひ参考にしていただきたい12冊ほどの書物にはアステリスク（＊）が付けてある。それを選んだ理由は、それらを私が書いたということ、あるいは他の研究者が研究業績として脚注において評価してくれたことに対するささやかなお礼のためである。

参考文献

ドナルド・モグリッジ（サー・オースティン・ロビンソン）『ケインズ全集』全30巻、王立経済学会、ケンブリッジ大学出版

原注では、以下の書物に該当するものを*JMK*として示し、ローマ数字を付し、参照頁数を添えてある［日本語訳が出版されているものは、そのタイトル・訳者名が括弧内に記してある。また、翻訳にあたり、日本語訳を参照した場合には、その参照頁数も添えてある］。

JMK, I, *Indian Currency and Finance* (1913)（第１巻『インドの通貨と金融』則武保夫・片山貞雄訳　1977年）

JMK, II: *The Economic Consequences of the Peace* (1919)（第２巻『平和の経済的帰結』早坂忠訳　1977年）

JMK, III: *A Revision of the Treaty* (1922)（第３巻『条約の改正』千田純一訳　1977年）

JMK, IV: *A Tract on Monetary Reform* (1923)（第４巻『貨幣改革論』中内恒夫訳　1978年）

JMK, V and VI: *A Treatise on Money* (1930)（第５巻・第６巻『貨幣論Ⅰ・Ⅱ』小泉明・長沢惟恭訳　1979年、1980年）

JMK, VII: *The General Theory of Employment, Interest and Money* (1936)（第７巻『雇用・利子および貨幣の一般理論』塩野谷祐一訳　1983年）

JMK, VIII: *A Treatise on Probability* (1921)（第８巻『確率論』佐藤隆三訳　2010年）

JMK, IX: *Essays in Persuasion* (1931 text plus additions including pamphlets)（第９巻『説得論集』宮崎義一訳　1981年）

JMK, X, *Essays in Biography* (1933 text plus additions)（第10巻『人物評伝』大

武器貸与法……………………………123
不道徳主義者…………………………52
ブルームズベリー…………13, 45, 84
ブレトンウッズ協定………………128
ブレトンウッズ国際会議
……………………………123, 127, 130
ブレトンウッズ体制………………136
『平和の経済的帰結』……3, 4, 61, 64, 70
保護貿易主義者……………………167
保守党………………………………103
保蔵性向……………………………193
ポッツォ・ディ・ボルゴ……………65
『ポンド平価の経済的帰結』…………97

●ま行

マクミラン委員会
…………144, 153, 154, 163, 189, 191
マクミラン報告……………………185
マネタリスト…………………24, 251
マルキスト…………………108, 110
マンチェスター・ガーディアン紙
…………………………………91, 92, 96
ミード氏の関係性…………………202
民主主義の兵器庫…………………120

●や行

遊休貯蓄……………………………193
有効需要……………………………209
有効需要の理論……………………209

●ら行

リフレーション……………………181
流動性選好…………………192, 208
流動性選好説………………………227
流動性の罠…………………………227
ルーズベルト不況…………………240
レーガノミクス………………………27
「ロイド・ジョージはそれをなしうるか」
……102, 145, 171, 179, 184, 200, 250
ロイヤル・バレエ……………………88
労働党………………………………100
ロマネス講義…………………………69

●わ行

『若き日の信条』…………41, 48, 49, 112
「わが孫たちの経済的可能性」………88
ワシントン・コンセンサス…………230
「私は自由党員か」……………………97

自由党……………………………53, 100
「収入関税のための諸提案」………104
自由貿易主義…………………53, 106
自由貿易の原理……………………104
自由放任主義………………………102
上院議員……………………………122
乗数…………………………200, 202
消費性向……………………………221
『条約の改正』…………………66, 112
所得政策……………………………167
新芸術協議会…………………………90
『人物評伝』……………………71, 109
生産の貨幣的理論…………………209
世界銀行……………………………131
『説得論集』……………………71, 110
節約のパラドックス………………221
戦後賠償協議………………………123
戦費調達……………………………119
『戦費調達論』…………………119, 248
創造的破壊……………………12, 147

●た行

大英帝国の崩壊……………………125
チェスト………………………………74
チェロキー…………………………124
『チャーチル氏の経済的帰結』
……………………………7, 97, 156
ディアギレフ・バレエ団………81, 82
低金利政策……………………182, 211
デフレ的調整過程…………………166
トーリー党…………………………118
特別引出権（SDR）………………132
特恵関税……………………………129
トライポス……………………………36
トランスファー問題………………162
トリニティーカレッジ………………44

●な行

ナショナル・ギャラリー…………112
ナショナル・ポートレート・ギャラリー…………………………………80
ニュー・ステーツマン………96, 104
ニューディール……………………258
ニューディール政策
……………………111, 120, 148, 237
ネーション……93, 95, 96, 98, 99, 100

●は行

ハーベイロードの前提……34, 53, 112
バナナのたとえ話…………………205
パリ講和会議………………………112
『繁栄への道』……………97, 113, 215
バンク・ゴールド…………………130
バンコール…………………130, 132, 230
非ケインジアン・アングロ・アメリカン・コンセンサス……………230
ヒトラーの「新秩序」……………128
ファームハウス………………………86
フェビアン協会………………………96
フェローシップ………………………39
武器貸与……………………133, 135
武器貸与協定…………………………14

●か行

『改革論（貨幣改革論）』…………93, 94
回想クラブ………………………47, 112
『確率論』……………………41, 148, 225
過少消費説…………………………222
『貨幣改革論』
………………86, 93, 94, 128, 146, 159
貨幣数量説……………………………95
『貨幣論』
………71, 151, 152, 160, 188, 192, 194
カマルゴ協会…………………………88
カレッジ・フェロー…………………39
完全雇用……………………………250
機能的財政…………………………246
基本方程式…………………………194
協商国・連合国………………………62
キングスカレッジ……………35, 44
金とドルの交換停止………………132
金本位制…………………10, 66, 103
クラウディング・アウト……173, 178
グレイツ………………………………55
『景気循環論』…………………………12
経済諮問委員会（EAC）…………170
芸術協会……………………………122
ケインジアン・コンセンサス……230
ケインズ主義………………………140
ケインズ・プラン……………233, 248
ケンブリッジ大学……………………43
ケンブリッジ・ユニオン・ソサエティ
……………………………………52
公共事業……………………………168
公共事業擁護論……………………241
公共投資……………………………168
高金利資金……………………………94
高金利政策…………………………211
恒常所得……………………………247
合成の誤謬…………………………223
公定歩合の操作法…………………210
合理的期待…………………………225
ゴードン・スクエア…………46, 84
国際通貨基金（IMF）……………131
国際通貨体制………………………129
国立相互保険会社…………………116
「国家の驕り」………………………104
古典派経済学………………………190
古典派理論…………………………207
コベント・ガーデンオペラ劇場……90
コベント・ガーデン評議会…………90
雇用の一般理論……………………224
『雇用・利子および貨幣の一般理論』
……………………………………11

●さ行

サーカス…………………198, 199, 205
財政赤字…………………………244, 252
サッチャーリズム……………24, 27
サバナ………………………………137
自然失業率……………………………26
使徒会……………………46, 50, 51
資本予算……………………………246
『資本論』……………………………108

マクミラン，ハロルド……………18, 251
マッケナ，レジナルド……57, 145, 154
マルクス，カール……………102, 108
マルサス，トーマス………………209
マンデヴィル，バーナード………222
ミード，ジェームズ
…………123, 127, 199, 202, 204, 246
ミュルダール，グンナ……………196
ムーア，G.E.………………………48
モズレー，オズワルド……………109
モルゲンソー，ヘンリー……238, 239

●ら行

ラッセル，バートランド………57, 142
リース・ロス，フレデリック……172
ルーズベルト，フランクリン・D.
……………………10, 216, 217, 240
レーガン，ロナルド……………26, 36
ロー，デヴィッド……………77, 105
ロイド・ジョージ，デヴィッド
…………3, 5, 6, 9, 54, 60, 99, 100, 184
ロウ，リチャード…………………123
ローソン，ナイジェル…………25, 28
ロバートソン，デニス…188, 190, 191, 195, 198, 228
ロビンズ，ライオネル………127, 142
ロビンソン，オースティン
……………………52, 198, 199, 256
ロビンソン，ジョーン………198, 205
ロポコヴァ，リディア……80, 81, 82, 83, 84, 87, 92, 93, 117, 124

●わ行

ワグナー，リチャード・E.………244

事　項

●あ行

赤字財政……………………………246
『赤字財政の政治経済学』…………244
アニマル・スピリット……………257
アメリカ・ケインジアン……235, 247
アングロサクソン・モデル………230
イートンカレッジ…………………35
イギリス・ケインジアン……235, 243
『一般理論』
…………213, 218, 220, 226, 231, 244
イブニング・スタンダード………97
イングランド銀行……………121, 211
インド省……………………………38
『インドの通貨と金融』……………38
『ヴィクトリア朝偉人伝』………13, 68
ヴェルサイユ条約…………3, 91, 162
エコノミカ…………………………189
エコノミック・ジャーナル…202, 218
王立経済協会………………………244
大蔵省見解…………………165, 176
大蔵省精神…………………………55
大蔵省モデル………………………160
音楽・芸術奨励協会………………121

…………………13, 45, 57, 59, 65, 68
スミス，アダム……………15, 16, 137
スラッファ，ピエロ………………198

●た行

チェンバレン，オースティン………63
チェンバレン，ネヴィル……9, 13, 185
チャーチル，ウィンストン
……………7, 14, 131, 150, 160, 171
トービー……………………………44

●な行

ニーマイヤー，オットー
…………………38, 55, 150, 157, 163
ニクソン，リチャード…………21, 132
ノーマン，モンタギュー
………………………150, 163, 164

●は行

ハイエク，フリードリッヒ・フォン
……………………………16, 189
ハロッド，ロイ…17, 58, 141, 219, 251
ハンセン，アルビン…………236, 240
ビーバーブルック…………………97
ヒーリー，デニス…………………24
ピグー，A.C.…………155, 182, 212
ヒューズ，ウィリアム……………62
フィッシャー，アービング………218
フォスター，E.M.
…………………13, 45, 67, 84, 116
ブキャナン，ジェームズ…………244
フライ，ロージャー………………80
ブライアン，ウィリアム・ジェニングス
……………………………………39
ブラウン，ゴードン………………230
フリードマン，ミルトン
……………………20, 22, 247, 257
ブリタン，サミュエル……………18
ブレア，トニー……………………230
ブレイク，ウィリアム……………80
ベヴァリッジ，ウィリアム………250
ベヴィン，アーネスト…134, 145, 164
ヘラー，ウォルター………………19
ベル，ヴァネッサ……………46, 107
ベル，クライヴ……………46, 80, 82
ベル，ジュリアン…………109, 110
ヘンダーソン，ヒューバート
……………8, 96, 102, 145, 179, 211
ホートレー，R.G.
…………181, 188, 190, 195, 196, 198
ホプキンズ，リチャード
…………………122, 175, 176, 250
ホブソン，J.A.…………………222
ボールドウィン，スタンリー………61
ホルロイド，マイケル……………18
ホワイト，ハリー・デクスター
……………………………127, 128

●ま行

マーシャル，アルフレッド……36, 72
マクドナルド，ラムゼイ…………103
マクミラン，ダニエル……………64

索　引

人　名

●あ行

アスキス，ハーバート・ヘンリー……54, 69
ウィルソン，ウッドロー……3, 60, 70
ウルフ，ヴァージニア……13, 44, 67, 86, 109, 116
ウルフ，レナード……45, 60, 116
エイナウディ，ルイージ……233
エリオット，T.S.……96
エルビン，ライオネル……118
オリーン，ベルティル……196
オルランド……61

●か行

カーン，リチャード……198, 201
カリー，ロークリン……241
カルドア，ニコラス……193
ガルブレイス，J.K.……12
クズネッツ，サイモン……256
クラーク，リチャード（「オットー」）……16
グラッドストーン……253
グラント，ダンカン……44, 81, 82
クリントン，ビル……230
グレゴリー，セオドア……153, 154
クレマンソー……61
クロスランド，トニー……17
クロムウェル，オリバー……33
ケインズ，ジェフリー……34
ケインズ，ジョン……32
ケインズ，ジョン・ネヴィル……32
ケインズ，ジョン・メイナード……3
ケインズ，フローレンス……33, 189
ゲッデス，エリック……60

●さ行

サッチャー，マーガレット……7, 25
サミュエル，ハーバート……111
サルコジ，ニコラス……230
シュレジンガー，アーサー……19
シュンペーター，ヨーゼフ・A.……12, 147, 234
ショー，バーナード……108, 114
スターリン……108
スタンプ，ジョサイア……183
ストレイチー，リットン

〈原著者紹介〉

ピーター・クラーク（Peter Clarke）

ケンブリッジ大学のイギリス近現代学の教授であり、トリニティー・ホールのマスターであった。彼の多くの著作には、*The Last Thousand Days of the British Empire; The Keynesian Revolution in the Making, 1924-1936*が含まれており、さらに絶賛されたPenguin History of Britainの最終巻、*Hope and Glory: Britain 1900-2000*（邦訳、『イギリス現代史　1900－2000』名古屋大学出版会）も含まれている。彼は、カナダ人の作家である妻のマリア・ティペットと、イギリスのサフォークおよびブリティッシュ・コロンビアのペンダー・アイスランドに住んでいる。

〈訳者紹介〉

関谷　喜三郎（せきや・きさぶろう）

1950年生まれ。日本大学大学院商学研究科博士課程修了。
現在、日本大学商学部教授。
主要業績
『ミクロ経済学』創成社，2001年
『マクロ経済と金融』（共著）慶應義塾大学出版会，2006年
『マクロ経済分析』（共著）慶應義塾大学出版会，2010年
『ケインズ経済学を超えて』（共訳）東洋経済新報社，1984年
『ケインズの経済学とケインジアンの経済学』（共訳）日本経済評論社，1990年
『ジェヴォンズの経済学』（共訳）多賀出版，2006年

石橋　春男（いしばし・はるお）

1944年生まれ。早稲田大学大学院商学研究科博士課程修了。
現在、松蔭大学経営文化学部教授。
主要訳書
『人民元―国際化への挑戦』（監修）科学出版社東京，2013年
『レオン・ワルラスの経済学』（翻訳）文化書房博文社，1993年
『レオン・ワルラス：段階的発展論者の経済学』（翻訳）多賀出版，1998年
『現代マネタリーエコノミックス』（共訳）多賀出版，1997年
『雇用・利子・収益率とジェラール曲線』（共訳）慶應義塾大学出版会，2003年
『ジェボンズの経済学』（共訳）多賀出版，2006年
『ワルラスの経済思想』（共訳）慶應義塾大学出版会，2013年

ケインズ
最も偉大な経済学者の激動の生涯

2017年5月10日　第1版第1刷発行

著　者　ピーター・クラーク
訳　者　関谷喜三郎
　　　　石橋春男
発行者　山本継
発行所　㈱中央経済社
発売元　㈱中央経済グループパブリッシング
〒101-0051　東京都千代田区神田神保町1-31-2
電話　03(3293)3371(編集代表)
　　　03(3293)3381(営業代表)
http://www.chuokeizai.co.jp/
印　刷／㈱堀内印刷所
製　本／誠製本㈱

ISBN978-4-502-21251-2　C1033